Hundekrankheiten

Hundekrankheiten

Symptome erkennen
und behandeln

Herausgegeben von Matthew Hoffman

Wissenschaftliche Beratung: Lowell Ackerman

KÖNEMANN

Dieses Buch wurde in erster Linie als Ratgeber konzipiert,
nicht als medizinisches Handbuch. Die Informationen, die
hier zusammengestellt wurden, sollen Ihnen Entscheidungs-
hilfen zur Beurteilung des Gesundheitszustands Ihres Hundes geben; sie können und wollen nicht das Urteil eines
Tierarztes umgehen oder ersetzen. Wenn Sie annehmen,
dass Ihr Hund ernsthafte Gesundheitsprobleme hat, empfehlen wir dringend, die Hilfe eines Fachmanns zurate zu
ziehen.

Originalausgabe © 1999: Weldon Owen, Inc.

Originaltitel: Symptoms & Solutions. The Ultimate Home
Health Guide – What to Watch for, What to Do

© 2000 für die deutsche Ausgabe:
Könemann Verlagsgesellschaft mbH
Bonner Str. 126, D–50968 Köln

Übersetzung aus dem Englischen: Helmut Ross
für Königsdorfer Medienhaus
Redaktion: Robert Hamacher und René Zey
Satz: Königsdorfer Medienhaus

Projektkoordination: Andrea Fuß
Herstellung: Ursula Schümer

DTP: Reproservice Pees, Essen

Druck und Bindung: EuroGrafica
Printed in Marano Vicenza, Italy

ISBN 3–8290–5678–8

10 9 8 7 6 5 4 3 2 1

Hundekrankheiten

Mit Beiträgen von
Lowell Ackerman, Susan McCullough, Brad Swift,
Kim Thornton, Elaine Waldorf Gewirtz, Christine Wilford

INHALT

ZWEITER TEIL

SYMPTOME UND MASSNAHMEN

Einleitung

Wer nicht gerade das Glück hat, mit einem Tierarzt befreundet oder verwandt zu sein, wird mit seinen Fragen allein dastehen, wenn sich das gewohnte Verhalten des eigenen Hundes plötzlich auffällig ändert. Niemand möchte etwas vielleicht Ernstes übersehen. Doch wann sollte man zum Tierarzt gehen und wann handelt es sich nur um ein kleines, vorübergehendes Problem?

Ich persönlich bin schon beide Wege gegangen. Vor etwa einem Jahr wachte ich gegen Mitternacht auf, weil meine Labradorhündin Cora sich in einer Ecke des Schlafzimmers übergab. Ich machte Licht und erblickte einen unappetitlichen Fleck auf dem Teppich. Cora erbrach sich derart stark, dass ich fürchtete, sie habe sich verletzt. Wir fuhren sofort quer durch die Stadt zum Nottierarzt. »Hunde würgen immer was hervor«, kommentierte er nach kurzer Untersuchung. »Das lag wohl am Fressen.«

Als wir zur Tür hinausgingen, war Cora in bester Verfassung – und ich war peinlich berührt, mich wie ein fürsorglicher Vater verhalten zu haben.

Einige Monate später hatte Cora eines Nachts Probleme mit dem Wasserlassen. Da sie sich jedoch sonst nicht unwohl fühlte, machte ich mir keine weiteren Sorgen. Den ganzen Tag über wollte sie nach draußen, hatte dort aber nach wie vor Probleme. Schließlich rief ich unseren Tierarzt an, der uns sofort zu sich bestellte – und einen Blasenstein diagnostizierte. Wenn ich nur ein paar Stunden länger gewartet hätte, wäre es vielleicht zu spät gewesen.

Hundebesitzer stehen immer wieder vor dem Problem, dass Hunde nicht sagen können, was ihnen fehlt oder wehtut. So liegt es an uns, die Symptome zu erkennen und zu entscheiden, ob professionelle Versorgung notwendig ist oder nicht. Manchmal fällt diese Entscheidung leicht: Über einen Schnitt im Fußballen oder über einen leichten Durchfall wird man sich kaum Sorgen machen. Was aber soll bei blutigem Durchfall geschehen? Was tun, wenn sich die Hundenase verfärbt hat, der Hund plötzlich fiebert oder den ganzen Tag über noch nichts gefressen hat?

Dieses Buch erklärt genau, wie man Krankheitsbilder erkennt und ihnen richtig begegnet. Beschrieben werden mehr als 50 der bei Hunden am häufigsten vorkommenden Symptome – von Appetitlosigkeit und Blut im Harn bis hin zu Stuhlveränderungen und Gewichtsverlust. Sie können nachlesen, welche Symptome Sie zu Hause behandeln können und welche der Tierarzt – ggf. notfallmedizinisch – behandeln muss. Und Sie erfahren, was Sie tun können, damit es Ihrem Hund besser geht.

Angenommen, Ihr Hund würde plötzlich zu blinzeln beginnen: In neun von zehn Fällen ist ein Schmutzpartikel die Ursache, das sich mit einer Salzlösung ausspülen lässt. Blinzeln kann jedoch auch ein Hinweis auf ein Glaukom sein, das zur Erblindung führen kann, falls es nicht rasch behandelt wird. Dieses Buch erläutert Ihnen die Unterschiede. (In diesem Fall heißt das: Ist nur ein Auge betroffen, liegt mit ziemlicher Sicherheit eine mechanische Reizung vor. Falls jedoch mit beiden Augen etwas nicht stimmt, deutet dies auf irgendetwas Ernsthaftes hin und Sie sollten zum Tierarzt gehen.)

Neben der Beschreibung von Symptomen finden Sie in diesem Buch eine Vielzahl effizienter praktischer Behandlungen, die Sie zu Hause durchführen können, damit es Ihrem Hund besser geht. Das Spektrum der Ratschläge umfasst unter anderem eine schlichte »Wasserkur« gegen Blut im Urin, rezeptfreie Antihistaminika gegen Allergiesymptome, die besten Entwurmungsmethoden und eine Diätkur für ein trockenes Fell.

Um den praktischen Nutzen zu erhöhen, wurde der Text durch über 140 Farbfotos und Illustrationen ergänzt. Dadurch werden Sie auf zahlreiche versteckte Zeichen und Signale aufmerksam, die Ihnen sagen, wann Ihr Hund Hilfe benötigt.

Nicht zuletzt erlaubt Ihnen dieses Buch, ein Problem rasch zu ermitteln und zu erfahren, was zu tun ist, falls Ihr Hund einmal erkranken oder sich verletzen sollte.

Matthew Hoffman

Matthew Hoffman
Herausgeber der Reihe *Pets: Part of the Family*

ERSTER TEIL

GESUND ODER KRANK?

Niemand kennt die Gewohnheiten, Stimmungen, Vorlieben und Abneigungen Ihres Hundes besser als Sie. Abweichungen vom Alltäglichen werden Sie sofort bemerken – Veränderungen, die Ihnen wertvolle Anhaltspunkte geben können.

KAPITEL 1

SYMPTOME RICHTIG ERKENNEN

Hunde tragen keine Schilder um ihren Hals, die uns sagen, wann sie krank sind. Folglich ist es nie ganz einfach zu entscheiden, ob die Symptome ernst sind oder nicht. Wenn Sie jedoch auf ein paar Dinge achten, werden Sie in Ihrem Urteil zunehmend sicherer werden.

Die meisten Hunde werden ein- bis zweimal jährlich für Impfungen oder zum Checkup zum Tierarzt gebracht. Doch diese Untersuchungen reichen nicht aus, da ein Veterinär während eines halbstündigen Besuchs nicht alles in Erfahrung bringen kann. Bei einem Hund, dem am Vortag einer Untersuchung etwas fehlte, nicht aber am Tag der Untersuchung selbst, würde der Tierarzt keine Probleme vermuten. Und auch niemand in der Familie würde das – außer bei einer genauen Kontrolle. Daher ist es wichtig, Symptome richtig zu erkennen, denn Krankheiten werden so schon im Frühstadium ihrer Entstehung entdeckt.

Es gibt viele komplizierte Definitionen des Begriffs »Symptom«, doch im Grunde handelt es sich um jede Veränderung, die Sie bemerken können. Symptome können körperlicher Natur sein (laufende Nase, Hinken) oder das Verhalten betreffen (Ruhelosigkeit). Bewahren Sie jedoch Ruhe, denn nicht bei allen Veränderungen in einem Hundeleben muss es sich gleich um Krankheitssymptome handeln. Die Veränderung muss vielmehr mit etwas Ungewöhnlichem einhergehen. Ein Hund, der zu hecheln beginnt, wenn es heiß wird, zeigt noch kein Symptom. Ein Hecheln ohne ersichtlichen Grund kann dagegen ein erstes Warnsignal sein.

Arten von Symptomen

Unabhängig von regelmäßigen tierärztlichen Untersuchungen sollten Sie bemüht sein, die Symptome Ihres Hundes richtig zu erkennen, um qualifizierte Vermutungen über eine mögliche Krankheit anstellen zu können. Handelt es sich um ein ernstes Symptom oder nicht? Wird es abklingen oder sich verstärken? Soll ich mich sofort an den Tierarzt wenden oder kann ich bis morgen warten?

Einzelne Symptome sind nicht immer leicht zu deuten, doch wenn Sie sich ein paar Grundprinzipien aneignen, werden Sie eine genaue Vorstellung davon bekommen, wie ernst verschiedene Anzeichen zu nehmen sind und ob sofortiges, baldiges oder – im besten Fall – gar kein Handeln geboten ist.

Ist das normal? Symptome sind auch deshalb schwer zu deuten, weil sie sich schlecht verallgemeinern lassen. Wenn Ihrem Hund beispielsweise die Nase läuft, sollten Sie sich fragen, ob das für ihn normal ist. Bei einigen Hunden ist dies eben so, bei anderen nicht – was dann auf ein Symptom hinweist.

Was passiert sonst noch? Schon nach wenigen Tagen ihrer Ausbildung lernen angehende Tierärzte, dass ein einzelnes, von anderen körperlichen oder emotionalen Vorgängen isoliertes Symptom kaum eine Aussagekraft besitzt. Daher brechen sie auch nicht die Untersuchung ab, sobald Sie ihnen ein Symptom schildern, denn nun beginnen die Fragen erst richtig. Angenommen, Ihr Hund hat leichtes Fieber. Falls sonst nichts vorliegt – er hatte keinen Durchfall, ist bei Kräften, frisst gut und hat ein gesundes Fell –, schließt der Tierarzt daraus, dass es sich nur um einen natürlichen, vorübergehenden Temperaturanstieg handelt. Geht das Fieber jedoch mit weiteren Krankheitszeichen einher, ist dies bedenklich.

Örtlich oder allgemein? Diese Frage ist besonders wichtig, weil sie etwas über den Grad der Erkrankung aussagen kann. Sehr häufig sind örtlich auftretende Symptome weniger gravierend als allgemeine. Ein Hund mit einer schlecht heilenden Wunde an der Nase hat vielleicht nur die Folgen dafür zu tragen, dass er seine Schnauze als Schaufel benutzt hat. Dagegen hat ein Hund mit zahlreichen Wunden und womöglich noch weiteren Merkmalen wie Fieber ein allgemeineres Problem.

Natürlich gibt es auch gravierende örtliche Symptome: Beispielsweise kann durch Sonneneinstrahlung verursachter Hautkrebs zu einer vereinzelten Wunde führen. Örtliche Symptome sind deshalb keineswegs belanglos, doch die Unterscheidung von örtlichen und allgemeinen Symptomen vermittelt einen klareren Gesamteindruck vom Gesundheitszustand des Hundes.

Akut oder chronisch? Plötzlich einsetzende Symptome bezeichnet man als akut, während chronische Symptome bereits seit Monaten oder Jahren bestehen. Oft erscheinen Symptome auf unterschiedliche Weise. Als Faustregel gilt: Deutliche, plötzlich einsetzende Symptome müssen schnell behandelt werden. Allmählich sichtbar werdende Symptome sind dagegen schwieriger zu behandeln. Ein treffendes Beispiel für ein akutes Symptom ist eine Schnittwunde in der Pfote. Sie tritt unmittelbar nach der Verletzung auf und lässt sich gut behandeln, selbst wenn sie tief ist. Arthritis dagegen ist eine chronische Erkrankung, die schleichend beginnt, sich allmählich verschlimmert und aus zwei Gründen schlechter zu behandeln ist als ein akutes Problem: Erstens ist da der ursprüngliche

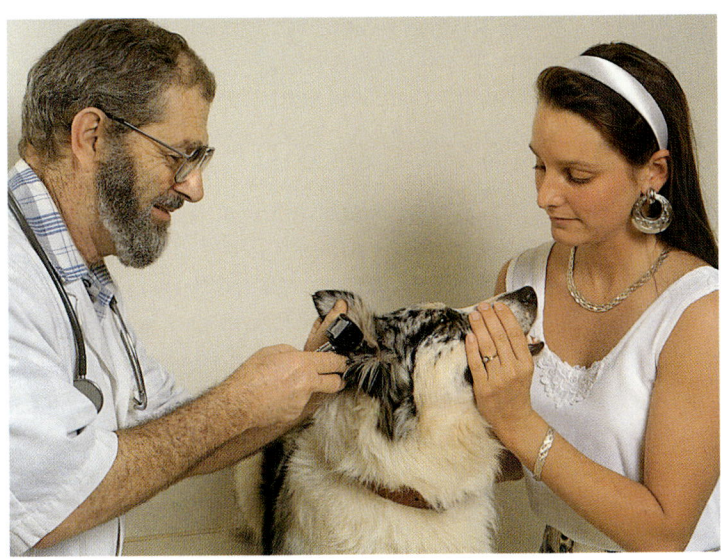

Ein Tierarzt sieht Ihren Hund vielleicht nur ein- bis zweimal pro Jahr, Sie sehen ihn jedoch täglich. Vertrauen Sie Ihren Instinkten und sprechen Sie aus, was Ihnen Sorge bereitet.

3

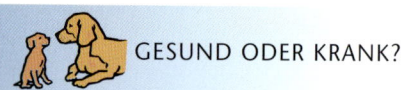

Gelenkschaden, und zweitens wird der Körper nach jahrelanger Arthritis angeregt, sich zu wehren – diese Abwehr verschlimmert das eigentliche Problem.

Zeitweilig oder dauerhaft? Ein guter Hinweis auf die Ursache eines Symptoms zeigt sich darin, ob es kommt und wieder geht oder aber fortbesteht. Wenn Ihr Hund bereits eine Woche lang hinkt, handelt es sich vermutlich um eine Verletzung; zeitweiliges Hinken ist eher eine Systemerkrankung und womöglich durch Arthritis oder die Lyme-Krankheit bedingt.

Symptome bewerten

Tierärzte kennen eine lange Liste von Krankheitszeichen, die fast immer ernst sind: andauernde Blutungen, extrem hohes Fieber oder ein geschwollener Bauch. Die meisten Hunde werden niemals eines dieser extremen, auffälligen Symptome zeigen; sie zeigen eher ein Merkmal oder mehrere, auf die Sie sich keinen Reim machen können.

Sollte man deswegen gleich zum Tierarzt gehen oder erst einmal abwarten? Vielleicht sind Sie sich nicht einmal sicher, ob es sich um ein Symptom oder eine normale, wenn auch ungewohnte Veränderung handelt. Eindeutig wird die Sache, wenn sich der Hund offensichtlich schlecht fühlt. Er kann zwar nicht sprechen, lügt aber auch nicht. Ein zutiefst betrübter Hund ist sehr wahrscheinlich krank: Gehen Sie also zum Tierarzt!

Natürlich sind manche Hunde gleichmütiger veranlagt als andere: Ein stattlicher Rottweiler wird vielleicht dramatisch hinken, wenn er sich die Pfote gequetscht hat, während ein winziger Pudel selbst bei hohem Fieber ungerührt bleibt.

Manche Tierärzte haben ihre eigenen, durchaus unwissenschaftlichen Methoden, um hinter die Kulissen zu blicken: Sie versetzen sich in das betroffene Tier hinein. Wenn der Hund z. B. eine wunde Nase hat und man erschrecken würde, falls man selbst betroffen wäre, dann ist ärztliche Hilfe angezeigt. Hunde sind zwar keine Menschen, doch ihr Körper reagiert ähnlich.

EMOTIONALE VERÄNDERUNGEN, KÖRPERLICHE ZEICHEN

In der Regel halten wir Symptome für etwas Körperliches wie eine Schnittwunde oder Fieber. Sie können jedoch auch das Verhalten betreffen, z. B. plötzliche Aggressivität oder starke Erschöpfung. Viele Verhaltensänderungen signalisieren, dass der Hund beunruhigt, verängstigt oder gestresst ist, doch können sie auch körperliche Probleme andeuten. Ein Hund, der nicht frisst und meist teilnahmslos wirkt, könnte an der Schilddrüsenerkrankung Pankreatitis oder sogar an Herzwürmern (Dirofilaria) leiden.

Selbst wenn das Problem in den Emotionen liegt, können Anzeichen wie Appetitlosigkeit den Hund körperlich krank machen. Daher sollten Sie zum Tierarzt gehen, falls sich die Stimmungslage des Hundes nicht innerhalb weniger Tage normalisiert.

KAPITEL 2

DER GANG ZUM TIERARZT

So wie kein Hundebesitzer ein vielleicht ernstes Symptom übersehen will, so möchte andererseits niemand wöchentlich zum Tierarzt gehen. Die Kenntnis einiger häufiger Krankheitszeichen soll Ihnen helfen, die richtigen Entscheidungen zu treffen.

Würde man jedes Mal zum Tierarzt gehen, wenn man annimmt, dass ein Hund krank ist, so müsste man dafür als Autobesitzer eigentlich Tankstellenrabatt erhalten. Hunde haben immer etwas, das auch ruhige Menschen leicht nervös macht: Sie würgen etwas herauf, haben Durchfall oder wollen nicht fressen.

Abgesehen von gelegentlichen Erkältungen und Verdauungsbeschwerden sind Hunde jedoch sehr robuste Tiere, die oft ihr ganzes Leben lang nicht ernsthaft erkranken. Trotzdem sollten ihre Besitzer stets auf Veränderungen achten und sich auch um kleine Probleme kümmern, bevor daraus schleichend etwas Schlimmeres entsteht.

Die Früherkennung potentieller Probleme ist entscheidend für die Gesundheit Ihres Hundes, sie ist aber nicht immer einfach: Selbst Tierärzte fragen sich häufig zweifelnd, ob ein Symptom wirklich ernst oder nur vorübergehend ist.

Wer mit seinem Hund lebt, spielt und ausspannt, weiß stets, wann er sich wohl fühlt oder unpässlich ist.

Dem Instinkt vertrauen

Im Gegensatz zum Tierarzt leben Hundehalter im Alltag mit ihren Vierbeinern zusammen und können deshalb Ungewöhnliches gleich erkennen. Tierärzte sind geschulte Beobachter, doch da sie ihre Patienten nur ein- bis zweimal jährlich zu Gesicht bekommen, stehen sie vor der vertrackten Frage, ob das Verhalten des jeweiligen Hundes für diesen normal ist oder nicht.

Viele Tierärzte vertrauen ganz auf den Instinkt der Halter, der aber leider auch Fehlurteile ermöglicht. Wenn Ihnen die Symptome Ihres Hundes bekannt vorkommen, können Sie mit größerer Selbstsicherheit handeln. Manche Anzeichen werden Ihnen jedoch nicht vertraut sein

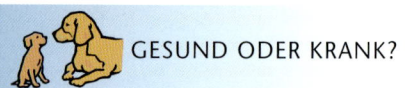

oder sie sind einfach zu ernst, um etwas zu riskieren. Sobald Sie sich auf ungewohntem Terrain befinden, ist tierärztlicher Rat nötig.

Neun Symptome, die ernst genommen werden sollten

Man kennt Tausende von Symptomen und Symptomkomplexen, die durch viele verschiedene Krankheiten verursacht werden. Natürlich müssen Sie diese nicht alle kennen – dafür gibt es ja den Tierarzt. Sie sollten aber jene Hauptsymptome kennen, die Sie niemals allein bewältigen können.

Atemprobleme. Dieses Symptom, das zugleich eines der gefährlichsten ist, erkennen Sie am einfachsten. Hunde, die beim Ruhen stark hecheln oder schwer atmen, haben womöglich ein Herz- oder Lungenproblem.

Auch wenn die Ursache des Symptoms nicht ernst ist, kann eine erschwerte Atmung die Sauerstoffversorgung des Herzens und anderer Organe reduzieren und zu dauerhaften Schäden führen. Rasche Hilfe ist dringend erforderlich.

Blasses Zahnfleisch. Auch dies ist ein Zeichen für mangelnde Durchblutung und Sauerstoffversorgung der Körpergewebe. Das Zahnfleisch sollte stets hellrosa sein, außer bei Hunden mit von Natur aus dunklem Zahnfleisch. Zahlreiche Erkrankungen, etwa des Herzens oder innere Blutungen, können zu blassem Zahnfleisch führen, das fast immer einen Notfall anzeigt.

Ungewöhnliche Müdigkeit. Hunde haben emotionale Hochs und Tiefs wie Menschen auch, und es wird immer Tage geben, an denen sie vom Auslauf vorzeitig nach Hause zurück-

kehren oder morgens erst gar nicht aufstehen wollen. Mehr als einen Tag andauernde oder ungewöhnlich starke Müdigkeit sollte jedoch aufhorchen lassen, denn erfahrungsgemäß zeigen viele Hunde mit größeren Problemen zunächst eine Lethargie, die auch nach ein bis zwei Tagen nicht abklingt.

Geschwollener Bauch. Wer einen kleinen Hund besitzt, muss sich über dieses Symptom keine besonderen Sorgen machen, doch bei großen, tiefbrüstigen Rassen wie bei der Deutschen Dogge oder beim Dobermann besteht ein hohes Risiko für eine Erweiterung (und Drehung) des Magens, der sich plötzlich mit Gasen anfüllt und ausdehnt.

Eine Magenerweiterung ist immer ein Notfall und kann innerhalb von Stunden entstehen. Wichtig ist in einem solchen Fall, dass Sie frühzeitig Alarmsignale wie Bauchschwellung, Ruhelosigkeit und schwere, angestrengte Atmung erkennen.

Verletzungen. Hunde sind wendig und robust und besitzen ein schützendes Fell. Auch einen schwereren Verkehrsunfall können sie ohne die geringste Schramme überstehen. Doch bisweilen trügt der Schein. Alles, was den Hund heftig genug trifft, um ihn umzuwerfen, kann innere Verletzungen verursachen, die vielleicht erst Stunden oder Tage später Symptome zeigen. Lassen Sie Ihren Hund tierärztlich untersuchen, egal wie gut seine Verfassung nach einem Unfall auch ist.

Nach Chemikalien riechender Atem. Hunde stecken ihre Nase in fast alles, auch in die Chemikalien, die wir in der Garage oder unter der Spüle aufbewahren. Und auch das, was nicht ausdrücklich als »Gift« gekennzeichnet ist, kann

Merkwürdige Symptome

Oft nehmen wir an, die Natur habe den Körper sehr sorgfältig konstruiert, und halten körperliche Symptome deshalb für hilfreiche Alarmzeichen. Das stimmt zwar meist, doch Hunde tun ein paar sehr eigenartige Dinge. Hier einige Beispiele:

• **Rückwärts niesen.** Hunde erzeugen regelmäßig ein Geräusch, bei dem Luft mit einem Schnauben in die Nase strömt. Dieses »Rückwärtsniesen« hat nicht viel zu besagen, obwohl es durch periodische Allergien verursacht werden kann.

• **Kotfressen.** Fast jeder Hund hat schon einmal Kot gefressen. Abgesehen von einem erhöhten Risiko für Parasitenbefall ist dies nicht sehr problematisch.

• **»Hängen«.** Nach dem Deckakt ziehen sich die Scheidenmuskeln zusammen, während sich die Schwellkörper des Penis weiter ausdehnen. Der resultierende »Knoten« lässt beide für 30 Minuten und länger zusammenhängen, vermutlich um die Chancen einer Befruchtung zu erhöhen. Dies ist ein merkwürdiger, doch völlig normaler Anblick. Die Lösung erfolgt meist von allein. Notfalls die Hoden mit einem Eisbeutel abkühlen.

für einen Hund eine verheerende Wirkung haben. Ihnen bleiben dann oft nur wenige Minuten, um die Behandlung einzuleiten.

Vergiftungen sind nicht immer leicht zu erkennen, es sei denn, Sie wurden unmittelbar Zeuge des Geschehens. Achten Sie auf umgestürzte Flaschen oder aufgerissene Tüten. Manche Hunde haben einen deutlich nach Chemikalien riechenden Atem, sind benommen oder erbrechen sich.

Starke Verdauungsprobleme. Aufgrund ihres großen Appetits gerät die Verdauung mancher Hunde regelmäßig aus dem Gleichgewicht. Gelegentliches Erbrechen oder Durchfall stellt bei den meisten ausgewachsenen Hunden kein ernsthaftes Problem dar. Welpen haben aber keine hohen Reserven und können daher rasch austrocknen oder unterzuckern. Erbrechen, das mehr als einmal stündlich oder mehr als sechsmal in acht Stunden erfolgt, gilt als bedenklich.

Harnbeschwerden. Die meisten Hunde urinieren zu viel oder zumindest zu häufig, vor allem wenn ihre Halter ihnen dazu keine ausreichende Zeit lassen.

Ein Hund, dem der Harnabsatz schwer fällt, könnte Probleme mit den Nieren oder Harnwegen (Steine) haben. Angesammelter Urin kann die Blase stark belasten, in manchen Fällen bis zur Blasenruptur (Blasenriss).

Veränderungen der Augen. Die meisten dieser Veränderungen wie beispielsweise Rötungen und übermäßiger Tränenfluss sind unbedenklich und gehen rasch wieder zurück, entweder von selbst oder mithilfe von Antibiotika.

Die gleichen Symptome können jedoch auch durch ein Glaukom verursacht werden, das ohne rasche Behandlung zur Erblindung führen kann. Jede Veränderung der Augen sollte man dem Tierarzt zeigen.

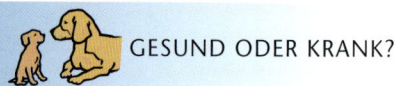

Aufmerksames Abwarten

Tierärzte sind von Natur aus vorsichtig. Während manche Symptome stets rasch behandelt werden müssen, gibt es viele, die zumindest keine sofortige Behandlung erfordern. Ein Hund, der einmal etwas hervorwürgt, ist vermutlich gesund; geschieht dies jedoch wiederholt, ist Hilfe angezeigt. Als Kompromiss zwischen übereilter Behandlung und Nichtstun sollte man aufmerksam abwarten. Beobachten Sie Ihren Hund genau, um sicherzustellen, dass es ihm tatsächlich wieder besser geht. Die folgenden Symptome erfordern Abwarten.

Durchfall. Wenn Ihr Hund Durchfall hat, ihm aber sonst offenbar nichts fehlt, sollten Sie einen Tag abwarten, ob sich sein Zustand verbessert. Wichtig ist stets ein voller Wassernapf, damit die vermehrt ausgeschiedene Flüssigkeit ersetzt werden kann.

Erbrechen. Ist bei Hunden keine Seltenheit. Sie ziehen sich eine Virusinfektion zu oder fressen etwas Ekeliges, übergeben sich und die Sache ist ausgestanden. Erbricht sich Ihr Hund über Stunden oder Tage hinweg, ist ein Tierarztbesuch erforderlich.

Blut im Urin. Meist handelt es sich um eine Harnwegsinfektion, die harmlos ist: Häufig klingt die Infektion innerhalb weniger Tage von allein wieder ab. Dennoch wäre ein Gang zum Tierarzt nicht verkehrt, um einer Verschlechterung vorzubeugen.

Flohbefall und Allergien sind mögliche Ursachen für ständiges Kratzen.

Mahlzeiten auslassen. Auch der Hundeappetit ist nicht immer gleich: Hunde fressen im Sommer gewöhnlich weniger und im Winter mehr. Vorübergehende Wehwehchen wie zum Beispiel eine leichte Erkältung können den Appetit schon einmal hemmen. Hunde kommen problemlos ein bis zwei Tage ohne feste Nahrung aus. Falls Ihr Hund jedoch weiterhin Mahlzeiten auslässt oder andere Symptome wie etwa Fieber zeigt, sollten Sie Ihren Tierarzt aufsuchen.

Ständiges Kratzen. Den meisten Ursachen für Juckreiz (z. B. Allergien oder Flöhen) können Sie recht einfach zu Hause begegnen, indem Sie die Ursache beseitigen oder das Symptom behandeln. Ständiges Kratzen kann Hautschäden mit schlecht heilenden oder sich entzündenden Wunden verursachen. Es lohnt sich daher, den Tierarzt nach dem eigentlichen Problem und einer Erfolg versprechenden, langfristigen Behandlung zu fragen.

KAPITEL 3

WIRKSAME VORSORGE

Vielen Hundekrankheiten können Sie durch einfache häusliche Pflege vorbeugen.
Wenn Sie wissen, worauf zu achten und was zu tun ist, können Sie dazu beitragen,
dass Ihr Hund länger und gesünder lebt.

Hunde kamen recht gut mit sich selbst aus, bevor der Mensch auf den Plan trat, doch das Leben in freier Wildbahn war stressreicher als das unserer heutigen Hausgenossen. Unsere Hunde riskieren nicht ihr Leben, um an Futter zu gelangen, und fressen auch kein verwestes Fleisch, um nicht zu verhungern. Sie müssen nicht Eis und Schnee überwinden, um etwas zu trinken zu finden, und brauchen auch nicht um Reviere und Unterschlupf zu kämpfen. So überrascht es nicht, dass Hunde heutzutage länger leben als früher.

Doch dieser Luxus ist auch problematisch: Nach Ansicht vieler Tierärzte führen das moderne Fertigfutter und der weit verbreitete Bewegungsmangel zu mehr Krankheiten – etwa Allergien, Diabetes und Arthritis.

Hunde würden bei einer Rückkehr in ihr Wildleben zwar nicht gesünder, doch sie hätten es besser, wenn wir die besten Seiten ihrer alten und neuen Lebensumstände miteinander vereinen würden: einerseits regelmäßige Betätigung und reichlich Interaktion mit Artgenossen und andererseits Hygiene und regelmäßige Untersuchungen. Vorsorge ist nicht teuer (jedenfalls weit billiger als ein Tierarzt) und erfordert nur wenig Zeit, die Ihnen mit lebenslanger Zuwendung aufgewogen wird.

Gute Ernährung

Beim Futter sind die meisten Hunde nicht sehr wählerisch. Sie stopfen fast alles in sich hinein und schrecken auch vor Mundraub nicht zurück. Dabei denken sie nicht an Gewicht oder Zähne, sondern allenfalls an die nächste Mahlzeit. Ob das, was in ihrem Fressnapf landet, gut für sie ist, kümmert sie nicht. Hunde, die nahrhaftes, bekömmliches Futter fressen, sind viel seltener übergewichtig. Auch das Risiko für Diabetes oder andere Verdauungsprobleme ist

Hunde sind in Gesellschaft von Artgenossen am glücklichsten. Ein abwechslungsreiches Sozialleben fördert ihre Abenteuerlust und Selbstentfaltung – und lehrt sie die richtigen Umgangsformen.

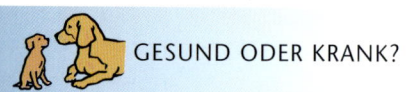

geringer. Gesunde Ernährung kann sogar das Risiko der Entstehung von Nierensteinen reduzieren.

Die Auswahl des richtigen Futters ist oft schwer. Die meisten Tierärzte raten von No-Name-Produkten eher ab; auch wenn sie oft nur halb so viel kosten wie Markenfutter, sind ihre Bestandteile nicht immer erste Wahl.

Es ist nicht verkehrt, in das andere Extrem zu verfallen und im Fachhandel oder beim Tierarzt teures Premiumfutter zu kaufen. Aufgrund seiner hochwertigen Bestandteile wird es von manchen Tierärzten für Hunde mit besonderen Bedürfnissen empfohlen, beispielsweise für sehr aktive Tiere.

Für die Gesundheit der meisten Hunde bedeutet Premiumfutter jedoch keinen großen Unterschied. Wenn Ihr Tierarzt nichts anderes empfiehlt, reicht preiswertes Markenfutter aus dem Supermarkt aus.

Das Hauptproblem besteht heutzutage darin, dass Hunde oft mehr fressen, als sie müssten. Diese zusätzlichen Pfunde können sie mehrere Lebensjahre kosten. Einer übermäßigen Ge- wichtszunahme vorzubeugen ist jedoch nicht Sache des Hundes, sondern allein eine Angelegenheit des Hundehalters.

Futterrationen abwiegen. Wie Tierärzte festgestellt haben, werden die tatsächlichen Futtermengen von den Hundehaltern stark unterschätzt. Daher sollten Sie das Futter stets abwiegen. Erstens können Sie dadurch genauer kontrollieren, wie viel Ihr Hund frisst, und zweitens werden Sie bemerken, wann er mehr oder weniger frisst als sonst. Auf diese Weise erhalten Sie mehr Fakten über seinen Gesundheitszustand.

Leckereien mitrechnen. Wenn Sie ermitteln, wie viel Ihr Hund tatsächlich frisst, sollten Sie an kleine Extras wie Hundekuchen und schmackhafte Speisereste denken. Sowohl fertig gekaufte als auch hausgemachte Leckereien sind meist reich an Fett und Kalorien und können die beste Diät zunichte machen. Gehen Sie also sparsam damit um, und verwenden Sie gesündere Snacks, beispielsweise mundgerecht serviertes Obst oder Gemüse. Viele Hunde mögen auch Popcorn.

Kalorien schrittweise reduzieren. Übergewichtige Hunde sind einem erhöhten Krankheitsrisiko ausgesetzt, weshalb es in erster Linie gilt, Pfunde zu verlieren. Am besten verringern Sie die Futterration um 25 %. Die meisten Hunde beginnen dann innerhalb weniger Wochen abzunehmen. Ist das nicht der Fall, so reduzieren Sie die Futtermenge nochmals um bis zu 25 %. Falls ein Erfolg immer noch ausbleibt, sollten Sie mit Ihrem Tierarzt eine andere Vorgehensweise besprechen.

Zu festen Zeiten füttern. Es gibt Hunde, die bei Tisch sehr zurückhaltend sind, doch die meisten fressen, was gerade da ist. Wenn Sie den Fressnapf stets gefüllt halten, wird auch der Hund ständig fressen. Stattdessen empfiehlt sich ein strenger Zeitplan, beispielsweise eine Fütterung am Morgen und eine am Abend.

Heißhunger befriedigen. Eine gut geplante Diät mag gesund sein, wird jedoch nur schwer das Hundeherz gewinnen. Hunde mögen Diäten auch nicht mehr als Menschen, sodass Betteln und Winseln vermutlich noch zunehmen werden.

WISSEN, WAS NORMAL IST

Da jeder Hund körperlich und emotional anders ausgeprägt ist als seine Artgenossen, gibt es keine verbindlichen Checklisten für seinen Gesundheitszustand. Entscheidend für die Einschätzung seiner Befindlichkeit ist, wie sich Ihr Hund präsentiert, wenn er gesund ist. Dies ist der Maßstab, und jede Abweichung von dieser Grundlinie – also von Gewohnheiten, Aussehen und Stimmung – bedeutet: Etwas geht in Ihrem Tier vor, das weiterhin genau beobachtet werden muss.

• **Achten Sie darauf, wie viel Ihr Hund frisst.** Veränderter Appetit ist eines der ersten Krankheitszeichen. Wenn Sie das Futter täglich genau abwiegen, können Sie solche Abweichungen leichter feststellen.

Wichtig ist auch, ob der Hund gegenüber festem Futter verstärkten Widerwillen zeigt, da dies auf ein Problem in seinem Maul hindeuten könnte.

• **Beobachten Sie, wie viel Ihr Hund trinkt.** Der Hundedurst variiert je nach Jahreszeit und Auslauf, doch drastische Veränderungen können beispielsweise Diabetes, Nierenversagen und Probleme mit den Nebennieren anzeigen.

• **Kontrollieren von Stuhl und Urin.** Bereits ein kurzer Blick auf Stuhl und Urin des Hundes vermittelt erste wichtige Informationen. Jede Abweichung vom gewohnten Erscheinungsbild kann ein ernst zu nehmendes Warnzeichen sein.

• **Prüfen Sie Ausdauer und Energie.** Ein ansonsten betulicher, plötzlich aber auffällig aktiver Hund könnte ein schwer wiegendes Hormonproblem haben. Auch bei einem normalerweise munteren Hund, der ganz plötz-lich müde wirkt, kann man sicher sein, dass etwas nicht stimmt.

• **Kontrollieren Sie die Augen.** Hundeaugen sollten stets klar und hell sein. Farbliche Veränderungen oder häufigeres Augentränen sind ernst zu nehmen.

• **Kontrollieren Sie den Mund.** Untersuchen Sie dann und wann Zähne und Zahnfleisch. Das Zahnfleisch sollte rosa und fest sein, die Zähne relativ sauber. Gerötet oder gereizt wirkendes Zahnfleisch oder übel riechender Atem bedeutet, dass etwas nicht in Ordnung ist – entweder im Maul oder anderswo.

• **Tasten Sie die Haut ab.** Dass Hunde mit zunehmendem Alter etwas »ausbeulen«, ist normal; doch Knoten können auch ein Warnzeichen für Krebs sein.

In der Regel sind Knoten, die sich weich anfühlen und unter der Haut frei bewegen lassen, weniger problematisch als harte, fixierte Knoten.

• **Rechtzeitig zum Tierarzt gehen.** Hunde mittleren Alters sollten einmal jährlich von Grund auf untersucht werden, ältere Hunde besser zwei- bis dreimal pro Jahr.

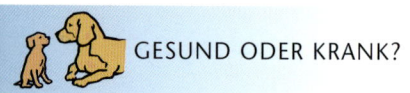

DIE HUNDEAPOTHEKE

Tierärzte empfehlen die Zusammenstellung einer Notapotheke, und zwar speziell für Hunde. Dies ist nicht falsch, doch meist nicht notwendig, da viele Humanpräparate bei Hunden ebenso gut wirken. Hier dennoch einige Vorschläge:

• Aloe-vera-Lotion zur Behandlung leichter Verbrennungen.

• Antibiotische Salbe oder Creme.

• Aspirin gegen Fieber und Schmerzen; eine Tablette (100 mg) pro 5 kg Körpergewicht ein- bis zweimal täglich.

• Betaisodona oder ein anderes Antiseptikum zum Säubern von Wunden.

• Bittersalz zum Reinigen und Trocknen von Wunden oder wunden Stellen.

• Hydrokortisoncreme zur Behandlung leichter Entzündungen.

• Kolloidales Hafermehl zur Linderung von Juckreiz durch Flöhe oder Allergien.

• Pepto-Bismol gegen Durchfall und andere Verdauungsbeschwerden; alle paar Stunden einen Teelöffel pro 10 kg Körpergewicht verabreichen.

• Salzlösung zum Ausspülen der Augen und Lindern von Reizungen.

• Tierkohle für die Behandlung von Vergiftungen; Ihr Tierarzt wird Sie über die Dosierung aufklären.

• Wasserstoffperoxid (dreiprozentig) als Brechmittel; ein Esslöffel pro 7,5–10 kg Körpergewicht.

• Zaubernuss (Hamamelis virginiana) zur Linderung von leichten Entzündungen und Insektenstichen.

Um den Sättigungsgrad zu erhöhen, kann man dem Futter ein bis zwei Esslöffel Dosenkürbis beigeben: Kürbis ist kalorienarm, reich an Ballaststoffen und somit sättigend.

Abfälle entsorgen. Die Vorfahren Ihres Hundes konnten alles verwerten, was sie fanden, doch unsere heutigen Hunde fressen nicht so abwechslungsreich. Aufgestöberte Nahrung und Abfälle würden ihnen zwar auf lange Sicht nicht sehr schaden, können aber massive akute Magenbeschwerden verursachen. Hunde haben schon ganze Knochen und sogar Papier oder Plastik gefressen, was leicht den Verdauungstrakt blockieren kann.

Trockenfutter wählen. Obwohl Dosenfutter und halbfeuchtes Futter nahrhaft sind und von den Hunden gut angenommen werden, ist es nicht besonders gut für die Zähne.

Im Gegensatz zu feuchter Nahrung wirkt Trockenfutter nach einem ähnlichen Prinzip wie eine Zahnbürste. Es bleibt auch nicht an den Zähnen haften, sodass sich Bakterien nicht so gut vermehren können und die Infektionsgefahr reduziert wird.

Futter in der Originalverpackung aufbewahren. Wenn Trockenfutter ausgepackt und für längere Zeit in einem Plastikbehälter gelagert wird, können Geschmacksstoffe und Chemikalien hineingelangen. Diese Verunreinigung verhindert man, indem man das noch verpackte Futter in den Plastikbehälter gibt.

Aktiv bleiben

Regelmäßiger Auslauf ist das Beste, um Gesundheit, Kondition und Zufriedenheit des Hundes zu erhalten: Herz und Lungen werden dadurch gefordert, seine Muskeln und Bänder werden gekräftigt und können die Gelenke besser schützen; auch die Gefahr von Verhaltensstörungen reduziert sich. Viele bekannte Verhaltensprobleme wie das Graben von Löchern und das Beknabbern von Möbeln resultieren aus Langeweile, vor allem wenn ein Hund sich nicht austoben kann.

Viele Vorteile des einstigen Überlebenskampfs gingen mit der Domestizierung der Hunde verloren. Insbesondere das Jagen, das ihren Körper kräftigte, fiel weg.

Doch wie viel Auslauf braucht ein Hund? Das hängt ganz von der Rasse ab. Terrier, Hüte- und Jagdhunde sind wahre Energiebündel und benötigen in der Regel täglich mindestens eine Stunde unbeschränkten Auslauf. Sehr große oder sehr kleine Hunde kommen dagegen meist mit ein bis zwei kurzen Spaziergängen aus. Prinzipiell braucht jeder Hund täglich wenigstens eine halbe Stunde Auslauf – 15 Minuten am Morgen und 15 Minuten am Abend. Mit einem Hund, der eine Zeit lang zu wenig Bewegung gehabt hat, sollte man es langsam angehen lassen – ein paar Spaziergänge täglich durch nicht allzu hügeliges Terrain und Herumtollen im Garten oder Wohnzimmer für jeweils ein paar Minuten genügen hier. Sobald der Hund

Reichlich Auslauf ist eine der wichtigsten Vorbeugungsmaßnahmen – beim Spielen wird so rasch kein Hund müde.

besser in Form ist, können Sie Ihr Programm etwas variieren.

Eines der besten Fitnessprogramme ist ein abwechslungsreiches, auch von den Hunden geliebtes Training, das Schwimmen, Gehen, Laufen und Jagen (nach einem Ball) kombiniert. Schwimmen ist besonders gut, da alle Muskeln trainiert und die Gelenke nicht belastet werden. Dabei sollten Sie den Hund immer beaufsichtigen. Sorgen Sie dafür, dass er gut wieder aus dem Wasser herauskommen kann, und meiden Sie wegen der Gefahr unsichtbarer Strömungen Flüsse und das Meer. Wundern Sie sich jedoch nicht, wenn Ihr Hund sich verweigert – manche Hunde mögen einfach kein Wasser.

Vermeiden Sie beim Auslauf heftige Drehungen und Wendungen auf Asphalt und Beton, denn auf diesen Flächen finden die Pfoten Ihres Hundes keinen Halt und die Gelenke werden unnötig belastet.

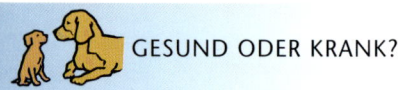

Elementare Hygiene

Wenn Sie Ihren Hund nicht eigens auf Ausstellungen oder bei ähnlichen Anlässen präsentieren, müssen Sie ihn auch nicht häufig baden. Zahlreiche Talgdrüsen halten die Haut geschmeidig und gesund, doch ist nicht jeder Hund gleich. Kurzhaarrassen brauchen meist keine aufwändige Pflege; Hunde mit langem Fell müssen jedoch regelmäßig gebadet und gebürstet werden – nicht nur um gut auszusehen und zu riechen, sondern auch um die Gefahr von Hautinfektionen zu reduzieren.

Regelmäßige Fellpflege macht Sie auf Probleme (z. B. Flohbefall oder kleinere Schwellungen) aufmerksam, die Ihnen sonst womöglich entgehen.

Obwohl sich der Pflegebedarf nach der Rasse und den besonderen Gewohnheiten des Hundes richtet, seien einige tierärztliche Empfehlungen genannt:

Häufig bürsten. Regelmäßiges Bürsten verteilt die natürlichen Fette auf der Haut und beugt so Hautausschlag und Infektionen vor. Hunde mit kurzem Fell kann man einmal wöchentlich mit einem Veloursleder oder einem weichen Tuch abreiben; Hunde mit längerem Fell sollte man täglich bürsten, wenn auch nur für ein paar Minuten.

Haarfilz beseitigen. Verfilzte Haare sind bei Haustieren mit langem Fell ein lästiges Problem. Sie sehen nicht nur ungepflegt aus, sondern fangen nahe der Haut auch Feuchtigkeit ein, sodass sich Bakterien oder Parasiten hier besonders wohl fühlen.

Verfilztes Haar reizt die Haut und sollte daher vorsichtig entfernt werden. Falls Ihr Hund stillhält, lassen sich die verfilzten Stellen meist auskämmen oder -bürsten. Fragen Sie alternativ im Zoogeschäft nach einem speziellen Entwirrungsspray. Sollte der Filz zu fest sein oder direkt über der Haut sitzen, hilft nur Abschneiden mit einer stumpfen Schere.

Krallen schneiden. Hundekrallen können überraschend schnell wachsen. Nicht regelmäßig nachgeschnittene Krallen werden leichter rissig oder brechen sogar ab.

Zähne sauber halten. Nur wenige Menschen putzen ihren Hunden nach jeder Mahlzeit die Zähne. Zähneputzen mehrmals wöchentlich – oder besser noch täglich – dient aber nicht

Allwöchentliches Abreiben mit einem Veloursleder genügt häufig schon, um kurzes Fell sauber und gesund zu erhalten.

allein der Kosmetik: Neueren Untersuchungen zufolge können die für Erkrankungen des Zahnfleisches verantwortlichen Bakterien auch in die Blutbahn gelangen und möglicherweise das Herz oder andere Organe schädigen.

Zahnpflege kann darin bestehen, eine spezielle Hundezahnbürste und Hundezahncreme zu verwenden oder die äußeren Zahnflächen einfach mit einem Stück Verbandmull abzuwischen. Auch Rinderhautknochen, Gummispielzeug und harte Hundekuchen säubern die Zähne.

Ohren kontrollieren. Die Ohren sind von Natur aus selbstreinigend und benötigen keine intensive Pflege. Dennoch kann man das Außenohr regelmäßig mit einem trockenen Wattebausch abtupfen. Manche Tierärzte empfehlen einen desinfizierenden Ohrreiniger. Reinigen Sie auf keinen Fall den Gehörgang mit Wattestäbchen: Ohrenschmalz und Schmutzpartikel könnten dadurch noch weiter ins Ohr hineingedrückt werden.

Freunde und Familie

Früher waren die Hunde damit beschäftigt, nach Beute zu jagen und ihren Nachwuchs aufzuziehen. Dagegen sind heute viele Hunde häufig sich selbst überlassen. Auch wenn Menschen in der Nähe sind, trifft ein Hund nur selten auf Artgenossen. Da Hunde von Natur aus sehr gesellig sind, stellen sich leicht Langeweile und Depressionen ein.

Hunde versuchen dies zu bewältigen, indem sie bellen, Löcher im Garten graben, Pflanzen herausreißen oder Möbel anknabbern.

Es ist nahezu unmöglich, einem Hund zu viel Geselligkeit zu bieten. Sein Verhalten und seine Grundstimmung verbessern sich durch häufigen Kontakt oft deutlich. Man sollte daher mit seinem Hund täglich eine halbe bis eine Stunde spielen oder – besser noch – dann und wann mit ihm eine neue Umgebung aufsuchen. Hunde fühlen sich sehr wohl, wenn sie neue Reize in einer fremden Atmosphäre erfahren. Dazu gehören das Riechen und das Kennenlernen neuer Spielgefährten.

NATÜRLICHE ABWEHR

Auch der Hundeorganismus besitzt ein wunderbares Abwehrmittel: Das Immunsystem schützt ihn vor allen möglichen Gefahren wie Bakterien, Viren, Allergenen und sogar einigen Schlangen- und Spinnengiften – kurzum: vor zahlreichen Umweltrisiken. Wenn ein Eindringling (Antigen) in den Körper gelangt, reagiert das Immunsystem mit der Produktion von Antikörpern. Wenn diese Immunreaktion einmal aktiviert ist, bleiben die Antikörper im Organismus verteilt erhalten und bilden eine dauerhafte Verteidigung gegen das auslösende Antigen.

Durch Impfen nutzt man diesen Abwehrmechanismus; es werden dem Hundekörper etwa Tollwut- oder Staupeviren in abgeschwächter Form zugeführt. Dies regt das Immunsystem zur Produktion von Antikörpern an, die einen permanenten Schutz vor schweren Formen dieser Erkrankungen bieten.

ZWEITER TEIL

SYMPTOME UND MASSNAHMEN

Obwohl die meisten Hunde in ihrem Leben niemals ernsthaft erkranken, können sich doch jederzeit kleinere Probleme einstellen. Bisweilen ist ein Besuch beim Tierarzt unumgänglich, doch häufig können Sie sich mit einfachen häuslichen Maßnahmen auch selbst helfen.

Aggression

In Gesellschaft von Artgenossen verhalten sich Hunde anders als unter Menschen. Ein Verhalten, das wir als aufdringlich und aggressiv ansehen würden – Einanderfortdrängen, Knurren oder Zuschnappen, wenn sie sich ärgern – ist für Hunde normal.

Dominante Hunde mit einem starken Willen zeigen passiveren, nachgiebigeren Artgenossen mit ihrer Aggression, dass sie das Heft in der Hand haben und Respekt verdienen. Sogar ein schüchterner, zurückweichender Hund kann aggressiv werden, sobald genügend für ihn auf dem Spiel steht – beispielsweise ein voller Fressnapf, den es gegenüber anderen hartnäckig zu verteidigen gilt.

Auch spielerisches Gerangel wird von Knurren und Beißen begleitet, wie hier zwischen einem Golden Retriever und Staffordshire-Bullterrier-Mischling.

BESTIMMTE RASSEN

Jeder Hund kann unter bestimmten Umständen aggressiv werden, einige Rassen jedoch eher als andere. Der English Springer Spaniel ist anfällig für eine vererbbare Verhaltensstörung, das so genannte Wutsyndrom. Manche American Cocker Spaniels reagieren ohne Provokation angriffslustig. Weitere Rassen mit gelegentlichen aggressiven Tendenzen sind Rottweiler, Bullmastiff, Akita Inu (links), Dobermann und Chow-Chow. Diese Hunde können ausgezeichnete Gefährten sein, doch meist muss eine strenge Hand ihre natürlichen Tendenzen zügeln.

Manche Hunde sind in einem bestimmten Alter von Natur aus aggressiv, etwa als Halbwüchsige; Rüden sind wegen ihres oft ausgeprägteren Revierinstinkts häufig kampflustiger als Hündinnen. Doch auch Hündinnen mit Welpen werden alles tun, um diese zu schützen.

Obwohl Aggression unter Artgenossen normal und akzeptabel ist, wird sie stets zum Problem, sobald sie sich gegen Menschen richtet. Die Hälfte aller Kinder und Jugendlichen wird einmal von einem Hund gebissen – meist von einem, den sie kennen.

Auch wenn die meisten Hunde ihre Besitzer niemals ernsthaft bedrohen, kann die Aggression eskalieren, wenn sie nicht sofort gestoppt

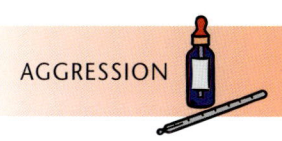

Auge in Auge

Als die Bauers aus dem niedersächsischen Bargfeld sich im Tierheim in den einjährigen Akita namens Bello verliebten, freuten sie sich, ihn bei sich daheim begrüßen zu dürfen. Zu ihrem Entsetzen mussten sie jedoch gleich am ersten Tag feststellen, dass Bello ihre achtjährige Tochter Nicole anknurrte, als sie sich niederkniete, um ihren neuen Hund zu betrachten.

»Mein Mann und ich waren sehr erschrocken, denn Bello war ja so groß, und wir hatten noch nie einen Hund, der geknurrt hat«, kommentiert Margret Bauer. Die Bauers waren über den Vorfall so beunruhigt, dass sie einen Trainer baten, sich anzusehen, wie Bello und Nicole miteinander umgingen.

Fast sofort fiel dem Trainer etwas auf, das Margret entgangen war: Nicole kniete sich meistens hin, wenn sie mit Bello spielen wollte, und sie blickte ihm direkt in die Augen. Unter Hunden bedeutet diese erniedrigte Körperhaltung einen geringeren Status, und Nicole signalisierte Bello damit unabsichtlich, er müsse das Mädchen nicht ernst nehmen. Außerdem wirkt auf manche Hunde direkter Blickkontakt als Bedrohung, die Bello dann auch entsprechend erwiderte.

Der Trainer gab den Bauers einige allgemeine Tipps wie den, Bello und Nicole voneinander fern zu halten, wenn die Eltern nicht aufpassen konnten. Außerdem sollte Nicole sich in Anwesenheit von Bello stets aufrichten und ihm nicht direkt in die Augen blicken.

Verdachtsmomente

Mangelhafte Sozialisierung. Tierverhaltensforscher haben herausgefunden, dass Welpen vor der 14. Lebenswoche am leichtesten lernen, wie sie sich gegenüber Menschen und anderen Haustieren verhalten sollen. Hunde, die man in dieser prägenden Zeit mit vielfältigen Menschen, Orten und Situationen konfrontiert, werden selbstsicher und fühlen sich in Gesellschaft anderer wohl. Hunde, die solche Erfahrungen nicht in einem frühen Stadium gemacht haben, werden dagegen eher unsicher und greifen bei Problemen auf Abschreckungstaktiken zurück.

Hormonschwankungen. Nicht sterilisierte Hündinnen können vor, während und kurz nach der Läufigkeit hormonell beeinträchtigt sein. Aufgrund des schwankenden Hormonspiegels sind sie oft für wenige Tage unsozial und zum Schnappen aufgelegt.

Angst. Manchmal beißen Hunde in Augenblicken der Panik – wenn sich z. B. jemand von hinten nähert oder sie sich in die Enge getrieben fühlen. Besonders häufig geschieht dies bei Hunden, die von einem Vorbesitzer schlecht behandelt wurden oder mit Artgenossen üble Erfahrungen gemacht haben. Hunde haben ein gutes Gedächtnis und können aggressiv werden,

wird. Hunde, die ihre Auseinandersetzung mit einem harmlosen Brummen beginnen, können sehr schnell zum Knurren oder zu Schlimmerem übergehen.

Aggression gegen Menschen weist in der Regel auf einen unglücklichen, verwirrten oder mitunter auch unsicheren Hund hin. Auf jeden Fall zeigt sie, dass ein Hund sich für den Boss hält, der seinen Besitzer ungestraft herumkommandieren darf.

Sogar ansonsten freundliche Hunde reagieren manchmal aggressiv, um etwas zu schützen.

sobald sie sich in einer ähnlich beängstigenden Situation wiederfinden.

Schmerzen. Hunde mit Arthritis, Hüftgelenksdysplasie oder anderen Krankheiten oder Verletzungen können leicht reizbar werden und bisweilen auf zu intensive menschliche Nähe mit Aggression reagieren. Ihr Instinkt treibt sie dazu, sich zurückzuziehen und ganz für sich zu sein, bis sie sich besser fühlen. Manchmal verteidigen sie ihre Privatsphäre durch Knurren oder Beißen.

Langeweile. Wie Kinder können auch Hunde leicht missmutig werden, wenn sie sich langweilen und nicht mit genügend Umweltreizen konfrontiert werden. Ohne regelmäßigen Auslauf und mentale Anregungen staut sich eine Menge unverbrauchter Energie in ihnen an, die sich gelegentlich in plötzlich auftretender Aggressivität entlädt.

Was tun?

Horizont erweitern. Obwohl Hunde bereits als Welpen vieles erlernen, können auch ältere Tiere noch lernen, gelassener und weniger furchtsam zu sein. Nehmen Sie Ihren Hund möglichst oft mit. Wenn er draußen verschiedene Umgebungen erleben kann, wird er sich schließlich an neue Geräusche und unvertraute Gegenstände gewöhnen und sich zunehmend sicherer fühlen. Packen Sie einige kleine Leckereien ein und bitten Sie einen gefälligen Passanten, dem Hund eine zu geben. Wenn der Hund anderen Menschen und Artgenossen begegnet und feststellt, dass sie ungefährlich sind, fördert dies sein Vertrauen. Es hilft ihm, sich zu entspannen, und entschärft aggressive Tendenzen.

Angst verringern. Wenn Hunde aus Furcht aggressiv sind, kann man sie gegenüber dem Angstauslöser desensibilisieren, indem man sie behutsam immer stärker damit konfrontiert. Falls Ihr Hund nicht gemeinsam mit kleinen Kindern aufgewachsen ist und sich vor ihnen fürchtet, können Sie mit ihm in einem öffentlichen Park oder in der Nähe eines Schulhofs Gassi gehen. Es dauert zwar einige Zeit, bis der Hund merkt, dass ihm keine Gefahr droht, doch allmählich wird er sich Kindern gegenüber zunehmend sicherer fühlen. Auch die Kommandos »Sitz« und »Bleib« in der Nähe spielender Kinder werden sein Vertrauen stärken, wenn Sie ihn dafür loben.

Zeit zum Spielen nehmen. Selbst bei ruhigen, gelassenen Hunden kann sich im Lauf des Tages sehr viel Energie aufstauen. Die beste Aggressionsprophylaxe besteht darin, einmal richtig Dampf abzulassen, am besten bei Part-

nerspielen wie Frisbee oder Ballholen. Auch Sprünge über eine niedrige Stange oder das Durchqueren eines Spieltunnels kanalisieren die Energie sinnvoll. Behaupten Sie jedoch immer Ihre Führungsrolle, damit der Hund niemals vergisst, wer das Sagen hat.

Machen Sie sich zum Anführer. Hunde, die einmal aggressiv reagieren und ungeschoren davonkommen, werden später oft noch angriffslustiger – nicht weil sie bösartig wären, sondern weil sie das Recht zu haben glauben, Menschen zu bedrohen. Sie können jedoch den Spieß umdrehen, indem Sie dem Hund einschärfen, wem er zu gehorchen und zu gefallen hat. Nutzen Sie jede Gelegenheit, um den Hund daran zu erinnern, wer das Heft in der Hand hat. Diese Gedächtnisstützen müssen nicht in ein formales Training integriert werden, sondern sollten den Hund täglich dutzendfach daran erinnern, dass alles Gute vom Menschen kommt – und zwar nur von einem glücklichen. Hier einige Anregungen:

• Befehlen Sie Ihrem Hund, sich zu setzen oder hinzulegen, und warten Sie, bevor Sie ihn

GUTER RAT

Niemand wird sich aufregen, wenn ein Welpe leise knurrt oder ein beim Schlafen gestörter Hund einmal etwas lauter brummt. Die Alarmglocken sollten jedoch bei Ihnen schrillen, wenn sich dieses Knurren und Brummen allmählich zum Beißen steigert: Aggressionen haben stets etwas Unberechenbares an sich, denn man kann nicht wirklich voraussehen, ob ein Hund ein Angriffsverhalten entwickelt oder nicht.

Ein großer, kräftiger Hund kann im Vergleich zu einem gut 70 kg schweren Menschen fast den zwanzigfachen Beißdruck ausüben. Tierärzte empfehlen daher, sie bereits bei den ersten Anzeichen für Probleme aufzusuchen, um festzustellen, ob der Bissigkeit ein körperliches Problem zugrunde liegt. Zugleich werden sie ein Programm aufstellen, um dem Hund klarzumachen, dass Aggression gegenüber Menschen falsch ist.

füttern. Stellen Sie nun den Fressnapf auf den Boden und geben Sie den Startschuss.

• Holen Sie die Leine hervor, doch leinen Sie den Hund erst an, wenn er ruhig sitzt oder steht.

• Öffnen Sie die Haustür, doch lassen Sie den Hund erst hinaus, wenn er sitzt, ruhig abwartet oder ein anderes Kommando befolgt hat.

Hunde, die ein regelmäßiges Gehorsamstraining absolvieren, respektieren den Führungsanspruch ihres Besitzers und werden nicht so schnell aggressiv reagieren.

Appetitlosigkeit

Naturgemäß haben Hunde je nach Jahreszeit und Lebensalter nicht immer den gleichen Appetit. Welpen zeigen zumeist Heißhunger auf Hunde- oder Katzenfutter – und überhaupt auf alles. Hundesenioren fressen dagegen meist weniger, da sie nicht mehr so aktiv sind wie früher und ihnen das Futter wegen des nachlassenden Geschmackssinns weniger Appetit macht.

Weil jeder Hund unterschiedlich viel Futter benötigt, bemisst sich seine Gesundheit nicht daran, wie viel er frisst. Wichtiger für den Tierarzt ist eine Abweichung vom gewohnten Fressverhalten. Ein Hund, der sonst wie ein Scheunendrescher frisst, doch plötzlich die Nase rümpft, ist vermutlich krank oder zumindest angeschlagen.

Es gibt wahrscheinlich Dutzende von Gründen dafür, dass ein Hund plötzlich weniger frisst. Hier die häufigsten:

Verdachtsmomente

Fremde Futterquellen. Viele Besitzer glauben, ihre Hunde seien krank, wenn sie nicht mehr fressen, doch manchmal lehnen sie die häusliche Mahlzeit ab, weil sie eine schmackhaftere Futterquelle gefunden haben. Wenn ein Hund sein gewohntes Trockenfutter ablehnt, doch die Katzenmahlzeit verschlingt, ist das nicht so bedenklich, wie wenn er vor jeder Leckerei die Nase rümpft.

GUTER RAT

Wenn ein Hund mehr als ein bis zwei Tage lang nichts frisst, ist dies auch für den Tierarzt ein Grund zur Sorge, denn Dutzende teils gravierende körperliche Probleme können die Ursache dafür sein, dass der Hund an Appetitlosigkeit leidet.

Oft geht Krebs mit Appetitlosigkeit einher oder es gibt Probleme mit Bauchspeicheldrüse, Leber oder Nieren. Sogar Herzerkrankungen können Appetitlosigkeit verursachen, da sich vielleicht Flüssigkeit im Brustraum ansammelt.

Sie müssen nicht gleich zum Tierarzt eilen, falls Ihr Hund eine oder zwei Mahlzeiten ausgelassen hat. Sollte der Appetit allerdings nicht bald wieder zurückkommen, empfiehlt sich ein Tierarztbesuch.

Lehnt ein Hund plötzlich sein bevorzugtes Fertigfutter ab, kann dies an einer veränderten Rezeptur liegen.

Probleme mit Zahnfleisch oder Zähnen. Hunde mit entzündetem Zahnfleisch oder einem beschädigten Zahn fressen häufig weniger, weil ihnen das Kauen Schmerzen bereitet.

Veränderter Speiseplan. Häufig verschlingt ein Hund über viele Jahre täglich begeistert das gleiche Futter – und wendet sich dann plötzlich angewidert ab. Dies kann darin begründet liegen, dass die Zusammensetzung des Futters vom Hersteller geändert wurde (was leider oft geschieht). Selbst wenn ein Hund mit dem Angebot sehr zufrieden ist, wechseln manche Besitzer die Marke oder die Geschmacksrichtung. Was der Hund jedoch nicht mag, frisst er auch nicht.

Abweichungen vom Alltag. Hunde schätzen Gleichförmigkeit; schon kleine Veränderungen können sie derart aus der Bahn werfen, dass sie ihren Appetit verlieren. Meist geschieht dies, wenn es im Haushalt unruhig zugeht, vielleicht bei einem Umzug oder bei längeren Besuchen von Freunden oder Verwandten. Manche Hunde fressen nicht mehr, wenn ihre Besitzer verreisen. Hunger spielt für sie keine Rolle, wenn sie ihr Frauchen oder Herrchen derart vermissen.

Ablenkung. Die meisten Hunde können sich ganz auf ihr Futter konzentrieren, für andere ist das Fressen nicht so wichtig und sie lassen sich bereits durch Kleinigkeiten vom Fressnapf ablenken. Das Anbellen von Nachbars Katze oder die Überwachung der Vogeltränke kann einen Hund bereits von seinem Fressnapf abhalten.

HUNDEGESCHICHTEN

Schwäche für Abfälle

Alaskan Mulamutes sind nicht eben für ihren kleinen Hunger bekannt. Meist kennen sie beim Fressen kein Halten, und Max machte da keine Ausnahme. Er stopfte alles in sich hinein, was in seinem Napf landete, und hielt dann begierig Ausschau nach mehr. Eines Tages aber geschah etwas Merkwürdiges. Sein Frauchen Gudrun Pietsch, eine Malerin aus Wiesbaden, stellte plötzlich fest, dass Max an einem bestimmten Wochentag, nämlich freitags, gar nichts fraß. An allen anderen Tagen war sein Appetit dagegen so wie immer.

Gudrun fand dies rätselhaft – bis sie an einem Donnerstagabend beobachtete, wie die Nachbarn ihre Mülltonne nach draußen stellten. Plötzlich hatte sie einen konkreten Verdacht.

Am nächsten Morgen ließ sie Max für sein erstes Geschäft hinaus in den Garten und beobachtete ihn vom Küchenfenster aus. Sie sah, wie er zum Tor lief, es entriegelte und zur Straße huschte. Gudrun eilte ans vordere Fenster und konnte gerade noch sehen, wie Max die Mülltonne umstieß und sich mit den Pfoten am Deckel zu schaffen machte.

Gudrun war vom Erfindungsreichtum ihres Vierbeiners überaus angetan, keineswegs aber vom Objekt seiner Begierde. Sie blieb nicht untätig, und eine Woche darauf entdeckte Max ein Vorhängeschloss am Gartentor. Und am gleichen Abend konnte Gudrun mit Freuden feststellen, dass Max seine Abendmahlzeit problemlos verschlang.

Krankheiten. Ein kranker Hund verliert fast immer seinen Appetit. Meistens liegt nur ein Wehwehchen vor – ein wunder Hals, etwas Fieber oder leichte Gelenkschmerzen – und der Hund frisst wieder normal, sobald es ihm besser geht. Da Appetitlosigkeit jedoch auch bei gravierenden Erkrankungen eintritt, empfiehlt sich der Gang zum Tierarzt, falls der Hund seit mindestens zwei Tagen nichts mehr gefressen hat.

Was tun?

Appetit testen. Ob ein Hund wirklich seinen Appetit verloren hat oder sein Futter lediglich als langweilig empfindet, ist nicht auf Anhieb zu entscheiden. Am besten bietet man ihm verschiedenes Futter an, beispielsweise Babykost aus dem Glas auf Geflügelbasis, gemischt mit Leberwurst oder Dosenfutter. Wenn nun der Hund eines oder mehrere der Angebote mit der gewohnten Begeisterung verschlingt, handelt es sich allein um eine Frage des Geschmacks und nicht um den Appetit als solchen.

Streicheleinheiten verabreichen. Auch Hunde kennen Beklommenheit und Depressio-

nen. In einem emotionalen Tief vergeht ihnen wahrscheinlich auch der Appetit. Falls sich der Hund für das Futter zu interessieren scheint, aber nicht fressen will, setzen Sie sich zu ihm oder füttern Sie ihn von Hand. Auch Streicheln kann einige Hunde zum Fressen anregen.

RASCHE ABHILFE Hunde, die ihr gewohntes Trockenfutter langweilig finden, werden häufig aufleben, wenn man einen Esslöffel Dosenfutter und etwas warmes Wasser unterrührt.

Jeder Happen zählt. Hunde können bedenkenlos ein bis zwei Tage ohne Futter auskommen, doch bei anhaltend vermindertem Appetit kann eine Unterversorgung mit lebenswichtigen Nährstoffen eintreten. In solchen Fällen greift man zu verschreibungspflichtigem Spezialfutter, das nährstoffreich, aber arm an Ballaststoffen und daher leichter verdaulich ist als normales Fertigfutter. Oder man ergänzt die gewohnte Nahrung durch gesunde Speisereste wie mageres Hühner- oder Rindfleisch.

Zum Trinken ermuntern. Hunde, die nicht genug fressen, trinken vielleicht auch nicht ausreichend. Ein Hund wird zwar nicht auf Kommando mehr Wasser trinken, oft jedoch gehaltvollere Flüssigkeiten wie Hühnersuppe, Brühe oder mit etwas Wasser verrührten Thunfischsaft nicht verschmähen.

Wenn dieser Shar Pei seinem Fressnapf den Rücken kehrt, hätschelt ihn sein Frauchen und lockt ihn mit Säuglingsnahrung.

Mundgeruch

Wenn ein Hund Mundgeruch hat, deutet dies auf Probleme im Mund oder im Körper hin. Der Atem eines gesunden Hundes ist zwar wärmer, feuchter und weniger süßlich als beim Menschen, doch er darf nicht auffällig unangenehm riechen.

Verdachtsmomente

Zahnfleischentzündung. Die Hauptursache für Mundgeruch bei Hunden ist eine Entzündung des Zahnfleisches (mit nachfolgendem Abbau des Zahnhalteapparats) aufgrund schlechter Dentalhygiene. Bakterien und Speichel attackieren Nahrungsreste zwischen Zähnen und Zahnfleisch und produzieren einen leicht klebrigen Film aus faulenden Substanzen (Plaque), der an den Zähnen haftet und zu einem bräunlichen Depot (Zahnstein) verhärtet, wenn man ihn nicht entfernt. Der Zahnstein dringt zwischen Zähne und Zahnfleisch und zerstört allmählich den Zahnhalteapparat. Annähernd 85 % aller Hunde über drei Jahre sind von Zahnfleischentzündungen betroffen, die zu weit mehr Zahnverlusten führen als alle anderen Ursachen, einschließlich Karies und Zahnfrakturen. Eine unbehandelte Zahnfleischentzündung kann außerdem Infektionen verursachen, die in die Blutbahn übergreifen und möglicherweise zu Herz- und Nierenproblemen führen.

BITTE WEIT ÖFFNEN!

Um Hundezähne zu putzen, sollten Sie einen Ihrer Finger mithilfe einer Aufsteckbürste in eine Zahnbürste verwandeln. Verwenden Sie eine spezielle Hundezahncreme, da die Schaumbildner in gewöhnlicher Zahnpasta den Hundemagen durcheinander bringen können.

Halten Sie einen kleinen Hund auf dem Schoß oder setzen Sie sich bei einem größeren Hund auf den Boden. Fahren Sie nun mit der Fingerbürste zwischen Lefzen und Zahnfleisch und reiben Sie vorsichtig bis zu den hintersten Zähnen auf- und abwärts. Die meisten Hunde lassen es zu, dass man ihnen mit einer Hand das Maul offen hält und mit der anderen Hand auch die Zahninnenseiten bürstet.

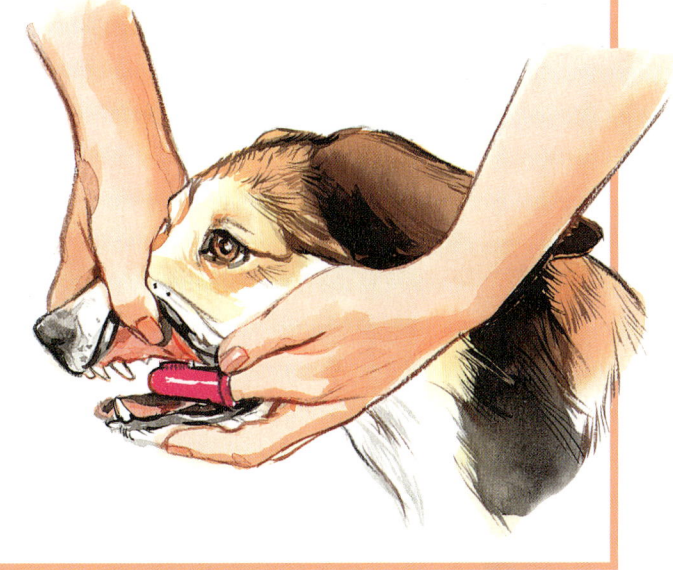

Verdauungsstörungen. Wenn Zähne und Zahnfleisch gesund sind, kann Mundgeruch etwas mit einer gestörten Verdauung zu tun haben. Bei Hunden ist dies häufig der Fall, wenn sie Fettreiches wie Schweinefleisch oder Speisereste fressen oder wenn sie zu sehr schlingen.

Weitere internistische Probleme. Hunde, deren Atem nach Urin riecht, haben vielleicht Probleme mit den Nieren. Die Nieren reinigen das Blut durch Abtransport von Stoffwechselschlacken, doch wenn ihre Funktion gestört ist, sammeln sich die Schlacken in der Blutbahn und verursachen Mundgeruch. Ein süßer, »fruchtiger« Geruch kann auf zu viel Zucker im Blut und damit auf Diabetes hindeuten, ein strenger, fauliger Geruch dagegen auf eine Erkrankung der Leber.

GUTER RAT

Hat sich Plaque erst einmal zu Zahnstein verfestigt, sollte man den Tierzahnarzt aufsuchen. Zahnstein lässt sich schwer entfernen, doch ohne Beseitigung wird der Bereich unterhalb des Zahnfleischrands geschädigt. Zahnfleischentzündungen müssen rasch behandelt werden, denn in fortgeschrittenem Stadium könnte jede Behandlung weniger effizient sein.

Was tun?

Zum Kauen anregen. Das beste Mittel gegen Mundgeruch durch Plaque und Zahnstein ist das Kauen. Dies gilt vor allem für Hunde, die ausschließlich Weichfutter erhalten, sodass die Plaque nicht durch Kauen und Mahlen entfernt wird. Da die meisten Hunde gern kauen, muss man nur die geeigneten Objekte finden. Ein Kauknochen aus organischem oder künstlichem Material beschäftigt den Hund für Stunden und hält zudem Zähne und Zahnfleisch gesund. Feste Hundekuchen und Trockenfutter sind ebenfalls willkommene »Poliermittel«. Der regelmäßige Verzehr einer Mohrrübe erfüllt den gleichen Zweck und liefert außerdem Ballaststoffe sowie die Vitamine A und C. Die Sehnen eines gekochten Ochsenschwanzes wirken ähnlich wie Zahnseide.

Regelmäßiges Zähneputzen. Hiermit sollte man bereits im Welpenalter von zwei Monaten beginnen. Später werden zwar die Milchzähne ausfallen, doch so kann sich der Hund an

Eine rohe Mohrrübe alle paar Tage hält Zähne und Zahnfleisch in Form.

HUNDE BEIM ZAHNARZT

Zwar wird man keinem Hund begegnen, der neben dem Körbchen ein Glas mit seinem Gebiss stehen hat, doch Zahnreparaturen sind bei Hunden keine Seltenheit.

Infolge von Unfällen, schlechter Ernährung oder Kauen an zu harten Gegenständen gehen häufig Zähne verloren oder werden zumindest beschädigt. Einen beschädigten Zahn kann man durch eine Krone retten, die wie ein natürlicher Zahn aussieht und funktioniert und außerdem zum Schutz des Zahnstumpfs beiträgt.

Ein beschädigter oder abgebrochener Zahn lässt sich auch retten, indem man ihn mithilfe einer keramischen Verbindung aufbaut; diese wird mittels einer unter UV-Licht gehärteten Substanz mit dem Zahn verbunden. In manchen Fällen benötigt ein Hund tatsächlich eine Zahnprothese, die chirurgisch in den Kieferknochen implantiert werden kann. Meist geschieht dies bei wertvollen Ausstellungs-, Polizei- oder Wachhunden, die stets optimal aussehen – oder zubeißen – müssen.

Ein solcher Hund ist der Jack Russell Terrier Moose, der als Eddie in der amerikanischen Fernsehshow Frasier auftritt. Seine Zähne sind sein ganzes Kapital, und als sie ihm Probleme bereiteten, konsultierte man einen Tierarzt. Um sein Gebiss – und seine Karriere – zu retten, unterzog man sieben Zähne einer Wurzelbehandlung. Die Therapie verlief erfolgreich, und Moose blieb ein Fernsehstar.

diese Prozedur gewöhnen. Feuchten Sie die Fingerspitze mit Hühner- oder Rinderbrühe an und fahren Sie jeweils nur über einige Zähne. Gehen Sie dann zum echten Zähneputzen mit einer Hundezahncreme über.

Verdauungsstörungen vorbeugen. Hunde mit kalorien- oder fettreicher oder plötzlich umgestellter Ernährung können Verdauungsprobleme bekommen, die dann Mundgeruch verursachen.

RASCHE ABHILFE Mundwässer für Hunde enthalten einen Wirkstoff, der durch die Mundwärme aktiviert wird und die schwefligen Abfallprodukte der Mundbakterien aufspaltet. Verwenden Sie stets ein spezielles Hundemundwasser, da die meisten für Menschen gedachten Produkte aufgrund des zu hohen Alkoholgehalts für Hunde bedenklich sind.

BESTIMMTE RASSEN

Kleinwüchsige Rassen sind besonders anfällig für schlechte Zähne und Zahnfleisch. Alle Hunde besitzen die gleiche Anzahl von Zähnen, doch da die Zähne kleiner Hunde oft nicht genügend Platz haben, entstehen mehr Zwischenräume, in denen sich Nahrungsreste verfangen.

Bellen

In Deutschland gelten 90 Dezibel als maximaler Lärmpegel, der hinsichtlich einer Berufskrankheit noch keine Entschädigungspflicht begründet. Presslufthämmer, startende Flugzeuge, Sirenen und Autoalarmanlagen sind lauter – und auch das Bellen von Nachbars Hund, wie zahlreiche aufgebrachte Hausbesitzer bezeugen können.

Für den Menschen gehört ständiges Bellen zu den lästigsten Angewohnheiten der Hunde. Dagegen ist für Hunde das Bellen nur eines ihrer diversen Kommunikationsmittel. Manche Hunde bellen eben viel – ganz so wie es manche Menschen auch tun. Darüber hinaus schlagen die meisten Hunde plötzlich aus einem bestimmten Grund an, den sonst oft niemand anders wahrnimmt.

Bellen ist aber nicht nur eine Form des Plauderns unter Hunden: Hunde, die so lange und so laut bellen, dass sie heiser werden, sind meist unglücklich oder fühlen sich bedroht. Bellen ist also ihre Art des Spannungsabbaus – und des Hilferufs.

Verdachtsmomente

Langeweile. Es ist ganz normal, dass ein Hund ein- oder zweimal bellt, um seinen Besitzer auf sich aufmerksam zu machen. Bellen Hunde ständig, wenn sie allein sind und gar nichts geschehen ist, langweilen sie sich vermutlich. Das Bel-

len signalisiert ihre Frustration und hält sie außerdem beschäftigt.

Revierinstinkte. Hunde besitzen den natürlichen Instinkt, ihre Umgebung zu verteidigen, und werden jeden Eindringling (egal ob Mensch oder Tier) anbellen – nicht unbedingt zur Abschreckung, sondern um mitzuteilen, dass sich jemand oder etwas nähert.

Angst. Das Gehör des Hundes ist etwa viermal empfindlicher als das des Menschen. Geräusche wie das Dröhnen des Müllautos, die uns nicht weiter auffallen, können einen Hund halb zu Tode ängstigen – und ein verängstigter Hund bellt laut.

BESTIMMTE RASSEN

Kleine Hunde wie beispielsweise Spitz und Yorkshireterrier sind allgemein als Kläffer bekannt. Nach Ansicht von Experten wissen diese Hunde, dass sie wegen ihrer Winzigkeit von Menschen (oder auch von ihren Artgenossen) leicht übersehen werden.

Durch Bellen tun die Tiere kund: »Vorsicht, ich bin hier unten!« Auch auf Wachsamkeit gezüchtete Rassen wie Bearded Collie (links) und Cockerspaniel bellen oft viel und signalisieren ihrer Umgebung damit: »Vorsicht, ich passe hier gut auf!«

Trennungsangst. Sehr furchtsame oder unsichere Hunde können in Panik geraten, sobald man das Haus verlässt. Um damit fertig zu werden, zerstören sie Möbel, springen aus dem Fenster oder bellen – gelegentlich eine halbe Stunde und länger. Ein Hund, der in seiner Jugend zu oft allein gelassen wurde, wird deswegen bis ins Erwachsenenalter hinein übertrieben reagieren.

Was tun?

Bellen auf Kommando. Es klingt paradox: Bellt ein Hund viel, so wird er meist damit aufhören, wenn man ihm beibringt zu bellen. Später erzieht man ihn dazu, auf Kommando zu verstummen.

Der erste Schritt ist einfach. Tun Sie etwas, von dem Sie wissen, dass es den Hund zum Bellen veranlasst. Springen Sie auf und ab, agieren Sie aufgeregt, wedeln Sie mit seinem Lieblingsspielzeug oder öffnen Sie die Tür Ihrer Speisekammer. Bringen Sie Ihren Hund nur irgendwie zum Bellen!

Loben Sie ihn anschließend und sagen Sie »Schön bellen!«, sobald er nachlässt. Wenn man dies mehrere Tage lang täglich fünf Minuten praktiziert, werden die meisten Hunde rasch lernen, auf Kommando anzuschlagen.

Wenn ein Hund auf Anweisung bellen kann, dann kann er auch lernen, wieder damit aufzuhören. Beginnen Sie mit dem Kommando, das ihn zum Bellen veranlasst. In einer Bellpause geben Sie ihm ein Leckerchen und sagen »Schön ruhig!«. Üben Sie weiter, bis Ihr Hund immer mit dem Bellen aufhört, nachdem Sie das »Ruhig«-Kommando gegeben haben. Ein

Manche Hunde schlagen an, weil sie gelernt haben, dass sie damit zum Ziel kommen. Dauerkläffen verhindert man, indem man den Hund nur für Ruhe belohnt – und nicht für Lärm.

Hund, der diese Kommandos befolgt, befriedigt seinen natürlichen Belltrieb und sorgt zugleich dafür, dass Sie dann und wann Ruhe finden.

Zurückbellen. Da Hunde Lärm verabscheuen, empfehlen viele Trainer den Einsatz einer Trillerpfeife oder zweier Topfdeckel, wenn der Hund zu bellen beginnt. Sobald er lernt, dass sein Bellen unweigerlich ein schreckliches Geräusch nach sich zieht, wird er sich gewöhnlich etwas ruhiger verhalten.

Hierbei sollten Sie hinter dem Hund oder außer Sichtweite stehen, denn er soll sich zwar erschrecken, doch keine abstoßenden Dinge mit Ihnen in Verbindung bringen.

Halsband mit Zitronellöl ausprobieren. Sobald der Hund bellt, sondern derartige Halsbänder einen Spritzer dieses Pflanzenextrakts ab, dessen Geruch Hunde nicht mögen. In den USA schätzt man die Erfolgsquote auf rund 70 % ein.

Für Beschäftigung sorgen. Hunde, die fressen, spielen oder sich anderweitig vergnügen, bellen viel seltener als gelangweilte, frustrierte Hunde. Problematisch ist nur, dass unablässiges Bellen meist eintritt, wenn man selbst nicht zu Hause ist und der Hund keine Unterhaltung hat. Viele Trainer empfehlen daher, dem Hund etwas zu geben, mit dem er sich beschäftigen kann – am besten ein mit Leckerchen gefülltes hohles Spielzeug. Der Hund wird stundenlang versuchen, an den schmackhaften Inhalt zu gelangen – und beschäftigte Hunde bellen zumeist nicht.

Auch reichlich Auslauf, vor allem am Morgen, bevor man zur Arbeit geht, wirkt gegen übermäßiges Bellen: Der Hund ermüdet leicht und etwas von der Energie, die er sonst zum Bellen aufwendet, verbrennt.

Ängste abbauen. Hunde fürchten sich vor neuen Dingen und Situationen ebenso wie Menschen, allerdings um so weniger, je mehr sie ihnen ausgesetzt sind.

Hunde, die aus Schreckhaftigkeit bellen, werden oft sicherer und ruhiger, wenn man sie behutsam an die ängstigenden Dinge und Situationen heranführt. Ein Hund, der bellt, weil er mit Kindern nicht vertraut ist, wird vielleicht ruhiger, wenn man ihn häufiger um Schulhöfe und durch Parks führt – an Orte, wo er zahlreichen Kindern

begegnen und feststellen kann, dass sie ungefährlich sind. Solange sich der Hund in Gegenwart von Kindern, Staubsaugern oder sonstigen Angstquellen ruhig verhält, sollte man ihn dafür loben. Falls er anschlägt, ignoriert man das oder entfernt ihn aus der Situation, erteilt aber keine Belohnung.

Die Kombination von Vertrautheit und Belohnung ist sehr wirksam, um Hunde selbstsicherer und ruhiger zu machen. Diese Desensibilisierung sollte schrittweise und über mehrere Wochen oder gar Monate hinweg durchgeführt werden. Hüten Sie sich davor, diesen Prozess zu übereilen: Der Hund wird dadurch nur noch nervöser.

Diese Technik kann auch dazu dienen, Trennungsängste zu überwinden. Hierbei wird im Wesentlichen der Abschied »geübt«. Wenn Sie an einem Wochenende den ganzen Tag zu Hause sein werden, tun Sie einfach so, als

Man kann Hunde gegenüber Geräuschen, die sie zum Bellen veranlassen, desensibilisieren, indem man sie immer stärker mit ihnen konfrontiert. Mithilfe einiger Leckerchen und lobender Worte gewöhnt sich dieser Papillonmischling soeben an den Fön.

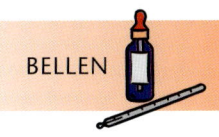

Wenn Gefahr droht

HUNDEGESCHICHTEN

Wenn der achtjährige Rottweiler Muncie ein besonderes Bellen hören lässt, spitzen seine Besitzer, James und Julia Rainey, sogleich die Ohren. Ihr Haus im australischen Victoria grenzt nämlich unmittelbar an den Busch, wo einige gefährliche Krabbeltiere zu Hause sind – und wenn eines von ihnen vorbeischaut, lässt Muncie dies alle wissen. Bisher hat er die Familie auf einen riesigen Hundertfüßer, einen Skorpion und zwei Schlangen aufmerksam gemacht. Seine Methode besteht darin, den Eindringling zu umkreisen und scharf anzuschlagen, bis jemand aus der Familie kommt, um nachzuschauen.

»Muncie passt immer auf uns auf«, meint James. »Wenn ich fortgehe, beruhigt es mich ungeheuer zu wissen, dass Muncie zu Hause ist und meine Lieben bewacht.«

wollten Sie aufbrechen. Rasseln Sie mit dem Schlüsselbund, legen Sie ihn wieder hin und setzen Sie sich für eine Weile. Dann rasseln Sie erneut. Oder öffnen und schließen Sie die Tür. Indem Sie einige dieser Abschiedsrituale wiederholen, ohne tatsächlich zu gehen, wird der Hund ihnen allmählich weniger Bedeutung beimessen.

Sobald der Hund mit diesen Ritualen etwas vertrauter ist, sollten Sie nach draußen gehen, die Tür schließen und gleich wieder zurückkommen, bevor der Hund darauf reagieren kann. Solange er ruhig bleibt, bekommt er ein Leckerchen und ein paar lobende Worte. Dann sollten Sie nochmals hinausgehen, zurückkommen und belohnen, bis der Hund immer entspannter wird. Nun können Sie versuchen, länger draußen zu bleiben – zunächst vielleicht

nur ein paar Sekunden. Solange der Hund sich ruhig verhält, wenn Sie zurückkommen, geben Sie ihm Lob und Leckerchen. Die meisten Hunde werden dem Ganzen bald zunehmend gelassener begegnen, und mit ihren Ängsten wird auch das Bellen zurückgehen.

Mehr Aufmerksamkeit geben als erwartet. Kläffer, die auf sich aufmerksam machen wollen, werden manchmal mit dem Bellen aufhören, wenn sie lernen, dass dies nur zu Arbeit führt. Wenn man solchen Hunden Kommandos wie »Sitz!« oder »Platz!« erteilt, dann werden sie nicht mehr so aufgeregt reagieren.

Ruhe belohnen, nicht Lärm. Viele Hunde schlagen an, weil sie begriffen haben: Sie dürfen nach draußen, bekommen das Leckerchen oder erhalten Zuwendung. Damit werden sie eigentlich nur für Lärm belohnt. Um das Bellen abzustellen, sollte man eine Pause abwarten und den Hund erst dann belohnen, denn schließlich will man ihn ja für das Ruhigsein belohnen und nicht für den Lärm.

RASCHE ABHILFE Kastrieren reduziert in rund 50 % der Fälle das Bellen. Die Kastration des Rüden bewirkt häufig eine Abschwächung des Revierinstinkts und damit auch des Bellens.

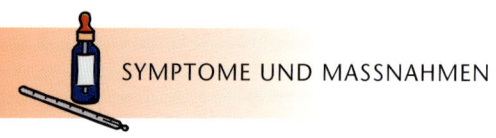

Schwarz gesprenkeltes Fell

In der warmen Jahreszeit kann der Hund plötzlich aussehen, als sei er mit Pfeffer bestreut worden und benötige dringend ein Bad. Die wahre Ursache ist aber problematischer als nur ein wenig Schmutz.

Verdachtsmomente

Flöhe. Hunde, die wie gepfeffert aussehen, sind von Flöhen befallen. Bei den schwarzen Körnchen handelt es sich um die Ausscheidungen der Flöhe – verdautes Hundeblut.

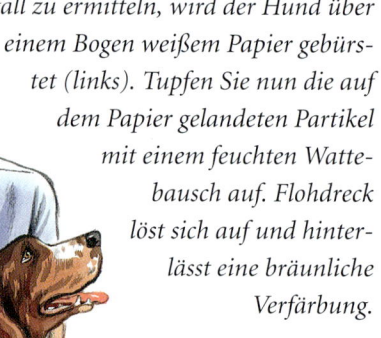

Um Flohbefall zu ermitteln, wird der Hund über einem Bogen weißem Papier gebürstet (links). Tupfen Sie nun die auf dem Papier gelandeten Partikel mit einem feuchten Wattebausch auf. Flohdreck löst sich auf und hinterlässt eine bräunliche Verfärbung.

Hunde mit Flöhen kratzen und beknabbern sich ausgiebig. Meist konzentrieren sie sich dabei auf die Umgebung der Schwanzwurzel, manchmal aber juckt der ganze Körper, vor allem wenn sie auf den Flohspeichel allergisch reagieren.

Flohbissallergie ist die häufigste Hundeallergie, und bereits ein einziger Biss kann unerträglichen Juckreiz verursachen. Auslöser der allergischen Reaktion ist eine Substanz im Flohspeichel, die das Blut flüssig hält, damit es aufgesaugt werden kann.

Ausgewachsene Flöhe, die beißen, machen nur rund 2 % der Flohpopulation aus. Der Rest verteilt sich auf die Eier, Larven und Kokons. Ausgewachsene Flöhe lassen sich ziemlich einfach beseitigen, doch die Kokons sind für Insektizide undurchdringlich und können unter extremsten Bedingungen überleben. Daher wird man Flöhe so schlecht los. Wie viele ausgewachsene Flöhe man auch erledigt: Es ist stets für ausreichend Nachschub gesorgt.

Flöhe sind weitgehend ein saisonales Problem, obwohl sie im Zeitalter der Zentralheizung ganzjährig gedeihen können. Meistens überwintern die Flohkokons in Teppichen und Polstern, um im Frühling aktiv zu werden. Hunde mit einer Flohallergie bekommen einen derartigen Juckreiz, dass sie sich viel länger kratzen, als sie es nur wegen der Flohbisse täten. Häufig kann der betroffene Bereich wegen des ständigen Kratzens nicht abheilen, sodass man den Juckreiz nur durch Beseitigung der Flöhe abstellen kann.

Fipronil (Frontline®), ein sehr effizientes Anti-Floh-Mittel, wird auf den Nacken aufgetragen, da es der Hund dort nicht ablecken kann.

Was tun?

Vermehrung der Flöhe beenden. Flöhe können sich ungeheuer schnell vermehren. Während seines rund sechs Wochen langen Lebens legt ein ausgewachsener weiblicher Floh bis zu 2000 winzige, glatte Eier. Diese gelangen in Teppiche oder Polster, wo sie sich zu Larven und dann zu Kokons entwickeln, aus denen ausgewachsene Flöhe schlüpfen, sobald die Lufttemperatur hoch genug ist. Flöhe lassen sich somit allein dadurch beseitigen, dass man ihre Vermehrung beendet.

Viele Tierärzte empfehlen die Substanz Lufenuron (Program®) für Hunde in flohbefallenen Zonen. Einmal im Monat als Pille verabreicht, wird das Mittel von den Blut saugenden Flöhen aufgenommen und verhindert die spätere Eientwicklung. Eine weitere erfolgreiche Waffe im Kampf gegen die Flöhe ist Fipronil (Frontline®).

Diese Flüssigkeit wird auf den Hundenacken aufgetragen, wo sie nicht abgeleckt werden kann.

Die Substanz gelangt in die ölige Hautschicht, wandert von einem Haarfollikel zum nächsten und verbreitet sich binnen 24 Stunden von der Nasen- bis zur Schwanzspitze.

Dieses Präparat ist für Hunde und in der Umgebung von Kindern sehr sicher, da es nicht in den Körper eindringt, oberflächlich jedoch ein bis drei Monate aktiv bleibt.

In stark flohbefallenen Zonen können beide Präparate auch miteinander kombiniert werden. Program® unterbricht den Lebenszyklus der Flöhe, während Frontline® sämtliche ausgewachsenen Flöhe abtötet, die von anderen Haustieren oder von draußen zugewandert sind.

Puder ausprobieren. Auch wenn es nicht schnell hilft, bietet Natriumpolyborat eine gewisse Vorbeugung. Das feine Pulver wird einmal jährlich in Teppichen und im Hundebett verteilt. Wer vor der starken Staubentwicklung

GUTER RAT

Innerhalb weniger Wochen kann ein intensiver Flohbefall beim Welpen einen ernsthaften Blutverlust bewirken, der im schlimmsten Fall zu Anämie führt. Bei Verdacht auf Anämie sollte man zuerst das Zahnfleisch kontrollieren. Normales Zahnfleisch ist hellrosa; eine blasse oder trübe Farbe ist ein mögliches Zeichen für Anämie und erfordert den Gang zum Tierarzt.

Schutz von innen

Obwohl die gängigen Anti-Floh-Mittel unbedenklich und doch sehr effizient sind, wollen viele Besitzer ihren Hunden nicht immer wieder chemische Substanzen verabreichen. Das Flohproblem können Sie alternativ durch eine hochwertige Ernährung bekämpfen.

Beherzigen Sie die folgenden Hinweise, wenn Sie die Ernährung Ihres Hundes dauerhaft optimieren wollen: Bei Fertigfutter sollten die Herstellerangaben einen sehr hohen Anteil an hochwertigem Eiweiß ausweisen, wie es sich in Huhn, Truthahn, Rind, Lamm, Fisch oder Eiern findet. Besonders empfehlenswert ist Premiumnahrung. Jeder Speiseplan lässt sich aufwerten, indem man ihn durch gleiche Mengen an magerem Fleisch und Gemüse ergänzt. Beides zusammen sollte rund 30 % der Gesamtmenge ausmachen.

takt; durch einfaches Abspülen werden weitere ungebetene Gäste entfernt. Shampoos haben jedoch keine Wirkung auf die Eier und Larven. Sie müssen daher wegen des kurzen Lebenszyklus der Flöhe alle paar Wochen angewendet werden.

Flöhe auskämmen. Durch tägliche Fellpflege mit einem Flohkamm können Sie Flöhe und ihre Eier einfach und effizient entfernen. Tauchen Sie nach jedem Strich den Kamm in Seifenlauge, um die Flöhe abzutöten, und schütten Sie abschließend das Wasser mitsamt den Flöhen in den Ausguss.

zurückschreckt, beauftragt vielleicht besser eine Spezialfirma.

Floheier aufsaugen. Die meisten Floheier landen in Teppichen und Polstern. Um eine neue Flohgeneration zu stoppen, sollte man den gesamten Wohnbereich gründlich saugen und das Hundebett einmal wöchentlich waschen.

Flöhe fortspülen. Ausgewachsene Flöhe wird man am schnellsten los, indem man den Hund intensiv mit einem medizinischen Shampoo wäscht, vorzugsweise mit einem, das das natürliche Flohbekämpfungsmittel Pyrethrin enthält. Flohshampoos töten ausgewachsene Flöhe durch bloßen Kon-

Regelmäßiges Kämmen hilft, das Fell dieses Maltesers flohfrei zu halten. Tauchen Sie den Kamm nach jedem Strich in Seifenlauge, um aufgenommene Flöhe und Eier abzutöten.

Blutungen

D er bloße Anblick von Blut erschreckt viele Menschen, doch die meisten Blutungen sind eher unproblematisch. Und selten ist die Ursache rätselhaft. Selbst ausgeprägte Wohnungshunde ziehen sich irgendwann einmal Schnittwunden zu, meist an Ballen oder Mund.

Bereits kleinere Schnittwunden können stark bluten, obwohl meist nur in den ersten paar Minuten. Gravierender ist eine kontinuierliche Blutung, entweder aufgrund einer tiefen Wunde oder einer gestörten Blutgerinnung.

Auch nicht blutende Wunden können problematisch sein, da eine Blutung auch dazu dient, Keime fortzuspülen. Wunden, die so schmal sind, dass sie nicht stark bluten, infizieren sich häufiger.

GUTER RAT

Länger anhaltende Blutungen deuten auf ein ernsteres Problem hin – entweder ist eine große Arterie verletzt oder die Selbstheilungskräfte sind aufgrund einer Erkrankung gestört. Der sofortige Gang zum Tierarzt ist unvermeidlich.

Verglichen mit Venen sind Arterien Hochdrucksysteme, deren Blutungen sich daher schwerer kontrollieren lassen. Verletzte Venen zeigen meist nur eine tröpfchenförmige, kurzzeitige Blutung. Dagegen kann es aus Arterien stark und oft stoßweise bluten.

Bei manchen Hunden ist die Blutgerinnung beeinträchtigt, sodass bereits kleine Wunden längere Zeit bluten. Außerdem enthalten einige Haushaltsgifte (meist sind es Nagetierköder) Substanzen, die die Blutgerinnung hemmen und unerklärliche Blutungen der Nase oder anderer Schleimhäute verursachen können.

Verdachtsmomente

Schnittwunden. Fast alle Blutungen werden durch kleine Schnittwunden verursacht. Hunde, die über Glasscherben gelaufen sind, können stark bluten – zum einen wegen des ausgeübten Drucks, zum anderen weil sie eine verletzte Pfote beim Laufen nicht anheben, sondern weiterhin schnell rennen, sodass die Wunde nur langsam verheilt.

Schnittwunden, die bis zu 2 cm lang und nicht sonderlich tief sind, heilen zumeist von allein ab. Größere Schnittwunden müssen möglicherweise genäht werden. Ballen, Gelenke und Leistengegend sind Partien mit oft beeinträchtigter Wundheilung.

Bisswunden. Obwohl sie oft nicht stark bluten, handelt es sich um die gefährlichsten Wunden. Da sie in der Regel schmal, aber tief sind, bilden sie eine sichere Brutstätte für Bakterien. Am schlimmsten sind Katzenbisse, da Katzenspeichel zahlreiche Keime enthält und die Wunden sehr schmal sind. Schwere Verletzungen durch Katzenbisse müssen grundsätzlich vom Tierarzt versorgt werden.

Was tun?

Druck anwenden. Das Blut zu stillen ist stets die erste Devise. Hierzu übt man mit einem sauberen Tuch direkten Druck auf die Wunde aus.

Entfernen Sie ein durchtränktes Tuch auf keinen Fall, sonst könnten Sie den entstehenden Blutklumpen beschädigen. Legen Sie stattdessen ein zweites Tuch darüber und behalten Sie den Druck bei.

Wunde säubern. Die größte Gefahr ist oft nicht die Blutung, sondern eine anschließende Infektion. Sobald Bakterien in die Wunde gelangt sind und sich zu vermehren beginnen, sind sie häufig nur schwer zu beseitigen. Daher sollte man eine Wunde unmittelbar nach dem Ende der Blutung säubern.

Reinigen Sie den betroffenen Bereich gründlich mit Seife und warmem Wasser. Dies erfordert mehrere Minuten.

Tupfen Sie nun die Wunde mit einem sauberen Tuch oder mit einem Verbandspäckchen trocken. Verwenden Sie keine Watte, da die Fasern in die Wunde gelangen könnten.

Durchtränken Sie abschließend den Bereich mit einem flüssigen Antiseptikum (Betaisodona). Verwenden Sie keinen Alkohol, da er einen extrem stechenden Schmerz verursacht.

ERSTE HILFE LEISTEN

Hunde mit verletzten Arterien können in Windeseile viel Blut verlieren. Für den Gang zum Tierarzt bleibt in solchen Fällen keine Zeit. Üben Sie sofort festen Druck auf die Wunde aus – vorzugsweise mit einem sauberen Tuch, notfalls auch mit der bloßen Hand. Falls dies nichts hilft, müssen Sie die Kompressionspunkte bearbeiten.

Bei diesen Punkten verlaufen die Hauptarterien dicht unter der Hautoberfläche. Fingerdruck reduziert die durch die Arterien fließende Blutmenge. Die wichtigsten Kompressionspunkte befinden sich am Vorderlauf (unterhalb der Achselhöhle), am Hinterlauf (an der Schenkelinnenseite) und dicht unterhalb der Schwanzwurzel. Wählen Sie den nächsten Kompressionspunkt zwischen Wunde und Herz und üben Sie mit den drei mittleren Fingern festen Druck aus, bis sich die Blutung verringert. Lockern Sie den Druck alle fünf Minuten für einige Sekunden, um die Durchblutung der betroffenen Nerven und Muskeln zu gewährleisten.

Gründliche Wundreinigung mit Seife und Wasser verhindert das Einnisten von Bakterien; sie dauert mindestens drei bis fünf Minuten.

Blut im Stuhl

Blut im Stuhl ist verständlicherweise unerwünscht, denn es kann ein Warnzeichen für Krebs sein, zumindest beim Menschen. Auch Hunde können Darmkrebs bekommen, was sich jedoch gewöhnlich nicht durch Blut zeigt. Meist nämlich sind Hunde mit Blut im Stuhl nicht sonderlich krank und werden bei richtiger Behandlung rasch wieder gesund.

Blut im Stuhl ist nicht immer leicht zu erkennen. Manchmal wird es direkt an der Oberfläche sichtbar, doch es kann auch eingemengt sein, sodass der Kot eher teerartig und dunkel als blutig aussieht. Ein bis zwei blutige Stuhlgänge darf man bedenkenlos ignorieren, wenn sich innerhalb von ein bis zwei Tagen alles wieder normalisiert. Wiederholt im Stuhl auftretendes Blut erfordert jedoch den Tierarzt.

Verdachtsmomente

Parasiten. Blut im Stuhl kann auf Peitschenwürmer hindeuten, die sich im Grimmdarm einnisten und Reizungen und Blutungen verursachen. Durch Peitschenwürmer bedingte Blutungen finden sich meist auf der Oberfläche des Kots und zeigen eine intensive Rotfärbung.

Hakenwürmer dagegen lassen den Stuhl gewöhnlich teerartig aussehen, da sie im Dünndarm, also weiter oben im Verdauungstrakt, leben. Aus dem Dünndarm austretendes Blut wird nämlich teilverdaut und schwärzt sich, bevor es mit dem Stuhl ausgeschieden wird. Hakenwürmer sind eher ein Problem als Peitschenwürmer: Da sie dem Körper große Mengen an Blut und unverzichtbaren Nährstoffen entziehen, führen sie zu Schwäche und anhaltender Müdigkeit.

Infektionen. Jede Infektion des Darmtrakts kann Reizungen und Blutungen verursachen. Hunde, die rohe oder verdorbene Nahrung oder von verendetem Wild fressen, ziehen sich bisweilen eine bakterielle Infektion zu, die unverzüglich mit Antibiotika zu behandeln ist.

Virusinfektionen wie Grippe können ebenfalls zu blutigem Stuhl einschließlich blutigen Durchfalls führen. Gegen Grippe ist kein Kraut gewachsen, doch die meisten viralen Infektionen klingen innerhalb von ein bis zwei Wochen von selbst ab.

Hecken und Sträucher stecken für Hunde voller faszinierender Gerüche. Sie haben ihre Ursache jedoch oft in Dingen, die schädlich für ihre Verdauung sind und zu blutigem Stuhl führen können.

GUTER RAT

Leichte Darmbeschwerden sind bei Hunden keine Seltenheit, werden meistens aber gut überstanden. Anders sieht es dagegen bei Welpen aus: Ihr Organismus ist noch nicht kräftig genug, um Störungen im Magen-Darm-Bereich zu bewältigen, und wegen ihrer geringen Größe können sie sich keinen Blutverlust leisten. Reichlich Blut im Stuhl oder blutiger Durchfall stellt bei Welpen einen Notfall dar!

Scharfe Gegenstände. Es gibt kaum etwas, das ein Hund nicht beknabbert und hinunterschluckt: ein Stück Pappe, ein Bauklotz oder auch ein Stöckchen. Der Verdauungstrakt eines Hundes ist für wahllosen Verzehr konzipiert, was jedoch leichte Blutungen nicht verhindert, wenn die Dickdarmwand einen Kratzer davonträgt.

Große Gegenstände. Es geschieht nicht oft, doch gelegentlich werden Objekte verschluckt, die für den Hund einfach zu groß sind. Durch anhaltende Überanstrengung des Darms kann blutiger Durchfall entstehen, und das Hindernis muss oftmals vom Tierarzt manuell oder chirurgisch entfernt werden.

Auf einer längeren Tour mit Ihrem Hund sollten Sie immer Wasser mitführen, denn natürliche Gewässer können verunreinigt sein.

Geänderte Ernährung. Angesichts der merkwürdigen Dinge, die Hunde so fressen, besitzen sie einen erstaunlich empfindlichen Magen, wenn die Ernährung verändert wird. Das neue Futter lässt bisweilen den Hundemagen rebellieren, und durch Platzen kleiner, oberflächennaher Blutgefäße können starke Magenblutungen entstehen.

Was tun?

Fastentag. Da Blutungen oft nur durch eine vorübergehende Reizung plus Durchfall verursacht werden, sollten Sie den Hund 24 Stunden lang fasten lassen, um Magen und Darm Ruhe zu gönnen. Wenn der Durchfall nachlässt, gehen meist auch die Blutungen zurück. Aber auch fastende Hunde müssen trinken und daher stets reichlich frisches Wasser zur Verfügung haben.

Hunde können ein paar Tage ohne feste Nahrung auskommen, doch falls die Blutungen andauern, sollte man nicht länger als einen Tag warten und gleich den Tierarzt aufsuchen.

Wurmprophylaxe. Würmer lassen sich mit der richtigen Medizin problemlos bekämpfen. In Gegenden mit starkem Hakenwurmaufkommen erhalten Hunde allmonatlich zur Vorbeugung Pyrantelpamoat. Blutungen stoppt man am besten, indem man den Hund von Parasiten möglichst fern hält. Parasiten verbreiten sich leicht, wenn der Hund an fremden Haufen schnüffelt (oder sie sogar verzehrt). Tägliches Entfernen der Kothaufen aus dem eigenen Garten trägt dazu bei, dass sich der Hund später nicht erneut infiziert.

Auch Wasser kann ein Problem darstellen, da zahlreiche Wasserläufe wahre Brutstätten für Parasiten sind. Falls Sie in der Nähe eines natürlichen Gewässers leben oder mit Ihrem Hund Wanderungen unternehmen, sollten Sie ihn also von fremden Trinkquellen fern halten.

Stuhlprobe entnehmen

Wer erstmals Blut im Stuhl seines Hundes entdeckt, ist verständlicherweise nervös und begeht häufig den Fehler, gleich zum Tierarzt zu eilen, ohne zunächst das Einfachste zu tun: eine Stuhlprobe entnehmen. Es versteht sich von selbst, dass niemand gern in einem Hundehaufen herumwühlt, doch für eine genaue Diagnose ist eine Stuhlprobe unumgänglich, zumal nicht gleich der ganze Haufen benötigt wird.

Die Stuhlprobe entnimmt man am besten mit einem speziellen Greifer und gibt sie dann in einen Plastikbeutel. Oder man stülpt den Beutel über die Hand, greift zu und rollt ihn wieder zurück. Nun verschließt man den Plastikbeutel dicht unter möglichst geringem Lufteinschluss und bringt ihn zur (ohnehin anstehenden) tierärztlichen Untersuchung. Am günstigsten sind Stuhlproben, die erst ein paar Stunden alt sind. Falls Sie es nach Entnahme der Stuhlprobe nicht so bald schaffen, zum Tierarzt zu gehen, können Sie die Probe notfalls auch bis zu acht Stunden im Kühlschrank aufbewahren. Tierärzte klagen häufig über steinharte, mehrere Tage alte Proben, die nutzlos sind, denn sie müssen bei der Untersuchung noch ziemlich weich und frisch sein. Je älter nämlich die Probe ist, desto höher ist die Wahrscheinlichkeit, dass eventuelle Parasiten abgestorben sind und nun nicht mehr nachgewiesen werden können.

Mit einem Plastikgreifer können Sie einfach und sauber eine Stuhlprobe entnehmen.

Blut im Urin

Bereits eine winzige Menge Blut aus der Harnröhre oder Blase kann Urin rosa färben. Meist liegt kein ernstes Problem vor, sodass die richtige Behandlung rasch wirkt. Da Blut im Urin jedoch auf mehr als 50 verschiedene und teils bedrohliche Krankheiten zurückgehen kann, sollte man stets den Tierarzt aufsuchen.

Verdachtsmomente

Blasenentzündung. Die Schleimhaut der Harnblase ist extrem empfindlich, und bereits winzige Infektionen können das Gewebe reizen und leichte Blutungen verursachen. Wenn im Harn Tropfen oder Streifen hellroten Bluts auftauchen, besteht also Infektionsverdacht. Blasenentzündungen bekommt man meistens gut in den Griff, da sich die verabreichten Antibiotika im Harn konzentrieren und sehr effizient sind.

Nierenentzündung. Im Gegensatz zum hellroten Blut bei Hunden mit Blasenentzündung lässt eine Nierenentzündung den Urin gewöhnlich gleichförmig dunkel und übel riechend erscheinen. Da die Nieren für das Herausfiltern zahlreicher Schlacken verantwortlich sind, sollten Sie eine Entzündung grundsätzlich immer ernst nehmen.

Blasensteine. Im Urin befinden sich zahlreiche Mineralien, die normalerweise gelöst bleiben und ausgeschwemmt werden.

Bei Hunden, die eine Tendenz zur Bildung von Blasensteinen haben, ballen sich diese Mi-

GUTER RAT

Hündinnen sind wegen ihrer kürzeren Harnwege einem stark erhöhten Risiko für eine Blasenentzündung ausgesetzt. Weitaus ernster ist eine Gebärmutterentzündung. Infektionen des Genitaltrakts sind zwar nicht häufig, können allerdings ohne rasche Behandlung lebensgefährlich sein.

Hündinnen mit Uterusinfektionen bleiben zumeist über Nacht unter tierärztlicher Aufsicht und bekommen Antibiotika gespritzt. Gewöhnlich wird eine gleichzeitige Kastration empfohlen.

neralien jedoch regelmäßig zu einem harten Steinchen zusammen, das durch Anhaften weiterer Mineralien ständig größer wird.

Blasensteine können die Blasenschleimhaut reizen, Blutungen verursachen und bei entsprechender Größe auch den Harnfluss blockieren.

Läufigkeit. Heiße Hündinnen hinterlassen überall kleine blutige Flecken. Das Blut stammt dabei nicht aus dem Urin, vielmehr vermengt sich gelegentlich Blut aus der Scheide mit dem Harn, der dadurch eine rötliche Färbung erhält. Kleinere Hunderassen kommen gewöhnlich zweimal jährlich in Hitze, größere meist nur einmal.

Prostataprobleme. Rüden mit Blut im Harn leiden gelegentlich unter einer Entzün-

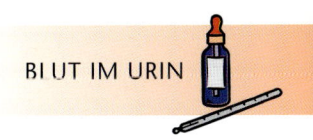

dung der Prostata. Weitere Symptome sind Schwellungen von Penis und Hoden.

Vergiftung. Viele Nagetiergifte besitzen Aromen, die Hunde mögen. Außerdem enthalten sie Chemikalien, die innere Blutungen verursachen, die sich im Urin zeigen können. Weitere Vergiftungszeichen sind Erbrechen, Durchfall und Unruhe. Betroffenen Hunden injiziert man als Gegenmittel meist Vitamin K.

Verletzungen. Hunde, die schwer gestürzt sind oder von einem Auto angefahren wurden, haben unter Umständen keine äußerlichen Blessuren davongetragen; Blut im Urin ist jedoch stets ein untrügliches Zeichen für innere Verletzungen.

Was tun?

Sofort zum Tierarzt. Auch wenn Blut im Urin selten auf ernste Probleme hindeutet, lässt sich zu Hause nicht entscheiden, was ein Notfall ist und was nicht. Da blutiger Harn auf innere Blutungen zurückgehen kann, sollten Sie zur Sicherheit von einem Notfall ausgehen und sofort den Tierarzt aufsuchen.

Reichlich frisches Wasser anbieten. Je mehr ein Hund trinkt, desto mehr Urin produziert er. Dadurch werden die Bakterien besser aus den Harnwegen herausgeschwemmt. Zudem wird der Urin durch das Wasser stärker verdünnt, was die durch eine Blasenentzündung bedingte Reizung verringert.

Sorgfältige Futterwahl. Manche Hunde bekommen nie eine Harnwegsinfektion, andere dagegen immer wieder. Das Risiko lässt sich durch ein Futter mit einem hohen Anteil an tierischem Eiweiß reduzieren, das einen leicht

Bei Hunden, die reichlich Gelegenheit zum Urinieren haben, besteht ein geringeres Risiko für Blasenentzündungen. Wer nicht häufig mit seinem Hund Gassi gehen kann, sollte den Einbau einer Hundetür erwägen.

sauren Urin bewirkt – und Bakterien gedeihen schlecht in saurem Milieu.

Vitamin C verabreichen. Viele Tierärzte haben festgestellt, dass Vitamin C vorbeugend wirkt und auch die Behandlung bestehender Blasenentzündungen unterstützt, weil es das Immunsystem anregt und zugleich den Harn saurer macht. Es empfiehlt sich, Hunden bis 10 kg Gewicht täglich maximal 250 mg Vitamin C zu geben, Hunden bis 25 kg 500 mg täglich und größeren Hunden 750–1000 mg pro Tag.

Hunde können zwei Wochen lang täglich Vitamin C erhalten oder so lange, bis die Symptome abgeklungen sind.

Häufiger Gassi gehen. Je öfter ein Hund uriniert, um so weniger Bakterien können sich in der Blase ansammeln. Zwar gelingt es manchen Hunden zwölf Stunden und mehr einzuhalten, doch steigt dadurch die Infektionsgefahr drastisch. Notfalls sollte man eine Hundetür installieren.

Atembeschwerden

Atemnot ist Besorgnis erregend, denn ein Hund benötigt sehr viel Sauerstoff, allein um zu überleben. Bereits eine leicht reduzierte Sauerstoffzufuhr kann ihn schwächen und ermüden. Vor allem aber können die Ursachen der Atemprobleme auch auf andere Organe übergreifen.

Manchmal ist der Grund für eine Atemnot offensichtlich, beispielsweise wenn ein Fremdkörper in der Luftröhre steckt. Häufiger jedoch bewirkt ein inneres Problem das erschwerte Atmen.

Unabhängig von der Ursache fühlt sich ein Hund mit Atembeschwerden äußerst schlecht und benötigt jede mögliche Hilfe.

Verdachtsmomente

Anämie. Gewöhnlich verbindet man Anämie mit Erschöpfung (was ja auch stimmt), doch zugleich geht sie mit Atembeschwerden einher. Anämische Hunde besitzen nicht genug rote Blutkörperchen, um den Körper ausreichend mit Sauerstoff zu versorgen.

Die häufigste Art der Anämie wird durch Blutungen verursacht. Hunde mit sichtbaren Verletzungen oder auch mit inneren Blutungen können sehr schnell anämisch werden. Eine weitere mögliche Ursache sind Nagetiergifte.

Bei kleinen Hunden und Welpen kann bereits starker Flohbefall eine Anämie bewirken. Flöhe können dem Hund derart viele rote Blutkörperchen entziehen, dass er anämisch und kurzatmig wird.

Ein anämischer Hund wirkt meist müde oder geschwächt und hat ein blasses Zahnfleisch. (Manche Hunde haben jedoch von Natur aus schwarzes oder sehr dunkles Zahnfleisch; in solchen Fällen kontrolliert man, ob die Innenseite des unteren Augenlids eine gesunde Rosafärbung aufweist.)

SOMMERLICHE PROBLEME

Hecheln wirkt wie eine eingebaute Klimaanlage, denn es entzieht dem Inneren des Körpers Wärme und hilft, die Körpertemperatur innerhalb des für Hunde normalen Bereichs zwischen 37,5 und 38,7 °C zu halten. Hecheln ist grundsätzlich nichts Ungewöhnliches, doch rasch atmenden, reichlich heiße Luft ausstoßenden Hunden droht womöglich ein Hitzschlag – ein gefährlicher Zustand mit einer sprunghaft auf über 40 °C erhöhten Kerntemperatur.

Ein Hitzschlag kann weitere Symptome wie Speicheln, dunkelrotes Zahnfleisch oder Mattheit nach sich ziehen. Er kann sich nicht nur in der warmen Jahreszeit, sondern auch allgemein durch Überhitzung ereignen. Hitzschlag ist grundsätzlich ein Notfall! Am besten suchen Sie unverzüglich den Tierarzt auf oder tauchen den Hund notfalls zunächst in kaltes Wasser oder kühlen ihn mit Eisbeuteln.

BESTIMMTE RASSEN

Kurzschnauzige Rassen wie Pekinese, Bulldogge, Lhasa Apso und Mops werden häufig bereits mit verengten Nasenöffnungen geboren. Da ihr weicher Gaumen darüber hinaus weit nach hinten reicht, kann ihnen das Atmen vor allem bei Erregung schwer fallen.

Im Ruhezustand atmet ein anämischer Hund vielleicht noch normal, nicht mehr jedoch bei Anstrengung, Aufregung oder Stress. Anämie erfordert ständige tierärztliche Kontrolle; meist ist es nicht schwer, die Zahl der roten Blutkörperchen wieder auf ein gesundes Maß zu erhöhen.

Herzerkrankungen. Der häufigste Grund für die Atemprobleme eines Hundes ist möglicherweise zugleich einer der ernstesten: eine Stauungsinsuffizienz.

Bei dieser Krankheit sammelt sich Flüssigkeit im Herz des Hundes und vermindert die zirkulierende Blutmenge. Hunde mit Stauungsinsuffizienz atmen so schnell wie möglich, um mehr Sauerstoff durch den Körper zu transportieren.

Herzwürmer. Bei den von Stechmücken übertragenen Herzwürmern handelt es sich um Parasiten, die in Herz oder Lunge leben, Blutgefäße verstopfen, Gewebe schädigen und das Atmen erschweren.

Infektionen. Sowohl virale als auch bakterielle Atemwegsinfektionen veranlassen den Organismus des Hundes zur Schleimbildung und lassen die Nasen- und Rachenschleimhäute anschwellen, wodurch die Atmung erschwert wird. Infektionen kommen meist plötzlich und können beispielsweise mit Fieber, Ermattung und Appetitlosigkeit einhergehen.

Blockierung der Futterwege. Es ist für Hunde nicht ungewöhnlich, dass sie einen Gegenstand zwar nicht schlucken, aber doch aufsaugen, der dann in den Atemwegen stecken bleibt – ein Spielzeug oder ein Futterhappen.

Kurzschnauzige Hunde wie Boston Terrier besitzen enge Atemwege, die fast wie eine natürliche Verstopfung wirken und eine Teilblockade der durch Nase und Mund strömenden Atemluft zur Folge haben.

Sämtliche Rassen mit kurzer Schnauze – wie die hier abgebildeten Englischen Bulldoggen – tendieren gerade deswegen zu Atemproblemen.

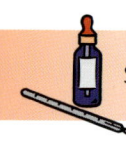

GUTER RAT

Bereits kleine Probleme wie eine leichte Infektion können dem Hund das Atmen erschweren. Häufig aber ist die Sache ernster: Keuchende, würgende, hustende oder erschöpfte Hunde, die beinahe stehend einschlafen, müssen unverzüglich zum Tierarzt gebracht werden.

In einer Notsituation muss die Atmung des Hundes möglicherweise unterstützt werden. Hierzu legt man den Hund auf die Seite, hält seinen Kopf gestreckt und achtet darauf, dass sein Gesicht nicht bedeckt wird.

Übergewicht. Eine der häufigsten und zugleich am einfachsten zu behebenden Ursachen für Atemprobleme ist das Übergewicht. Fettpolster an Brust und Bauch können das Atmen aus verständlichen Gründen erschweren.

Was tun?

Ausgewogen füttern. Zahlreiche Arten der Anämie lassen sich mithilfe einer ausgewogenen Ernährung behandeln. Manche Tierärzte empfehlen ein verschreibungspflichtiges Futter mit hohem Anteil an Mineralien, Eiweiß und Vitaminen. Von Eisenpräparaten wird jedoch abgeraten, da sie unter Umständen eine toxische Wirkung haben könnten.

Nicht zu reichlich füttern. Vor allem in unserer Wohlstandsgesellschaft sind viele Hunde übergewichtig. Täglicher Auslauf trägt zur

Gewichtsabnahme bei, doch noch wichtiger ist eine richtige Ernährung in Form eines kalorienarmen, ballaststoffreichen Futters, das in Zoogeschäften oder direkt bei manchen Tierärzten erhältlich ist. Zugleich sollte man etwas weniger Futter in den Napf füllen als gewöhnlich und auch mit den Leckerchen sparsamer umgehen. Haben Hunde nach ein paar Wochen mit reduzierter Kost und täglichem Auslauf noch nicht abgenommen, sollte man sie auf eine vom Tierarzt empfohlene Diät setzen.

Beruhigen. Unabhängig von der Ursache der Atemnot müssen Sie eine verstärkte Erregung des Hundes unbedingt vermeiden, da der Körper dann noch mehr Blut und – ohnehin

Medikamente gegen Herzwürmer, hier in Form eines gern genommenen Leckerchens, bieten einen sehr wirksamen Langzeitschutz.

knappen – Sauerstoff verlangt. Versuchen Sie, den nach Atem ringenden Hund durch Streicheln und sanfte Worte zu beruhigen.

Nach sichtbaren Problemen suchen. Es ist oft schwer zu ermitteln, ob ein Hund Atemprobleme hat, weil etwas in der Luftröhre oder in den Nasenlöchern stecken geblieben ist. Suchen Sie in der Umgebung, in der Ihr Hund sich zuvor aufgehalten hat, nach Anhaltspunkten wie zum Beispiel nach zerbrochenem Spielzeug. Und versuchen Sie, dem Hund in den Rachen zu schauen. Dadurch können Sie besser entscheiden, ob Sie einen Gegenstand selber entfernen können oder einen Tierarzt bemühen müssen.

Herzwürmer verhindern. Da sich diese gefährlichen Parasiten nur schwer wieder beseitigen lassen, sollten Sie gegen sie vorbeugen und monatlich entsprechende Medikamente verabreichen. Als positiven Nebeneffekt bieten einige dieser Präparate gleichzeitig eine Prophylaxe gegen andere Würmer und Parasiten.

EINE ATEMSPENDE VERABREICHEN

Atemstillstand erfordert rasches Handeln, damit die Lungen erneut arbeiten und den Körper mit Sauerstoff versorgen können.

1 Legen Sie den Hund auf die Seite und überstrecken Sie Hals und Nacken. Öffnen Sie das Maul und ziehen Sie die Zunge heraus, damit die Atemwege frei sind.

2 Falls die Atmung noch nicht eingesetzt hat, müssen Sie das Maul geschlossen halten und den Hund langsam und vorsichtig durch die Nase beatmen. Fahren Sie hiermit fort, bis der Hund selbstständig zu atmen beginnt oder ein Tierarzt verfügbar ist.

Anknabbern von Gegenständen

Hunde kauen und knabbern ebenso selbstverständlich, wie sie beim Anblick der Leine aufspringen. Diese Gewohnheit stammt aus Tagen ohne Dosenfutter, als es nur ganze Kadaver gab, die irgendwie in fressbare Stücke zerlegt werden mussten. Der Drang zum Knabbern hat sich jedoch bis heute gehalten und kann sich auf so unpassende Dinge beziehen wie Stuhlbeine, Tennisbälle oder brandneue Lederschuhe.

Eigentlich ist das Knabbern gut, da es die Zähne gesund hält und Gelegenheit gibt, einmal richtig Dampf abzulassen – aber leider zerstören die Hunde dabei bisweilen Dinge, die sie nichts angehen. Niemand würde sich beklagen, wenn es mit dem Knabbern nach dem Welpenalter vorbei wäre oder sich das Kauen auf das eigene Spielzeug beschränken würde. Manche Hunde beknabbern jedoch ihr ganzes Leben lang tatsächlich alles – ausgenommen das, was ihr Besitzer dafür vorgesehen hat.

Verdachtsmomente

Zahnen. Welpen beginnen mit etwa vier Monaten zu knabbern, wenn ihre Milchzähne durch die bleibenden Zähne ersetzt werden. Das Knabbern scheint diesen schmerzhaften Prozess zu lindern, doch auch wenn nach rund sechs Monaten alle bleibenden Zähne da sind, fahren die Hunde meist noch eine Zeit lang damit fort, bis die Zähne festen Halt gefunden haben.

Erkundungsdrang. Nach Abschluss der Zahnbildung durchlaufen Hunde eine Phase

BESTIMMTE RASSEN

Jagd- und Apportierhunde wie Spaniels und Labrador Retriever nehmen instinktiv Dinge ins Maul. Da sie jedoch auf einen »weichen Biss« hin gezüchtet wurden, halten oder transportieren sie einen Gegenstand eher in ihrem Maul, anstatt ihn genüsslich zu zerkauen.

energischeren Knabberns, da sie nun auch mit ihren Zähnen die Umgebung erkunden.

Angst. Viele Hunde fühlen sich einsam oder verängstigt, wenn sie allein sind. Das Knabbern ist eine gute Ablenkung. Besonders attraktiv ist das Eigentum ihres Besitzers, da ihm ein vertrauter menschlicher Geruch anhaftet.

Dieser Welpe macht es richtig: Er kaut an seinem Spielzeug – was den Wundschmerz beim Zahnen lindert.

Langeweile. Hunde sind von Natur aus nicht dazu bestimmt, den Tag auf dem Bettvorleger zu verschlafen, sondern müssen körperlich und geistig intensiv gefordert werden. Andernfalls langweilen sie sich rasch und suchen nach Alternativen, um sich zu vergnügen. Was gäbe es Schöneres als Knabbern? Alles Herumliegende gilt ihnen als jagdbares Wild und lässt ihnen das Wasser im Maul zusammenlaufen.

Purer Spaß. Das Beknabbern ist nicht immer ein ernstes Geschäft. Hunde befriedigt es auch ohne ersichtlichen Grund, ihre Kiefer zu betätigen und in sehr unterschiedliche Dinge zu beißen – wenn nicht in ihr Spielzeug, dann in Gartenschläuche, Stromkabel oder teure Möbel.

Was tun?

Schmerzen des Welpen lindern. Der Knabbertrieb eines Welpen ist weit größer als Ihr Verlangen, ihn zu stoppen. Zum einen sollte man die eigenen Besitztümer außer Reichweite aufbewahren, zum anderen sollte man die Schmerzen des zahnenden Welpen lindern, um das Kaubedürfnis zu verringern. Hierzu kann man ein Kauspielzeug für ein bis zwei Stunden ins Gefrierfach legen, denn die meisten Welpen beknabbern gerne kalte Gegenstände; außerdem wird das Zahnfleisch vorübergehend durch die Kälte betäubt.

Frühzeitiges Verbieten. Die meisten Hunde haben ihre Knabberphase mit Erreichen der Geschlechtsreife abgelegt, manche jedoch nicht – weil sich ihre Besitzer meist mit dieser Unart abfinden und das Knabbern nun zu einer Gewohnheit wird.

Hier versucht jemand, einen Boxer von einem arg mitgenommenen Hausschuh abzulenken, indem er ihm eine verlockende Knabbermahlzeit anbietet. Es folgt ein Lob.

Wer einem Welpen aus Bequemlichkeit erlaubt, alles anzuknabbern, darf sich nicht wundern, wenn der erwachsene Hund genauso weitermacht.

Anstatt den Hund nachträglich dafür zu schelten, falsche Dinge angenagt zu haben, sollte man ihm etwas zum Kauen geben und ihn belohnen, wenn er sich dafür interessiert. Jeder Hund hat jedoch seine besonderen Vorlieben, weshalb man nicht immer gleich jenes Kauspielzeug finden wird, das ihm mehr zusagt als die eigenen Pantoffeln.

Ständige Beschäftigung. Ängstliche oder gelangweilte Hunde – also fast jeder körperlich oder geistig nicht aktive Hund – wollen ständig unterhalten werden. Man kann mit ihnen häufiger Spaziergänge unternehmen, oder man gibt ihnen interessante Spielzeuge, vorzugsweise aus festem, doch splitterfreiem Material, das dem Hundegebiss Widerstand bietet.

Ein mit Leckereien gefülltes Spielzeug ist zudem eine gut geeignete geistige Herausforderung und belohnt den Hund dafür, dass er sich mit den ihm zugedachten Objekten beschäftigt hat.

Sowohl Hunde als auch Kinder langweilen sich schnell mit einem Spielzeug. Kaufen Sie daher lieber gleich ein halbes Dutzend Kaurequisiten, die Sie nicht alle zugleich anbieten, sondern täglich austauschen sollten. Für den Hund bedeutet das eine willkommene Abwechslung.

Sabotage versuchen. Manche Hunde sind nicht wählerisch, bei anderen konzentriert sich der Kautrieb auf einen ganz bestimmten Ge-

genstand, zunächst vielleicht nur wegen seiner Größe und Beschaffenheit; später fühlen sie sich dann von ihrer eigenen Duftnote angezogen. Dieser Fixierung können Sie mit Erfolg entgegenwirken, indem Sie den Gegenstand mit einem Abschreckungsmittel aus Bittergurke oder mit etwas Chilisauce behandeln (wegen möglicher Verfärbungen zunächst an einer unauffälligen Stelle).

Hunde hassen Überraschungen. Manche Experten empfehlen daher, die favorisierten Objekte mit einer Schreckladung zu versehen, indem man z. B. ein paar Münzen in eine Blechdose füllt und diese per Schnur mit dem schützenswerten Gegenstand verbindet. Mit etwas Glück wird diese – zugegeben etwas rüde – Therapie fruchten.

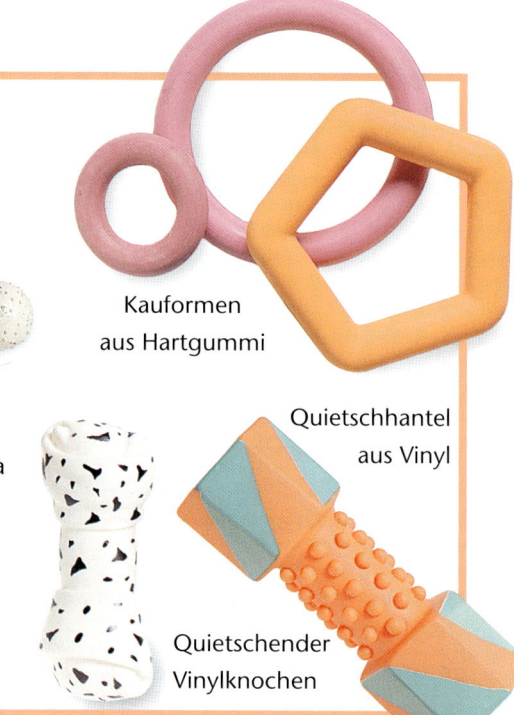

KAUSPIELZEUGE

Im Handel gibt es zahlreiche verschiedene Kauspielzeuge; für Hunde am attraktivsten sind solche aus organischen Substanzen wie Rinderhaut, Knochen oder Schweineohren, die – für Hunde unwiderstehlich – etwas nach Tier schmecken. Größe und Beschaffenheit dieser oft fleisch- und salzhaltigen natürlichen Kauspielzeuge fordern vom Kiefer viel Arbeit.

Der Nachteil derartiger Naturmaterialien liegt in ihrer meist kurzen Haltbarkeit. Wirtschaftlicher sind dagegen Spielzeuge aus Gummi, Nylon oder Plastik, die viele Hunde ebenfalls mögen – vor allem wenn sie mit etwas Fressbarem beschichtet oder gefüllt sind.

Kauformen
aus Hartgummi

Kaustange
mit Minzaroma

Quietschhantel
aus Vinyl

Quietschender
Vinylknochen

ERSTICKUNGSANFALL

Im hinteren Rachen gibt es ein als Pharynx (Schlundkopf) bezeichnetes Gebilde, das Luft in die Luftröhre (Trachea) und Nahrung in die Speiseröhre (Ösophagus) leitet.

Nimmt die Luft einmal den falschen Weg, ist das nicht weiter schlimm. Wird aber Nahrung und anderes fehlgeleitet, gibt der Hund Geräusche von sich, die an einen kräftigen Rülpser erinnern.

Derartige Geräusche bedeuten nicht unbedingt, dass das Tier zu ersticken droht, denn oft würgt ein Hund ein paar Sekunden lang etwas aus dem Magen hervor. Dagegen bekommt der Hund bei einem echten Erstickungsanfall keine Luft und ist in großer Not.

Verdachtsmomente

Futter. Fräßen Hunde in Restaurants, wäre jeder Kellner in Erster Hilfe ausgebildet. Hunde verschlingen ihre Nahrung nämlich meist in gewaltigen Happen – ein Relikt aus jener Zeit, als nur die schnellsten Fresser weiterkamen und alle anderen hungrig blieben. Hunde fressen in der Tat derart gierig, dass sie oft mehr hinunterschlucken, als sie bewältigen können. Häufig führt dies zum Würgen; sie bekommen dann nicht richtig Luft und können rasch bewusstlos werden, falls niemand hilft.

Verschluckte Gegenstände. Dies können Golf- und sogar Tennisbälle sein. Fast alle Hunde lieben Bälle und schnappen dermaßen begeistert nach ihnen, dass sie gelegentlich weiter hinten im Maul landen als geplant.

Was tun?

Hindernis entfernen. Ein würgender Hund muss sofort versorgt werden. Falls sich der Vorfall nicht gerade beim Tierarzt ereignet, müssen Sie selbst die Ursache des Problems beseitigen. Können Sie den Gegenstand sehen und leicht entfernen, sollten Sie es auf jeden Fall versuchen.

Da ein würgender Hund panisch reagiert, riskieren Sie, gebissen zu werden, wenn Sie in das Maul hineingreifen. Tragen Sie daher wenn möglich feste Handschuhe.

Sind keine Handschuhe griffbereit, können Sie auch ein paar Sekunden warten: Sobald die Sauerstoffzufuhr zurückgeht, wird der Hund sehr schnell bewusstlos, und nun ist der Eingriff weitaus weniger riskant.

Rasch Hilfe holen. Jedes Objekt, das weit genug hinten sitzt, um ein Würgen hervorzurufen, lässt sich zu Hause nur schwer entfernen. Verlieren Sie daher nicht zu viel Zeit, es sei denn, dass Sie die Erfolgsaussichten hoch einschätzen.

Vielleicht ist es besser, sofort zum Tierarzt zu gehen. Wenn man Hunde ruhig hält, können die meisten trotz verstopfter Kehle immer noch ausreichend atmen, um zum Tierarzt gebracht zu werden.

Heimlich-Handgriff anwenden. Diese sehr effiziente Technik zur Entfernung von Fremdkörpern in den Atemwegen erfordert keine besonderen Fertigkeiten und hat schon manches Hundeleben gerettet.

DER HEIMLICH-HANDGRIFF

Viele Menschen und Hunde, deren obere Atemwege verstopft waren, haben bereits von dieser lebensrettenden Maßnahme profitiert. Durch Druck auf den Oberbauch dicht unterhalb der Rippen wird das Zwerchfell nach oben gegen die Lungen gedrückt und das Objekt durch die entstehende Druckwelle oft buchstäblich herausgeblasen – im Notfall eine überaus wirksame Technik.

Stellen Sie sich hierzu mit gespreizten Beinen hinter den Hund und umschließen Sie den Unterbauch mit beiden Armen. Heben Sie dann die Hinterläufe bis zur Brust an, drücken Sie den Bauch ab und schütteln Sie nun den Hund leicht.

Kleine Hunde kann man ganz hochheben, bei einem größeren Hund wird nur das Hinterteil angehoben – wie bei einer Schubkarre.

Die korrekte Durchführung erfordert Kraft: Scheuen Sie sich nicht, stärkeren Druck anzuwenden. Schließlich kann das Leben des Hundes davon abhängen.

Fellveränderungen

Hundehaare bestehen aus einem derben, faserigen Eiweiß (Keratin), das durch in winzigen Talgdrüsen erzeugte Fette geschützt und geschmiert wird. Nicht jedes Hundefell besitzt den gleichen Glanz, denn manche Rassen haben von Natur aus sehr grobe oder ölige Haare. Generell sollte das Fell jedoch glänzen und nicht riechen. Eine Veränderung des gewohnten Erscheinungsbilds zeigt, dass irgendetwas aus dem Gleichgewicht geraten ist.

Verdachtsmomente

Mangelernährung. Hunde, deren Fell matt und trocken wird, bekommen mit ihrem Futter vielleicht nicht genug Cis-Linolsäure. Die meisten Fertigfutter enthalten ausreichende Mengen dieser Substanz, die allerdings bei zu langer Lagerung teilweise wieder abgebaut werden kann.

Seborrhö. Es dauert rund drei Wochen, bis die gereiften Hautzellen an die Hautoberfläche wandern, dort absterben und sich lösen. Bei Hunden mit Seborrhö ist dieser Prozess beschleunigt: Abgestorbene Zellen sammeln sich rasch an und lassen Haut und Fell trocken und schuppig erscheinen.

Die Kombination aus Hautfetten und Schuppen bietet Bakterien einen optimalen Lebensraum, sodass Hunde mit Seborrhö häufig Hautentzündungen bekommen, was mit Juckreiz und unangenehmem Geruch verbunden ist. Ihr Fell ist fettig, und an Ellbogen, Sprunggelenk und Ohren finden sich eventuell ölige, bräunliche Schuppen.

Zu häufiges Baden. Hunde müssen nicht einmal annähernd so häufig baden wie Menschen: Zu häufiges Baden entfernt die natürlichen Hautfette aus dem Fell und lässt es trocken und matt erscheinen.

Alter. Mit zunehmendem Alter verlangsamen sich sämtliche Körperfunktionen. Die Fette und Nährstoffe benötigen länger, um die Haut zu erreichen, weshalb das Fell älterer Hunde häufig trocken und strapaziert wirkt.

Zu seltenes Bürsten. Regelmäßige Fellpflege dient nicht nur dem Aussehen des Hundes, sondern entfernt auch ausgefallene Haare, die sich andernfalls auf der Haut ansammeln. Bei Hunden, die nicht gebürstet werden, entsteht eine dicke Haardecke, die keine Luft an die Haut lässt und die Wirksamkeit der Talgdrüsen reduziert. Der entstehende feuchte Wärmestau kann Hautentzündungen verursachen.

Was tun?

Mehr Öle in der Ernährung. Die Zugabe von Cis-Linolsäure – enthalten in Distel-, Sonnenblumen- und Leinsamenöl – ist oft der beste

BESTIMMTE RASSEN

Seborrhö wird als erblich angesehen. Ein hohes Risiko besteht bei Rassen wie American Cocker Spaniel, English Springer Spaniel und West Highland White Terrier.

Weg, um dem Fell mehr Glanz zu verleihen. Versuchsweise sollte man eines dieser Öle täglich dem Futter beimischen, für kleine Hunde etwa einen Teelöffel voll, für mittelgroße Hunde zwei Teelöffel und für große Hunde einen Esslöffel. Da das mit dem Futter zugeführte Öl quasi auf Umwegen das Fell erreicht, kann es bis zu einer Verbesserung ein bis zwei Monate dauern.

Medizinisches Shampoo verwenden. Auch wenn die meisten Hunde nicht häufig gebadet werden müssen, geht die Seborrhö gewöhnlich zurück, wenn man das Fell einmal wöchentlich mit einem medizinischen Shampoo behandelt. Meist wird ein Fett lösendes Shampoo mit Schwefel und Steinkohlenteer empfohlen. Arbeiten Sie es bis zur Schaumbildung ein, lassen Sie es etwa zehn Minuten einwirken und spülen Sie es dann gründlich aus.

Häufig bürsten. Das Bürsten entfernt abgestorbene Haare und verbessert die Belüftung von Fell und Haut. Da es außerdem die Talgdrüsen anregt, wird das Fell durch Bürsten schön glänzend.

Am besten bürstet man mit festem, kurzem und tiefem Strich, zunächst vom Kopf bis zum Schwanz und dann wieder zurück. Durch das Bürsten »gegen den Strich« lassen sich abgestorbene Haare besser entfernen. Bei täglichem Bürsten sieht das Fell meist bereits nach zwei Wochen schön aus. Danach reicht in der Regel eine Fellpflege alle paar Tage oder einmal wöchentlich.

Regelmäßiges Bürsten ist stets eine gute Sache, doch Rassen wie Pointer, Labrador Retriever und Chesapeake Bay Retriever sind weniger anspruchslos, denn ihr Fell wirkt wie ein leicht eingeölter Regenmantel und besitzt Was-

ser abweisende Eigenschaften. Zu häufiges Bürsten würde dieser Imprägnierung nur schaden.

Baden nur bei Bedarf. Das Fell des Hundes ist von Natur aus selbstreinigend; daher sollte man ihn nur baden, wenn er außergewöhnlich schmutzig ist. Hunde, die ausschließlich draußen leben, sollten einmal monatlich gebadet werden, während die meisten Wohnungshunde mit einem Bad pro Jahr auskommen. Am besten ist ein spezielles Hundeshampoo, denn viele unserer Haarwaschmittel sind zu aggressiv und würden die schützende Fettschicht entfernen. Aber auch Babyshampoos und milde Geschirrspülmittel erfüllen diesen Zweck.

RASCHE ABHILFE Dem Fell lässt sich auf einfache Weise Glanz verleihen, indem man es intensiv mit einer Mischung aus Maisstärke und Talkum oder mit trockener, leicht erwärmter Haferkleie einreibt und dann ausbürstet. Stärke oder Kleie saugt Schmutz und Fett auf.

Erwärmte Haferkleie und Maisstärke mit Talkum sind gute Trockenshampoos.

Verwirrtheit

Es gibt kaum etwas Beunruhigenderes als einen Hund, der Teile seiner geistigen Kapazität eingebüßt hat: Der Kopf schwankt, die Ohren sind angelegt und die Augen wirken leer und glasig.

Wie bei Menschen finden mit der Zeit auch bei Hunden nervliche Degenerationsprozesse statt. Ältere Hunde können zudem an Seh- und Hörvermögen einbüßen, was sie körperlich und emotional noch mehr beeinträchtigt.

Verwirrtheit ist aber niemals etwas Normales und deutet stets auf ein körperliches Problem hin, dem man – ganz unabhängig vom Hundealter – nachgehen muss.

Verdachtsmomente

Kopfverletzungen. Hunde haben eine dünnere Schädeldecke als Menschen, sodass bereits leichtere Stöße zu Benommenheit und Desorientierung führen können. Dieser Zustand besteht jedoch gewöhnlich nur vorübergehend,

GUTER RAT

Geistige Verwirrtheit ist ein gravierendes Symptom und sollte bei einem älteren Hund zum Tierarzt führen, wobei es sich nicht nur um eine Frage des Alters handelt. Ältere Hunde und auch Katzen sollten durch ihre Umgebung nicht verwirrt werden. Falls doch, ist eindeutig etwas nicht in Ordnung.

BESTIMMTE RASSEN

Kurzschnauzige Rassen wie zum Beispiel Mops (unten), Pekinese und Bulldogge erleiden sehr leicht einen Hitzschlag, denn die Möglichkeit, sich durch Hecheln abzukühlen, ist aufgrund ihrer Anatomie sehr begrenzt.

und die meisten Hunde werden sich bald wieder erholen.

Krampfanfälle. Bei einem epileptischen Anfall denken wir gleich an dramatische Symptome wie Kaukrämpfe und Strampeln. Bei zahlreichen epileptischen Hunden zeigen sich stark abgemilderte Symptome wie leichtes Schütteln oder eine wenige Minuten oder Stunden andauernde Verwirrtheit.

Hunde mit Epilepsie sollten stets tierärztlich überwacht werden, wobei die Anfälle in den meisten Fällen harmlos sind.

Druck auf das Gehirn. Jegliche Druckbelastung des Gehirns, entweder durch einen Tumor oder eine infektionsbedingte Schwellung, kann zur Desorientierung des Hundes führen.

Staupe. Ein Hund, der sich mit Staupe infiziert oder in jungem Alter sehr hohes Fieber hatte, kann sich später konfus verhalten.

Ein kühles, schattiges Eckchen für Ihren Hund verhindert Hitzschlag – eine häufige Ursache für Verwirrtheit.

aus, erleiden sie womöglich einen Hitzschlag, der zu Verwirrtheit und extremer Erschöpfung führen kann.

Was tun?

Sicherheit bieten. Unabhängig vom Grund für die Verwirrtheit sollte sich der Hund behaglich, sicher und geborgen fühlen. Dies gilt vor allem für ältere, bereits leicht senile Tiere.

Verwirrtheit geht oft mit Verängstigung einher, weshalb viel Zuwendung dazu beitragen

Diabetes. Hunde mit Diabetes haben zwar einen hohen Blutzuckerspiegel, doch gelangt nur wenig Zucker ins Gehirn. Ohne ausreichende Zuckerzufuhr können sich Verwirrtheit und Desorientierung einstellen.

Sollte der Blutzuckerspiegel Ihres Hundes zu niedrig sein, lässt er sich mithilfe von Medikamenten wie Insulin wieder auf ein gesundes Maß erhöhen. Außerdem wird der Tierarzt vielleicht ein individuelles Diät- und Bewegungsprogramm empfehlen, um den Blutzuckerspiegel zu stabilisieren.

Vergiftungen. Gifte sind ein häufiger Grund für geistige Verwirrtheit, vor allem wegen der zahlreichen Chemikalien im Haushalt – diese reichen von den Reinigungsmitteln im Küchenschrank bis hin zum Frostschutzmittel in der Garage. Weitere Vergiftungssymptome sind Erbrechen, Benommenheit und Probleme mit dem Gehen oder Aufstehen.

Hitzschlag. Hunde können sich bei Hitze nur durch Hecheln abkühlen. Reicht dies nicht

Mit zunehmendem Alter stellt sich bei vielen Haustieren ein gewisser Grad an Verwirrtheit ein. Schenken Sie ihnen daher viel Zuwendung.

kann, dass der Hund ruhig und entspannt bleibt.

Außerdem sollte man die gewohnte Umgebung möglichst wenig verändern. Ein Hund wird sich sicherer fühlen, wenn er weiß, wo sich alles befindet (speziell sein Fress- und Trinknapf). Von einem älteren Tier darf man keine Spitzenleistungen mehr erwarten. Vermeiden Sie Überraschungen, und lassen Sie möglichst vieles beim Alten.

Krampfauslöser meiden. Zwar sind die Krämpfe an sich meist nicht gefährlich, doch ist der Hund danach möglicherweise verängstigt und verwirrt. Da Hunde mit Epilepsie zu Krämpfen durch Reizüberflutung neigen, sollte man in ihrer Umgebung Lärm und Hektik weitgehend vermeiden.

Blutzucker stabilisieren. Selbst Hunde, die Insulin benötigen, können meist einen besseren Blutzuckerspiegel aufrechterhalten, wenn sie täglich mehrere kleine Mahlzeiten erhalten und nicht wie üblich eine oder zwei große.

Häufigere Nahrungsaufnahme stabilisiert den Blutzuckerspiegel – im Gegensatz zu den starken Schwankungen bei nur einer täglichen Mahlzeit. Unterstützend kann darüber hinaus auch eine tierärztlich verordnete Diät zum Einsatz kommen.

Hitze meiden. Hitzschlag ist eine der größten Gefahren für einen Hund und kann vereinzelt innerhalb nur weniger Stunden zu Hirnschäden führen. Am besten sorgt man stets dafür, dass sich der Hund draußen in den Schatten zurückziehen kann, und beobachtet ihn genau, wenn man bei großer Hitze mit ihm spazieren geht oder spielt. Hunde, die kurz vor einem Hitzschlag mit drohender Bewusstlosig-

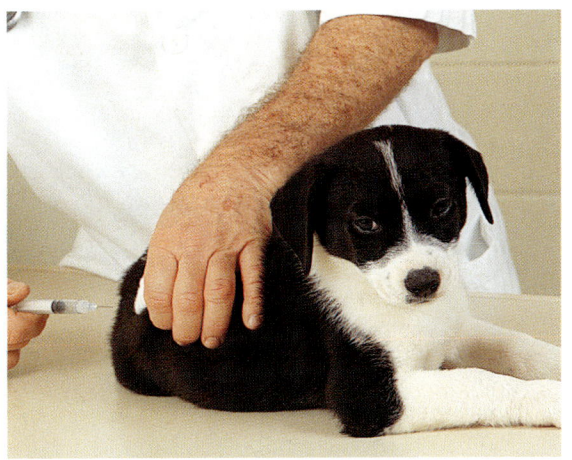

Manche Viren können zu Gehirnentzündungen und damit auch zu Verwirrtheit führen. Regelmäßige Impfungen schützen vor möglicherweise ernsten Folgen.

keit stehen, hecheln stark und haben vielleicht eine hellrote Zunge.

Bereits der bloße Verdacht auf Hitzschlag ist ein Grund für den sofortigen Gang zum Tierarzt. Sollte dies nicht gleich möglich sein, muss der Hund unbedingt abgekühlt werden, etwa durch Eintauchen in eine Wanne mit kaltem Wasser oder durch Abspritzen mit dem Gartenschlauch. Anschließend sollten Sie den Hund schnellstmöglich zum Tierarzt bringen.

Regelmäßig impfen. Viren wie das Staupevirus können eine Gehirnentzündung (Encephalitis) verursachen, die extreme Verwirrtheit (und Schlimmeres) zur Folge haben kann. Hundestaupe lässt sich allein durch regelmäßige Impfungen vermeiden, die der Tierarzt nur vornehmen kann, wenn Sie den vorgesehenen Zeitplan einhalten, denn eine Staupetherapie gibt es nicht.

Verstopfung

Wie jeder aufmerksame Hundebesitzer bezeugen kann, kennen die meisten Hunde keine Verstopfung. Ihr Verdauungssystem arbeitet von Natur aus überaus effizient, um mit ihrem unbändigen und oft unangemessenen Appetit fertig zu werden. Aber manchmal ist ihr Stuhl zu hart oder es ist zu wenig Kot vorhanden, um die wellenartigen Darmbewegungen (Peristaltik) anzuregen, die den Ausscheidungsprozess unterstützen. Der Darm kann jedoch auch aus anderen Gründen träge wirken. In beiden Fällen ist Unregelmäßigkeit die Folge.

Wegen der individuell verschiedenen Darmgewohnheiten kann man nicht immer leicht erkennen, ob ein Hund unter Verstopfung leidet. Manche Hunde entleeren sich täglich dreimal oder öfter, andere nur einmal. Einzige verlässliche Richtschnur ist das gewöhnliche Verhaltensmuster des Hundes. Ein bis zwei Tage ohne Stuhlgang sind noch kein Grund zur Besorgnis. Eine Verstopfung, die mehr als zwei Tage andauert und stärkere Schmerzen oder Anspannung zur Folge hat, muss jedoch behandelt werden.

Verdachtsmomente

Zu wenig Ballaststoffe. Diese in Gemüse, Getreide und Hülsenfrüchten enthaltenen unverdaulichen, doch gesunden Substanzen wirken wie eine Art natürlicher Scheuerbürste, da sie den Stuhl rascher durch den Darm befördern. Die meisten Fertigfutter enthalten hohe Mengen an ballaststoffreichem Getreide. Hunde, die hauptsächlich Fleisch fressen, bekommen eventuell nicht genügend Ballaststoffe.

Zu wenig Wasser. Der Stuhl nimmt im Verdauungstrakt große Mengen an Wasser auf und regt durch Aufquellen die Darmfunktion an. Hunde, die nicht viel Wasser trinken (weil es nicht verfügbar ist oder weil sie einfach nicht so durstig sind), leiden oft unter Verstopfung, da ihr Stuhl zu hart und nicht genug davon vorhanden ist, um die Darmtätigkeit anzuregen.

Zu wenig Auslauf. Der Dickdarm ist ein Muskel und muss regelmäßig betätigt werden, um gut zu arbeiten. Wenn ein Hund die ganze Zeit untätig herumliegt, bleibt auch der Verdauungstrakt untätig.

Diesen Dalmatiner begeistert das Herumknabbern an der Plastikflasche, doch leicht können einzelne Bruchstücke den Darm blockieren.

Häufiger, intensiver Auslauf fördert das Glücksgefühl – und die Darmfunktion! – dieser Golden Retriever.

Übergewicht. Leicht untersetzte Hunde leiden eher unter Verstopfung, da ihre Fettdepots im Bauchraum die Darmtätigkeit beeinträchtigen können. Übergewichtige Hunde haben meistens auch weniger Auslauf, was die Darmfunktion zusätzlich behindert.

Abfälle. Hunde, die sich aus der Mülltonne bedienen, können eher Durchfall bekommen als Verstopfung – es sei denn, sie fressen Papier, Pappe oder Plastik, wodurch die Darmpassage erschwert werden kann.

Was tun?

Zusätzliche Ballaststoffe. Obwohl die gewöhnliche Nahrung bereits reichlich Ballaststoffe enthält, kann man einer vorübergehenden Verstopfung durch eine Extraportion Ballaststoffe begegnen. Besonders empfehlenswert ist Psyllium (Flohsamen; ganze Samenschalen oder Kapseln). Abführmittel mit Psyllium sind für Hunde völlig unbedenklich. Je nach Größe des Hundes können täglich ein bis drei Psylliumkapseln verabreicht werden. Die Samenschalen werden in das Futter gegeben: für einen kleinen Hund täglich rund ein halber Teelöffel, für größere Hunde bis zwei Teelöffel pro Tag. Auch naturbelassene Haferkleie erhöht äußerst wirksam die Ballaststoffzufuhr – rühren Sie je nach Größe des Hundes täglich ein bis drei Teelöffel unter das Futter.

Eine erhöhte Ballaststoffzufuhr können Sie auch erzielen, indem Sie dem Futter gekochte Vollkornnudeln oder angedünstetes Gemüse (Brokkoli, Mohrrüben) untermengen. Ballaststoffe wirken sehr schnell, und gewöhnlich stellt sich der Erfolg schon einen Tag nach Gabe der Zusatzportion ein.

Ballaststoffe fördern die Verdauung, doch ein Übermaß kann den gegenteiligen Effekt haben, vor allem wenn der Hund zu wenig Wasser trinkt. Flohsamenschalen und auch Weizenkleie vergrößern das Volumen des Stuhls, verringern aber auch dessen Feuchtigkeitsgehalt.

Zusätzliche Ballaststoffe sollte man einem Hund daher nur verabreichen, solange er auch mehr trinkt als sonst. Sie können das dadurch erreichen, indem Sie das Wasser aromatisieren, vielleicht mit einem Brühwürfel oder einem isotonischen Getränk. Viele Hunde mögen den Geschmack und vertilgen die Extraportion kurzerhand.

Bewegung. Hunde mit reichlich Auslauf leiden weit seltener unter Verstopfung als solche, die den ganzen Tag faul herumliegen. Am effektivsten ist die körperliche Betätigung 15–20 Mi-

nuten nach der Mahlzeit, wenn der Stuhldrang am größten ist. Täglich 20–30 Minuten Auslauf sind das Minimum.

Eine Ausnahme für den Auslauf nach dem Fressen sind große Hunde mit tiefer Brust wie beispielsweise Boxer oder Deutsche Dogge, bei denen ein hohes Risiko für eine durch Lufteinschluss verursachte gefährliche Magenerweiterung besteht. Das Risiko lässt sich durch Einlegen einer Ruhestunde vor und nach den Mahlzeiten verringern.

Häufiger füttern. Magen und Darm kooperieren wie folgt: Wenn der Magen Nahrung aufnimmt, benachrichtigt er den Darm frühzeitig, sich schon einmal auf seine Tätigkeit vorzubereiten. Bei Hunden, die bei einer großen Tagesmahlzeit zu Verstopfung neigen, kann man durch drei kleinere Mahlzeiten versuchen, diesen Reflex zu stimulieren.

Gelegentliche Verstopfung kann durch zusätzliche Ballaststoffe behoben werden (Flohsamenschalen oder gekochte Vollkornnudeln und gedünstetes Gemüse).

GUTER RAT

Sollte es etwas geben, das Hunde lieber tun als das Vergraben von Knochen, dann ist es das Benagen. Hunde können einen Knochen in tausend Stücke zerlegen, doch diese Fragmente verfangen sich manchmal in der Darmwand und erschweren die Darmpassage. Je länger der Stuhl nicht mehr transportiert wird, desto härter und voluminöser wird er – im schlimmsten Fall blockiert er den Durchgang gänzlich.

Erleidet ein Hund eine derart extreme Verstopfung, so bemüht sich der Hund wiederholt vergeblich, Kot abzusetzen, und wirkt allgemein sehr beunruhigt.

Hat ein Hund länger als zwei Tage keinen Stuhlgang, sollte er unbedingt zum Tierarzt gebracht werden.

RASCHE ABHILFE Verstopfung lässt sich am schnellsten mithilfe eines Glyzerinzäpfchens beheben, wie es auch Menschen verwenden. Hierzu das Zäpfchen mit etwas Vaseline bestreichen und vorsichtig in den After einführen. Nach spätestens zehn Minuten ist das Zäpfchen geschmolzen, sodass man mit dem Hund nach draußen gehen kann und der Natur freien Lauf lässt.

Hunde mit einem Gewicht von maximal 10 kg erhalten einmal täglich ein Kinderzäpfchen, größere Hunde bekommen ein normal großes Suppositorium. Falls die Verstopfung nach ein paar Tagen nicht behoben ist, sollte der Tierarzt aufgesucht werden.

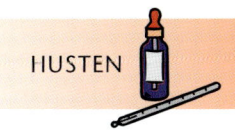

Husten

Hunde husten nicht einmal annähernd so häufig wie Menschen. Sollten sie doch einmal Husten haben, liegt dem vermutlich eine Virusinfektion oder Bronchitis zugrunde. Husten – und mit ihm auch die Ursache – geht meist innerhalb weniger Tage von allein wieder zurück.

Hunde mit Dauerhusten oder weiteren Symptomen wie Erschöpfung und Appetitlosigkeit müssen jedoch zum Tierarzt gebracht werden.

Verdachtsmomente

Infektionen. Hunde mit häufigem trockenem Husten leiden gewöhnlich unter Zwingerhusten – einer durch Viren, Bakterien oder Pilze verursachten Erkrankung. Sie ist selten schwer, doch äußerst ansteckend.

Trotz des Namens bekommen Zwingerhunde heutzutage nur noch selten diesen Husten, da für neu aufzunehmende Hunde meist ein Impfschutz verlangt wird. Wie eine Erkältung, Grippe oder andere Infektionen kann sich ein Hund fast überall einen Zwingerhusten zuziehen. Die eigentliche Infektion klingt meist innerhalb von ein bis zwei Wochen auch ohne Behandlung ab, während der Husten für mehrere Wochen fortbestehen kann. Bei Welpen oder vorerkrankten Hunden kann Zwingerhusten in eine weitere, ernstere Infektion übergehen, die tierärztlicher Behandlung bedarf.

Bronchitis. In die Lunge münden zahlreiche schmale Luftröhrenäste (Bronchien). Wenn die Bronchien gereizt werden (beispielsweise durch chemische Dämpfe, Zigarettenrauch, Haushaltssprays, Pollen oder andere Allergene), entzünden und verengen sie sich (Bronchitis). Bronchitische Hunde haben häufig einen krächzenden Husten und Atemprobleme.

Was tun?

Husten bekämpfen. Obwohl Husten meistens von allein wieder abklingt, führt das ständige Räuspern zu Halsreizungen und Müdigkeit. Frei verkäuflicher Hustensaft beendet oft bald den Husten. Empfehlenswert ist ein Prä-

Die Pollen von Riedgras (links) und Kreuzkraut (rechts) verursachen häufig Allergien und einen krächzenden Reizhusten.

parat mit dem Wirkstoff Dextromethorphan (z. B. in Wick Hustensaft® konzentriert), der chemisch dem Morphin ähnelt und direkt auf das Gehirn einwirkt, um den Hustenreflex zu unterdrücken.

Außerdem benetzt der Saft wie ein Film die angegriffenen Schleimhäute. Bei stärkerem Husten verabreicht man einem bis 5 kg schweren Hund einen halben Teelöffel, Hunden von etwa 10 kg einen Teelöffel und Hunden von 20 kg und mehr zwei Teelöffel.

Immunsystem stärken. Experten haben festgestellt, dass auch bei Hunden das Immunsystem durch Vitamin C gestärkt wird. Empfohlen werden täglich 100 mg Vitamin C für einen kleinen, 250 mg für einen mittelgroßen und zweimal täglich 500 mg für einen großen Hund.

Allerdings kann hoch dosiertes Vitamin C zu Durchfall führen. In solchen Fällen sollten Sie die übliche Dosis in etwa halbieren und eine Verbesserung abwarten.

Zum Fressen anregen. Hunde mit Zwingerhusten fressen wegen ihres wunden Halses oft nur sehr widerwillig. Dies kann zu einem Problem werden, weil sie zusätzliche Nährstoffe brauchen, um Sekundärinfektionen abwehren zu können.

Man sollte den Hund zum Fressen bewegen, indem man sein Futter leicht erwärmt, damit die freigesetzten Aromastoffe seinen Appetit anregen. Alternativ kann man auch Hühner- oder Rinderbrühe unter das Futter rühren, um das Schlucken zu erleichtern.

Für Ruhe und Behaglichkeit sorgen. Jeder Organismus verfügt nur über begrenzte Reserven, und Hunde mit Zwingerhusten müssen Energie sparen, um den Heilungsprozess zu beschleunigen.

Der Auslauf sollte in dieser Zeit minimal sein. Die Hunde sollten feuchte und kalte Luft meiden, um nicht den Übergang zu einer ernsteren Erkrankung wie etwa Lungenentzündung zu riskieren.

Für saubere Luft sorgen. Obwohl Bronchitis nicht durch Reizstoffe aus der Luft verursacht wird, führt das Einatmen von Pollen, Staub oder auch von Parfüm unweigerlich zu einer Verschlimmerung.

Besonders häufiges Saubermachen reduziert die Menge der die Lunge reizenden Schwebstoffe. Auch die Verwendung eines Ozonspenders kann den Anteil von Staub und Pollen in der Luft verringern.

Kopfhalter anschaffen. Auch Hunde, die von einem Husten genesen, indem sie fast den

BESTIMMTE RASSEN

Pekinesen (links), Bulldoggen und andere mopsnasige Rassen unterliegen wegen der ungewöhnlich schmalen Atemwege in ihrem relativ flachen Kopf einem erhöhten Risiko für Atemwegsinfektionen. Hinzu kommt, dass die Erkrankung bei diesen Hunden oft eine schwerere Verlaufsform zeigt als bei langschnauzigen Rassen.

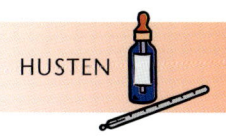

GUTER RAT

Gelegentlicher Husten ist kein Grund zur Sorge. Aber Hunde, die plötzlich viel husten (vor allem nachts oder nach körperlicher Anstrengung), müssen sofort zum Tierarzt, da es sich um eines der Hauptsymptome der Stauungsinsuffizienz handelt.

In diesem Fall ist die Pumpleistung des Herzens reduziert, sodass sich Flüssigkeit in der Lunge sammelt und ein Dauerhusten entsteht. Hunde, die an einer Stauungsinsuffizienz leiden, benötigen in der Regel Medikamente, mit deren Hilfe die überschüssigen Flüssigkeiten wieder abgebaut werden können. Auch eine Umstellung der Ernährung kann manchmal erforderlich sein, etwa auf salzarme Kost.

Stauungsinsuffizienz wird beispielsweise durch Herzwürmer verursacht. Diese werden durch Stechmücken übertragen, erreichen eine Länge von bis zu 30 cm und lassen sich schließlich in Herz und Lunge nieder, wo sie deren Funktion beeinträchtigen.

Experten bevorzugen den Kopfhalter gegenüber dem Geschirr, weil dieses nur sehr wenig Kontrolle bietet.

RASCHE ABHILFE Einer der Gründe für den Husten liegt darin, dass die empfindliche Halsschleimhaut im Zuge einer Infektion austrocknet. Dem lässt sich mithilfe eines Raumluftbefeuchters oder mit Duftlämpchen begegnen. Das Inhalieren feuchter Luft wirkt gegen den Husten und erleichtert die Atmung. Durch Zugabe von ein bis zwei Tropfen Eukalyptusöl oder etwas Salbe mit Kampfer und Menthol weiten sich die Bronchien, sodass der Hund besser atmen kann.

ganzen Tag vor sich hinschlummern, müssen gelegentlich doch einmal nach draußen. Bei Bronchitis kann aber bereits der geringste Zug an der herkömmlichen Halsleine einen Hustenanfall provozieren.

Eine gute Alternative zum Halsband ist ein Geschirr oder ein Kopfhalter. Beide ermöglichen die Kontrolle über den Hund, ohne seinen empfindlichen Hals zu belasten.

Ein Kopfhalter bietet eine hervorragende Kontrolle, ohne die empfindliche Halsschleimhaut zu reizen.

61

Schuppen

Wenn der Hund Schuppen bekommt, wird dies vielfach verharmlost, da Schuppen nicht wehtun und scheinbar keine Folgeprobleme daraus entstehen. Dabei sind Schuppen ein deutlicher Anhaltspunkt dafür, dass an anderer Stelle etwas nicht stimmt.

Verdachtsmomente

Trockene Haut. Die meisten Hunde mit Schuppen haben eine auffallend trockene Haut. Bei manchen Hunden ist dies nur im Winter der Fall, denn die Schuppen gehen in den feuchteren Frühlings- und Sommermonaten wieder zurück. Andere Tiere wiederum leiden an der so genannten trockenen Seborrhö, d. h., sie besitzen von Natur aus eine trockene Haut.

Schuppen verursachen keine Symptome, wohl aber trockene Haut, denn sie kann extrem jucken.

Ernährungsprobleme. Die im Futter enthaltenen Nährstoffe versorgen die inneren Organe, Muskeln, das Blut und andere Teile des Körpers. Die Haut bildet gleichsam das Schlusslicht und zeigt daher zuerst Ernährungsprobleme an.

Für eine gesunde Haut benötigen Hunde vor allem Fettsäuren, die im Fertigfutter meist reichlich vorhanden sind, doch manche Hunde benötigen einfach mehr. Außerdem kommt es vor, dass Selbstgekochtes oder No-Name-Produkte nicht genügend Fettsäuren, hautfreundliche B-Vitamine und Mineralien wie Zink enthalten.

Seltenes Baden oder Bürsten. Hunde müssen zwar nicht so häufig baden wie Menschen, doch bei langen Deckhaaren oder dichter Unterwolle wird die Haut weniger gut belüftet, sodass sich Schuppen bilden können. Außerdem geben die Talgdrüsen ihre Ladung nicht immer gleichmäßig ab. Hunde, die nicht sehr oft gebadet oder gebürstet werden, können trockene Haut mit vereinzelter Schuppenbildung bekommen.

Schilddrüsenprobleme. Schuppen deuten gelegentlich auf eine Unterfunktion der Schilddrüse hin (Hypothyreoidismus). Weitere Symptome sind Gewichtszunahme, dünneres Fell und Mattheit.

Tägliches Bürsten verteilt die natürlichen Hautfette im Fell dieses Border Collies und hält es gesund und schuppenfrei.

Was tun?

Haut feucht halten. Die meisten Hunde müssen höchstens einmal monatlich gebadet werden. Hunde mit Seborrhö benötigen jedoch jede Woche entsprechende Shampoos, bis die Symptome abklingen. Danach muss man die Tiere alle zwei bis vier Wochen baden.

Saisonaler Schutz. Hunde, die nur in den trockenen Monaten unter Schuppen leiden, benötigen kein medizinisches Shampoo, sondern nur etwas Feuchtigkeit.

Zum Waschen verwendet man ein Pflegeshampoo, gefolgt von einer Schaumspülung und einem Befeuchtungsspray. Sinnvoll ist darüber hinaus auch der Einsatz eines Raumluftbefeuchters, den es in jedem Baumarkt gibt.

Täglich bürsten. Bürsten bewirkt mehr als nur ein ansehnliches Fell, denn es verteilt die vorhandenen Fette auf der Haut und verhindert damit die Schuppenbildung. Bürsten regt außerdem die Talgdrüsen zu vermehrter Ausscheidung an.

Mehr Fettsäuren. Das im Futter enthaltene Fett sollte man durch die Zugabe von Fettsäuren (z. B. aus Fisch-, Distel- oder Erdnussöl) ergänzen: Bei Hunden bis 15 kg können Sie täglich einen halben Teelöffel Öl untermengen, bei größeren Hunden bis zu einem Esslöffel.

Diese zusätzlichen Gaben helfen allerdings nur bei ohnehin hochwertiger Ernährung. Aus diesem Grund empfehlen die meisten Tierärzte ausschließlich Markenfutter.

ÜBERFLÜSSIGE PRÄPARATE

Fettsäurepräparate können bei verschiedenen Hautproblemen sehr hilfreich sein, beispielsweise bei trockener Haut und bei Schuppen. Nach Ansicht der Tierärzte reicht eine hochwertige Grundernährung meist aus, um dieses Problem schnell in den Griff zu bekommen.

Allerdings sind Fettsäurepräparate nicht gerade preiswert: Wenn man die Kosten für derartige Präparate zum Preis eines billigeren Fertigfutters addiert, kommt man auf den gleichen Betrag wie für ein hochwertigeres Futter. Man erspart sich also Arbeit und Einkaufswege, wenn man gleich ein hochwertiges Markenfutter wählt.

RASCHE ABHILFE Leichten Schuppenbefall kann man oft stoppen, indem man den Hund mit kaltem Wasser abspült. Dadurch wird die oberste Hautschicht abgetragen, die aus abgestorbenen Partikeln besteht. Zugleich verringert sich der Juckreiz spürbar.

DURCHFALL

Jeder Hund bekommt gelegentlich einmal Durchfall – sei es aufgrund eines empfindlichen Magens, einer Schwäche für Abfälle oder eines erstaunlichen Erfindungsreichtums, wenn er an den Inhalt von Dosen und Tüten gelangen will. In den meisten Fällen bedeutet Durchfall nicht mehr als die natürliche Art, Dinge loszuwerden, die der Hund nicht hätte fressen sollen.

Durchfall klingt fast immer nach ein bis zwei Tagen wieder ab. Ist dies nicht der Fall, kann der Hund sehr krank werden – entweder aufgrund eines verborgenen Leidens oder weil er durch zu großen Flüssigkeitsverlust austrocknet (dies gilt vor allem für Welpen und ältere Hunde). In beiden Fällen ist ein Gang zum Tierarzt nötig.

Verdachtsmomente

Ernährungsfehler. Abfälle sind nicht die einzigen Durchfallauslöser. Viele Hunde vertragen zum Beispiel keine Milch, da ihnen das Enzym Laktase fehlt, das den in Milchprodukten enthaltenen Zucker (Laktose) verdaut. Auch fettreiche Speisereste sind häufig eine Ursache für Durchfall.

Anderes Futter. Obwohl Hunde ein erstaunlich robustes Verdauungssystem besitzen, können sie sich nicht gut auf eine plötzlich veränderte Ernährung einstellen. Hunde, die nach Jahren unvermittelt etwas Neues aufgetischt bekommen, leiden oft mehrere Tage an Durchfall, bis sich ihr Magen auf den Wandel eingestellt hat.

Wurmbefall. Parasiten wie Spul-, Haken-, Band- und Peitschenwürmer können den Darm reizen und zu einem Überschuss an Flüssigkeiten führen, die nicht richtig resorbiert werden können und in Form von wässrigem Stuhl ausgeschieden werden.

Infektionen. Durchfall wird häufig durch bakterielle Infektionen verursacht, doch auch virale Infektionen wie beispielsweise Grippe können einen weichen, wässrigen Stuhl nach sich ziehen.

Nahrungsmittelallergien. Bisweilen reagieren Hunde, die über Jahre hinweg ein bestimmtes Futter gut vertragen haben, plötzlich allergisch auf einen seiner Bestandteile. Da die Hersteller außerdem die Zusammensetzung des Fertigfutters regelmäßig verändern, reagiert der Hund vielleicht empfindlich auf eine der neuen Zutaten. Eine Nahrungsmittelallergie äußert sich meist in Form von Hautsymptomen, gelegentlich auch durch Verdauungsbeschwerden.

Zu viel fressen. Erwachsene Hunde haben damit meist kein Problem, doch junge Hunde, die zu viel fressen (oft nicht mehr als die vom Hersteller empfohlene Menge), bekommen Durchfall, weil ihr Verdauungssystem überlastet ist. In den ersten vier bis fünf Monaten sollte man Welpen daher mindestens dreimal täglich füttern, denn ihr kleiner Magen muss häufiger gefüllt werden.

Knochen. Hunde lieben Knochen – eine häufig unerwiderte Liebe. Bereits kleine Hunde können Knochen in tausend Stücke zerbeißen, die dann zu Darmreizungen führen.

Was tun?

Zeit zur Genesung. Durchfall tritt nur auf, wenn der Darm die aufgenommene Nahrung nicht akzeptiert. Zur Entlastung und Beruhigung des Darms kann man den Hund für 24 Stunden auf Nulldiät setzen (Welpen für acht Stunden).

Ein Tag ohne feste Nahrung ist kein Problem, doch Hunde brauchen stets Wasser (vor allem nach einem Durchfall, der dem Körper sehr schnell viel Flüssigkeit entziehen kann). Manche Tierärzte empfehlen ein isotonisches Getränk; Hunde mögen den Geschmack und trinken häufig mehr davon.

Die Elektrolyte ersetzen darüber hinaus die mit dem Durchfall ausgeschwemmten Mineralstoffe.

Schonkost. Unabhängig von der jeweiligen Ursache ist bei Durchfall der Verdauungstrakt immer überlastet und muss zur Ruhe kommen. Tierärzte empfehlen leicht verdauliches Futter, beispielsweise mageres Rinderhack und gekochter Reis zu gleichen Teilen, bis sich der Stuhl wieder verfestigt hat. Garen Sie hierzu das Rinderhack in etwas Wasser und entfernen Sie nach dem Abkühlen das erstarrte Fett. Reichen Sie täglich drei bis vier kleine Portionen der Hack-Reis-Mischung – wiederholen Sie dies drei bis vier Tage lang oder bis der Stuhl wieder die ge-

NATURHEILMITTEL

Als es noch keine raffinierten Tests und hochmodernen Medikamente gab, benutzten die Tierärzte diverse Naturheilmittel zur Bekämpfung des Durchfalls.

Manche Tierärzte schwören auf zuckerfreies Johannisbrotkernmehl, das zu gleichen Teilen mit Wasser verrührt wird. Verabreichen Sie zwei- bis viermal täglich und maximal drei Tage lang einen halben bis zwei Teelöffel von der Mischung.

Zerstoßenen Knoblauch verwendet man seit Jahrhunderten sowohl gegen Infektionen als auch gegen Parasiten; offenbar wirkt er auch gut gegen Durchfall. Verabreichen Sie maximal ein- bis dreimal täglich und maximal drei Tage lang einen viertel bis halben Teelöffel.

Ulmenrinde in Kapselform beruhigt wirksam den Darm des Hundes: Empfohlen wird zweimal täglich eine halbe Kapsel für einen kleinen, zweimal täglich eine Kapsel für einen mittelgroßen und zweimal täglich zwei Kapseln für einen großen Hund.

zuckerfreies Johannisbrotkernmehl plus Wasser

Knoblauch

Ulmenrindenkapseln

wohnte Konsistenz hat. Danach kann man durch Beimischen der Schonkost allmählich wieder zur gewohnten Ernährung des Hundes zurückkehren.

Wurmbefall ermitteln. Gelegentlicher Durchfall ist sehr oft ernährungsabhängig und kein Grund zur Sorge. Dagegen wird fortdauernder oder wiederholter Durchfall häufig durch Würmer verursacht.

Würmer (oder Teile derselben) werden gelegentlich im Stuhl oder im Fell rund um den After sichtbar, oder sie werden bei der tierärztlichen Stuhluntersuchung entdeckt. Die meisten Wurmarten lassen sich mithilfe rezeptpflichtiger oder frei verkäuflicher Medikamente leicht beseitigen.

Das Problem bei der Wurmbekämpfung auf eigene Faust besteht jedoch darin, dass die rezeptfreien Mittel nur bei bestimmten Würmern wirken.

Darmflora unterstützen. Im Darmtrakt leben zahlreiche nützliche Organismen, die den Verdauungsprozess fördern. Bei Hunden, die an einer Infektion leiden oder aus anderen Gründen Antibiotika bekommen, ist die Darmflora oftmals reduziert, was zu Durchfall führen kann.

Rasche Hilfe bieten lebende Jogurtkulturen: Verabreichen Sie diese durch tägliches Unterrühren von etwas Jogurt oder in Form von Acidophiluskapseln (je nach Größe des Hundes täglich ein bis drei Stück).

Einer Futtermarke treu bleiben. Hunde langweilen sich nicht, wenn sie stets das gleiche Futter fressen. Außerdem arbeitet ihre Verdauung dadurch ideal. Bei einer Umstellung der Futtermarke sollten Sie in den ersten Tagen das neue mit dem gewohnten Futter vermengen, damit sich Magen und Darm allmählich umgewöhnen können.

Fettzufuhr begrenzen. Auch wenn Hunde sich nicht um Cholesterin und verstopfte Arterien sorgen müssen, kann eine zu fettreiche Ernährung dennoch problematisch sein. Im Gegensatz zu Eiweiß und Kohlenhydraten ist Fett nämlich recht schwer verdaulich. Ungewohnte plötzliche Fettzufuhr kann den empfindlichen Stoffwechsel stören und Durchfall verursachen.

Zu viel Fett ist nur dann ein Problem, wenn man seinen Hund mit zahlreichen Leckereien in Form fettreicher Fleischreste füttert.

RASCHE ABHILFE Mittel wie Pepto-Bismol wirken schnell gegen Darmreizung und verfestigen außerdem den Stuhl. Bisweilen werden anderthalb Teelöffel Pepto-Bismol pro 7 kg Gewicht zwei- bis dreimal täglich empfohlen.

Pepto-Bismol und Kaopektat wirken rasch und können dazu beitragen, Durchfall zu beseitigen. Sie können aber auch die Dauer verlängern, die der Körper benötigt, um die Ursache für den weichen Stuhl zu beseitigen – worin auch immer sie bestehen mag. Der Einsatz dieser und vergleichbarer Mittel sollte daher mit dem Tierarzt abgesprochen werden.

Übermäßiger Durst

Wasser löscht den Durst des Hundes, reguliert die Körpertemperatur, fördert die Verdauung und schmiert das Gewebe. Dass ein gesunder Hund zu viel trinkt und deshalb krank wird, ist sehr unwahrscheinlich.

Anders verhält es sich dagegen mit dem Durstgefühl: Hunde, die plötzlich Unmengen von Wasser trinken – sie zeigen eine so genannte Polydipsie –, tun dies aus ganz bestimmten Gründen. Inzwischen haben Tierforscher mehr als 60 teils potentiell gefährliche Erkrankungen identifizieren können, die den Hund dazu treiben, mehr zu trinken, als er eigentlich darf und muss.

Verdachtsmomente

Nierenerkrankungen. Wenn die Nieren den Wasserhaushalt des Körpers nicht regulieren können, trinkt der Hund mehr, scheidet aber die gesamte Flüssigkeit wieder aus.

Diabetes. Bei der Zuckerkrankheit produziert die Bauchspeicheldrüse entweder nicht genug Insulin oder die Wirkung des körpereigenen Insulins ist gestört. In beiden Fällen steigt der Blutzuckerspiegel und der Hund trinkt viel, um das normale Gleichgewicht von Zucker und Wasser aufrechtzuerhalten.

Hohe Außentemperaturen. Hunde, die bei heißem Wetter viel draußen sind, leiden

ANZEICHEN FÜR AUSTROCKNUNG (DEHYDRATION)

Hunde, die Unmengen Wasser trinken, müssten innerlich eigentlich einem triefend nassen Schwamm gleichen, doch das Gegenteil ist der Fall: Häufig trocknen

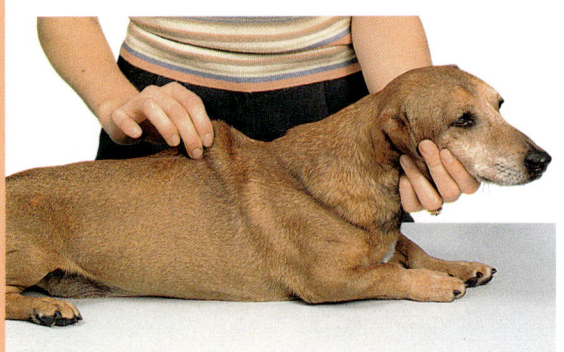

sie aus, weil eine verborgene Krankheit dem Körper trotz ihres Flüssigkeitskonsums das Wasser entzieht.

Um eine mögliche Austrocknung festzustellen, hebt man die Haut in der Nähe des Nackens an und beobachtet, wie rasch sie wieder in die Ausgangsposition zurückschnellt. Dies sollte innerhalb weniger Sekunden geschehen. Bei einem dehydrierten Hund bewegt sich die Haut langsam oder gar nicht zurück. Da dies auf einen stark angegriffenen Wasserhaushalt hindeutet, muss der Hund unverzüglich zum Tierarzt gebracht werden.

schnell unter Flüssigkeitsmangel und konsumieren häufig gewaltige Mengen Wasser, um nicht zu überhitzen.

Stress. Verängstigte oder unglückliche Hunde trinken aus unerfindlichen Gründen häufig viel Wasser. Möglicherweise lenkt das Trinken ab und beruhigt sie. Je mehr Sorgen man sich macht, desto mehr werden sie trinken, denn sie ziehen dadurch Aufmerksamkeit und Zuwendung auf sich.

Hormonstörungen. Hormone sind für das selbstregulierende, dynamische Gleichgewicht (Homöostase) der Körperflüssigkeiten, chemischen Substanzen und Nährstoffe verantwortlich. Wenn der Hormonhaushalt (etwa durch die Cushing-Krankheit oder Schilddrüsenüberfunktion) gestört ist, wird der Hund zum Ausgleich sehr viel Wasser (gelegentlich bis zu vier Liter) trinken.

Was tun?

Wasserkonsum kontrollieren. Da man den Trinknapf des Hundes meist gedankenlos einfach mit Wasser füllt, lässt sich oft nicht genau sagen, ob das Tier mehr trinkt als gewöhnlich. Daher sollten Sie für einige Tage zum Messbecher greifen und nach 24 Stunden die verbliebene Wassermenge ermitteln. Erkundigen Sie sich bei Ihrem Tierarzt, ob der festgestellte Wasserkonsum vertretbar ist.

Ernährung umstellen. Wie man inzwischen weiß, können unter Diabetes leidende Hunde häufig von einigen schlichten Veränderungen der Ernährung profitieren. Am einfachsten tischen Sie täglich mehrere kleine anstatt einer großen Mahlzeit auf. Auf diese Weise

gelangt der Zucker nur allmählich in die Blutbahn, sodass Blutzuckerspitzen vermieden werden. Auch Abspecken kann sinnvoll sein, denn diabetische Hunde, die nachhaltig Gewicht verlieren, brauchen bisweilen weniger Insulin. In manchen Fällen muss ihnen gar kein Insulin mehr zugeführt werden.

Da Diabetes nicht einfach zu behandeln ist, sollten jegliche Änderungen der Ernährung und jede Arzneimittelgabe nur nach Absprache mit dem Tierarzt erfolgen.

RASCHE ABHILFE Es ist ganz in Ordnung, dass ein Hund bei heißem Wetter viel trinkt – wenn Sie nicht vergessen, den Trinknapf zu füllen, bevor Sie morgens zur Arbeit fahren. Bei einem Hund, der viel draußen ist, empfiehlt sich die Anschaffung eines flachen Kinderplanschbeckens, sodass er reichlich trinken und sich jederzeit abkühlen kann.

Ein mit Wasser gefülltes flaches Planschbecken ist ein extragroßer Trinknapf und sorgt an einem heißen Tag für Unterhaltung.

Speicheln

Über das Speicheln hören die Tierärzte so manche Klagen. Ihr Rat ist schlicht und einfach: Lernen Sie, damit zu leben. Fast alle Hunde speicheln, wenn sie sich aufregen oder erregt auf das Frühstück warten – und manche Hunde speicheln fast immer. Viel mehr, als ihnen eine Serviette umzubinden, können Sie nicht tun.

Wenn sich die Speichelgewohnheiten des Hundes allerdings erst seit kurzem verändert haben, sie also plötzlich mehr »sabbern« als sonst, dann deutet sich darin ein anderes Problem an.

Verdachtsmomente

Magenerweiterung. Dieser gefährliche Zustand, von dem gewöhnlich große Hunde mit tiefer Brust betroffen sind, tritt ein, wenn sich der Magen plötzlich mit Luft füllt und ausdehnt und dabei womöglich gegen größere Baucharterien drückt.

Verdacht auf eine Magenerweiterung besteht, wenn der Hund nach dem Fressen speichelt und der Magen geschwollen und ungewöhnlich straff wirkt. Sie sollten in einem solchen Fall sofort einen Tierarzt aufsuchen, da innerhalb weniger Stunden der Tod des Hundes eintreten kann.

Eine häusliche Therapie ist nicht möglich, doch kann man dem Hund mehrere kleine Mahlzeiten anstatt einer großen reichen. Außerdem sollte man dem Hund eine Stunde vor und nach stärkerer körperlicher Betätigung keine größeren Mengen an Futter und Wasser geben.

Fremdkörper im Maul. Beim Menschen verstärkt sich der Speichelfluss, wenn sich der Zahnarzt ans Werk macht. Denn alles, was in den Mund gelangt – sei es ein Stück Obst oder ein Bleistiftende –, setzt die Speicheldrüsen in Gang. Gleiches gilt für Hunde, die häufig zu speicheln beginnen, wenn sich etwas (nicht selten ein Stück Holz oder Knochen) in ihrem Maul verfängt.

Zahnprobleme. Hunde haben kaum Karies, doch mehr als 80 % aller Hunde kennen Zahnfleischentzündungen, die wiederum zu vermehrtem Speichelfluss führen. Weitere Symptome sind Mundgeruch und in manchen Fällen eine Kauhemmung. Auch ein beschädigter Zahn kann den Speichelfluss anregen.

Übelkeit. Hunde speicheln häufig bei verdorbenem Magen. Nach einer Autofahrt entdeckt man womöglich feuchte Stellen im Polster. Hunde, die unter Übelkeit leiden, wirken häufig unruhig und hecheln stark.

Vergiftungen. Hunde fühlen sich oft von Dingen wie beispielsweise Haushaltsreiniger oder Frostschutzmittel angezogen. Starkes Speicheln kann das erste

Ein Geschirrtuch reicht bei speichelfreudigen Hunden als Serviette vollkommen aus.

GUTER RAT

In Ländern, die eine Tollwutimpfung vorschreiben, kommt diese Krankheit bei Hunden nur noch selten vor – falls doch einmal, dann ist starkes Speicheln eines der ersten Zeichen. Tollwut wird hier zu Lande vor allem durch Füchse übertragen, sodass nicht geimpfte, oft herumstreunende Hunde verstärkt gefährdet sind.

Tollwut ist nicht nur für den betroffenen Hund, sondern auch für Kontaktpersonen und andere Tiere ein Notfall. Tollwutverdacht (auch bei fremden Hunden) muss unverzüglich gemeldet werden.

Zeichen für eine Vergiftung sein. Weitere Symptome sind Erbrechen, Taumeln und Atemnot. Die meisten Vergiftungen lassen sich gut behandeln – jedoch nur wenn man sofort Hilfe holt.

Was tun?

Genau hinschauen. Meist ist es leicht, Gegenstände zu erkennen, die sich im Maul verfangen haben, vor allem mit einer kleinen Taschenlampe. Werfen Sie einen Blick zwischen die Zähne, am Zahnfleisch entlang, unter die Zunge und auf den Gaumen.

Solange der Hund dies zulässt, können Sie kleine Objekte mit den Fingern oder einer robusten Pinzette entfernen. Da es jedoch nicht leicht ist, dem Hund gleichzeitig das Maul aufzuhalten und ihn zu untersuchen, gibt man ihm am besten einen Tennisball, der gleichsam als dritte Hand fungiert.

Für manche Hunde ist das Herumstochern in ihrem Maul äußerst beunruhigend. Falls Sie etwas im Maul sehen, es jedoch nicht herausbekommen, sollten Sie unbedingt den Tierarzt aufsuchen.

Griff zum Handtuch. Speicheln ist oft eine ganz natürliche Angewohnheit des Hundes. Man sollte sich damit abfinden und stets ein Handtuch in Reichweite haben.

 **RASCHE ABHILFE** Manche Hunde leiden unter Reisekrankheit. Übelkeit lässt sich schlecht abstellen, doch gut mit Dimenhydrinat (Dramamine®) verhindern, das man etwa eine Stunde vor Reiseantritt verabreicht: 12,5 mg für kleine und 25–50 mg für mittelgroße und große Hunde. Bei Hunden mit Glaukom oder Blasenleiden ist eine vorherige Absprache mit dem Tierarzt erforderlich.

BESTIMMTE RASSEN

Hunde mit großen, fleischigen Lefzen wie Bernhardiner und Basset Hound scheinen besonders stark zu speicheln. Da sich bei ihnen aufgrund ihrer Anatomie der Speichel im Mund ansammelt, verkleckern sie genauso viel, wie sie hinunterschlucken – und das ist sehr viel, obwohl sie auch nicht mehr Speichel produzieren als andere Rassen.

Ohrenausfluss

Hundeohren sind von Natur aus geschützt, denn ihr zum Trommelfell führender Gehörgang ist nicht waagerecht und gerade, sondern L-förmig gekrümmt. Diese Konstruktion verhindert eine Beschädigung des Trommelfells durch Fremdkörper, ist aber zugleich eine perfekte Nische für Ohrenschmalz, Feuchtigkeit, Bakterien und andere Organismen, die zu Entzündungen und Ausfluss führen.

Verdachtsmomente

Wasser in den Ohren. Bakterien und Hefepilze gedeihen bei Feuchtigkeit und finden in feuchten Ohren einen idealen Lebensraum. Hunde mit braunem, grünem oder weißem, womöglich leicht blutigem Ohrenausfluss

UNERWARTETES RISIKO

Da eine Ohrenentzündung schmerzhaft sein kann, empfehlen Tierärzte bisweilen Antibiotika, die jedoch in einzelnen Fällen leider Ausfluss verursachen können.

Falls die Ohren des Hundes nach Beginn der Behandlung nässen, liegt womöglich eine Allergie gegen das Antibiotikum vor. In der Regel geschieht dies bei Salben mit dem Wirkstoff Neomycin.

leiden höchstwahrscheinlich an einer Infektion, die mit Antibiotika bekämpft werden muss.

Allergien. Bei manchen Hunden nässen die Ohren ausschließlich im Frühling und Sommer, und zwar nicht nur weil dies die Badesaison ist, sondern auch aufgrund einer Allergie. Hunde mit Heuschnupfen entwickeln manchmal Ohrenschmalz und Juckreiz, gefolgt von nässenden Entzündungen.

Fremdkörper. Alles, was die Ohren reizt, kann zu Ohrenausfluss führen. Bei Hunden, die viel draußen sind, gelangen schon einmal kleine Zweige, Kletten oder sogar Steinchen in den

Hunde, die sich viel im Wasser aufhalten, haben häufig entzündete Ohren. Schütteln und Kratzen helfen nur kurzfristig.

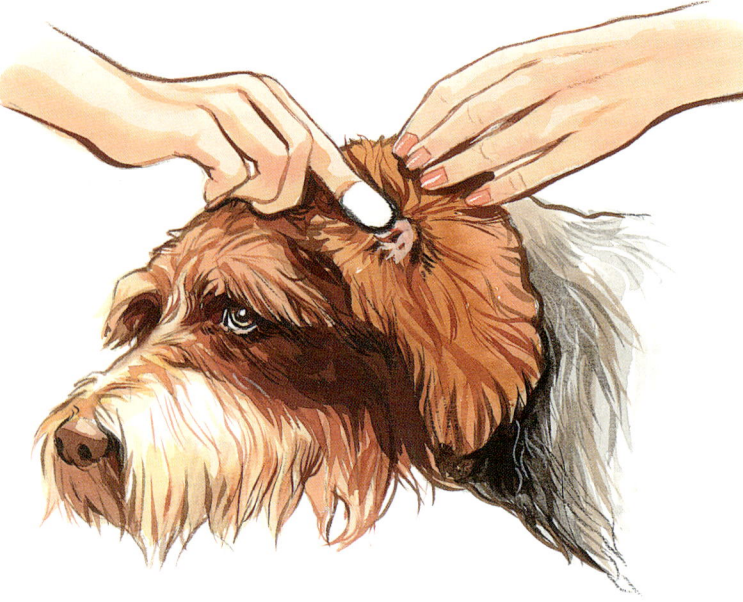

Infektionen lassen sich vermeiden, indem man den Gehörgang des Hundes regelmäßig ausspült und mit um den Finger gewickeltem Mull vorsichtig trockentupft.

Gehörgang. Noch schlimmer ist das Fuchsschwanzgras, dessen begrannte Deckspelzen weiche Haut durchstechen und eine schmerzhafte, von Ausfluss begleitete Entzündung verursachen können.

Was tun?

Feuchtigkeit entfernen. Das Innenohr des Hundes ist immer sehr feucht, auch wenn er nicht gerade im Wasser war. Leichtes Trocknen wirkt gegen die Ansiedelung von Mikroorganismen. Mischen Sie hierzu Essig, Alkohol und Wasser zu gleichen Teilen und träufeln Sie die Mischung per Kolbenspritze in den Gehörgang ein: Der Alkohol tötet die Bakterien, und der

Essig schafft durch einen veränderten pH-Wert ein ungünstiges Milieu für Infektionen.

Bei wunden Stellen oder bei Schnittwunden im Ohr sollte man den Alkohol weglassen, denn er könnte so große Schmerzen verursachen, dass der Hund Ihnen dies vielleicht für immer übel nimmt. Anschließend werden die Ohren mit einem Stück Verbandmull trockengetupft.

Bei Hunden, die viel Zeit im Wasser verbringen, kann man auf diese Weise regelmäßig Infektionen vorbeugen. Geht eine Entzündung nach ein paar Tagen nicht zurück, sollten Sie besser den Tierarzt aufsuchen.

BESTIMMTE RASSEN

Hunde mit großen, schweren Ohren wie Basset Hound oder Bloodhound sind besonders anfällig für Entzündungen, da ihre Ohren nicht gut belüftet werden. Aufgrund ihrer markanten Ohrbehaarung sind auch Cockerspaniel, Pudel und Schnauzer stärker gefährdet. Dies gilt außerdem für alle Wasser liebenden Rassen wie Labrador Retriever und Irish Setter (rechts).

Wasser abhalten. Anstatt Infektionen zuzulassen und sie dann zu bekämpfen, sollte man die Ohren vor dem Baden oder Kopfwaschen mit einem Wattebausch verschließen (am besten erst eine Seite waschen und dabei die Ohrmuschel herunterdrücken).

Allergien behandeln. Pollen lassen sich unmöglich ganz abhalten, doch ein Hund mit Heuschnupfen zeigt meist weniger Symptome, wenn man ihn vom Allergieauslöser fern hält, etwa indem man mit ihm in einem dünn bepflanzten Stadtpark anstatt durch blühende Wiesen und Felder spazieren geht – auch wenn diese Lösung alles andere als perfekt ist. Auch sollte man den Hund in den Spitzenzeiten (meist frühmorgens und abends) im Haus lassen. Sobald weniger Pollen eingeatmet werden, klingen die Ohrenprobleme meist ab.

Hunde mit einer Nahrungsmittelallergie haben bisweilen auch Probleme mit den Ohren. Falls sich im Winter, im Frühling oder im Sommer Ausfluss bildet, kommt ein Allergietest in Frage. Um die Identifizierung des Allergieauslösers zu erleichtern, kann eine mehrwöchige Spezialdiät erforderlich werden.

Ohrenhaare entfernen. Bei manchen Hunden ist das Innere der Ohrmuschel stark behaart, sodass sich dort Ohrenschmalz, Schmutz und Feuchtigkeit ansammeln. Wenn man einzelne Haarbüschel vorsichtig mit der Pinzette auszupft, dann sollte man keinesfalls zu weit in Richtung Trommelfell vordringen. Der Hund verträgt diese Prozedur meist besser, wenn man

sie über mehrere Tage hinweg aufteilt. Enthaarungscremes kommen wegen der empfindlichen Ohrenschleimhäute nicht in Frage!

RASCHE ABHILFE Manche der für den Ohrenausfluss verantwortlichen Entzündungen sind schmerzhaft. Der Hund reagiert darauf vielleicht mit stundenlangem Ohrenkratzen und Kopfschütteln. Hier können einige entzündungshemmende Ohrentropfen helfen; sie wirken örtlich betäubend und schmerzlindernd, ersetzen jedoch nicht den Gang zum Tierarzt.

Verschließen Sie vor einem Bad die Ohren des Hundes mit einem Wattebausch, damit keine Feuchtigkeit in die Gehörgänge eindringen kann.

Veränderte Augenfarbe

Unabhängig von der Farbe ihres Fells haben die meisten Hunde dunkle Augen. Die Hornhaut, der vordere Teil des Augapfels, lässt das Licht zu der hinter ihr liegenden Linse gelangen. Hornhaut und Linse sind normalerweise durchsichtig. Es gibt jedoch einige Erkrankungen, die eine gräuliche oder bläuliche Trübung dieser komplexen Zellschichten bewirken können.

BESTIMMTE RASSEN

Chihuahuas haben stark hervortretende Augen, die Wind und Wetter verstärkt ausgesetzt sind und daher leicht Feuchtigkeit verlieren. Pekinesen leiden häufig an Augenentzündungen. Grauer und grüner Star sind bei Pudeln gängig.

Verdachtsmomente

Trockene Augen. Die Augenfarbe wird durch die erzeugte Tränenmenge beeinflusst. Mit zunehmendem Alter trocknen die Augen etwas aus, und ihre Oberfläche (die Hornhaut) kann infolge nachlassender Tränenproduktion eine bläuliche Färbung annehmen.

Glaukom. Der »grüne Star« ist eine ernste Erkrankung. Sie ist durch einen erhöhten Augeninnendruck gekennzeichnet, der mit der Zeit das Sehvermögen beeinträchtigt. Ein Glaukom kann von allein

Die Augen eines an grauem Star erkrankten Hundes wirken bläulich und trübe.

oder infolge einer Augenverletzung entstehen. Man sollte auf eine oberflächliche blaue Schicht achten, die den Blick auf die darunter liegende Pupille trübt.

Katarakt (»grauer Star«). Mit zunehmendem Alter verhärtet sich die Linse oftmals ein wenig und beginnt kleine Mengen an Licht zu blockieren. Die Augen werden trübe und können eine graue, blaue oder blauweiße Färbung annehmen.

Besonders anfällig sind Hunde, die an Diabetes erkrankt sind.

Kernkatarakt. Auch diese Erkrankung ist eine häufige Alterserscheinung bei Hunden. Die Augen sind überaus effizient bei der Bildung neuer Zellen, weniger jedoch beim Abbau der alten, verbrauchten Zellen, sodass sich die Augenlinse durch die Ansammlung abgestorbener Zellen stärker verdichtet.

Ein Kernkatarakt beeinträchtigt das Sehvermögen kaum, bewirkt aber eine leicht bläuliche Verfärbung der Pupille.

Hornhautperforation. Falls sich ein Auge leicht blau verfärbt hat und der Hund blinzelt

oder blutunterlaufene Augen hat, ist eine Beschädigung der Hornhaut wahrscheinlich.

Was tun?

Augen feucht halten. Hunde mit trockenen Augen brauchen die gleiche Therapie wie Menschen: ein- bis zweimal täglich ein paar Tropfen künstliche Tränen. Meist reicht dies aus, obwohl bei gravierenderen Symptomen ein chirurgischer Eingriff erforderlich sein kann, um den normalen Tränenfluss wiederherzustellen.

Sonnenschutz. Trotz ihrer zerbrechlichen Anatomie sind die Augen überraschend robust, und auch eine perforierte Hornhaut verheilt meist recht gut von allein. Da das Auge in der Zwischenzeit allerdings sehr lichtempfindlich ist, sollte man dem Hund eine Schirmmütze aufsetzen.

Ist nach einem Tag keine Besserung eingetreten, sollten Sie sicherheitshalber den Tierarzt konsultieren.

Geordneter Alltag. Obwohl eine veränderte Augenfarbe meist nicht zur Erblindung führt, kann sie das Sehvermögen beeinträchtigen.

Hunde, die schlecht sehen, merken sich ihre Umgebung. Daher sollte man die Möbel nicht allzu häufig umstellen und keine Gegenstände auf dem Boden herumliegen lassen. Ein Stapel Bücher kann für solch einen Hund zum Beispiel

GUTER RAT

Hunde, deren Augen sich bläulich verfärben, büßen meist nur etwas an Sehkraft ein, doch im Fall einer Augentrübung ist der sofortige Gang zum Tierarzt erforderlich. Ein Glaukom, das häufig mit einer Augentrübung einhergeht, kann unbehandelt rasch zur Erblindung führen. Weitere Ursachen für trübe Augen sind Augenentzündungen, aber auch Bluthochdruck und Krebs.

Aus diesem Grund sollte man eine Augentrübung grundsätzlich als Alarmsignal ansehen. Suchen Sie in diesem Fall unverzüglich den Tierarzt auf, sodass im Notfall rasche Hilfe gewährleistet ist.

Eine Schirmmütze sieht nicht nur gut aus, sondern schützt vor allem vorgeschädigte Augen.

ein unerwartetes Hindernis darstellen. Treppen sperrt man am besten mit einem ausreichend hohen Babygitter ab.

Sicher ist sicher. Eine Veränderung der Augenfarbe rechtfertigt grundsätzlich den Gang zum Tierarzt. Meist jedoch gehört dies ohne weitere Folgen einfach zum normalen Alterungsprozess. Außerdem benötigt ein Hund wegen seiner anderen, sehr effektiven Sinne nicht unbedingt ein hundertprozentiges Sehvermögen. Ein grauer Star oder andere geringfügige Sehschwächen bestehen häufig bereits jahrelang, bevor sie überhaupt auffallen.

Augenausfluss

Hundeaugen werden förmlich von wässrigen Tränen überflutet, die die Oberfläche des Auges sauber halten und »schmieren«. Die Tränen hinterlassen feuchte oder klebrige Rückstände – die bekannten Tränenstreifen in den Augenwinkeln.

Vorsicht ist angesagt, wenn der Tränenfluss plötzlich erhöht ist oder sich ein zäher oder grünlicher Ausfluss bildet. Die meisten Augenprobleme sind zwar nicht gravierend und klingen von allein wieder ab, können aber in der Zwischenzeit sehr quälend sein. Manche Verletzungen und Entzündungen der Augen ziehen sogar ohne rasche Behandlung Dauerschäden nach sich. Ausfluss aus nur einem Auge ist meist weniger bedenklich, doch sicher ist sicher: Konsultieren Sie Ihren Tierarzt, falls nach ein bis zwei Tagen keine Besserung eintritt. Sollte kein gravierendes Problem vorliegen, wird er Ihnen empfehlen, die Augen mehrmals täglich mit einer Salzlösung auszuspülen, um eine kleine Verletzung oder leichte Entzündung zu behandeln.

Verdachtsmomente

Beschädigte Hornhaut. Die Hornhaut – der vordere, durchsichtige Teil des Augapfels – kann durch herabhängende Zweige, Staubkörner und sogar Grassamen leicht beschädigt werden. Gewöhnlich verheilen die Kratzer schnell, mitunter wird dieser Prozess aber auch von einem heftigen wässrigen Ausfluss begleitet, der auch entstehen kann, wenn

sich ein Schmutzpartikel hinter der Nickhaut, dem im Augenwinkel befestigten »dritten Augenlid«, verfängt.

Während manche Verletzungen und Entzündungen der Augen keiner Behandlung bedürfen, kann eine nicht therapierte Hornhautentzündung (Keratitis) zur Erblindung führen. Symptome sind Augenausfluss, eine milchige, trübe Verfärbung der durchsichtigen Partie des Augapfels und eventuell Blinzeln.

Bindehautentzündung. Das Innere der Augenlider wird von einer hauchdünnen Membran – der Bindehaut – bedeckt. Jede Reizung der Bindehaut, etwa durch Allergien, führt zu einer Rötung der Augen. Auch das Innere des unteren Augenlids ist gerötet; größere Blutgefäße werden im Weiß des Augapfels sichtbar.

Viele Hunde leiden in der Pollensaison unter leichten Allergien und reagieren vielfach auf die gleichen Allergene wie zahlreiche Menschen, etwa auf Baum- oder Graspollen. Anzeichen für eine Allergie sind rote, wässrige Augen und ein

BESTIMMTE RASSEN

Mops, Bulldogge (unten) und Pekinese sind besonders anfällig für Augenentzündungen, da die Haare bei diesen Rassen häufiger in Augenrichtung wachsen, was zu Reizungen und gelegentlich zu Entzündungen führt.

überaktives Hinterbein (Juckreiz). Die virale oder bakterielle Bindehautentzündung kann sehr leicht von einem Hund auf den nächsten übergehen.

Trockene Augen. Die meisten Hunde produzieren genügend Tränen, doch bei manchen älteren Hunden ist dies nicht mehr der Fall. Keratoconjunctivitis sicca (»trockenes Auge«) geht mit trockenen, gereizten Augen und einem klebrigen, zähen Ausfluss einher.

Entropium. Bei manchen Hunden schmiegen sich von Geburt an die Augenlider nicht so eng an den Augapfel an, wie sie es eigentlich sollten. Die Folge ist eine Einstülpung des Lidrands, wobei die nach innen gerichteten Wimpern ständig gegen den Augapfel bürsten und eine Reizung und Ausfluss verursachen. Einen dauerhaften Therapieerfolg bietet allein eine chirurgische Straffung des Lidrands, die jedoch erst im Erwachsenenalter durchgeführt werden kann. In der Zwischenzeit können Augentropfen verschrieben werden, um die Symptome dieses auch als »Rollauge« bezeichneten Leidens zu lindern.

Was tun?

Augen spülen. Unabhängig von der Ursache für den Ausfluss lindert eine Spülung mit einer konservierungsmittelfreien Salz- oder Kontaktlinsenlösung sehr schnell Juckreiz: Träufeln Sie mehrmals täglich ein bis zwei Tropfen von der Lösung in jedes Auge. Durch die reflektorische Lidbewegung verteilen sich die Tropfen dann auf der gesamten Oberfläche.

Hunde mit leichter Bindehautentzündung können auch mit einer speziell für die Augen

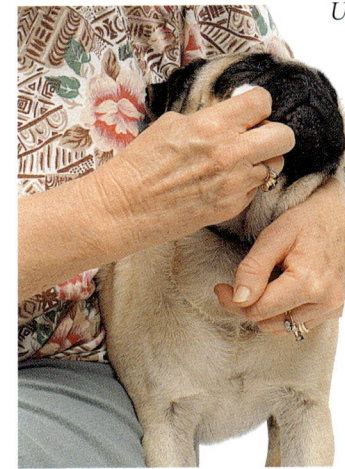

Um zu verhindern, dass sich Ausfluss ansammelt und die Augen reizt, wird dieser Mops täglich mit einem weichen, feuchten Tuch behandelt.

konzipierten verdünnten Borsäurelösung behandelt werden, die reinigend und leicht antiseptisch wirkt.

Ausfluss fortwischen. Vermeiden Sie auf jeden Fall, dass sich Augenausfluss ansammelt und eventuell die empfindliche Augenschleimhaut reizt. Ausfluss lässt sich leicht entfernen, indem man die Augenregion täglich mit einem feuchten Tuch oder Wattebausch säubert. Verwenden Sie keine Seife, um die Augen nicht zu reizen.

Jucken und Reiben verhindern. Hunde bearbeiten bei Augenreizungen gewöhnlich die Augen mit den Pfoten oder reiben sie am Boden oder gegen Möbelstücke. Reiben und Scheuern schaffen kurzzeitig Linderung, verschlimmern jedoch meist zugleich das eigentliche Problem. In diesen Fällen empfiehlt sich das Anlegen eines Trichterkragens (»Halskrause«), um den Heilungsprozess nicht zu stören.

Schutzvorkehrungen. Augenreizungen klingen oft nur langsam ab, weil die Augen weiterhin Wind und Wetter ausgesetzt sind. Hunde,

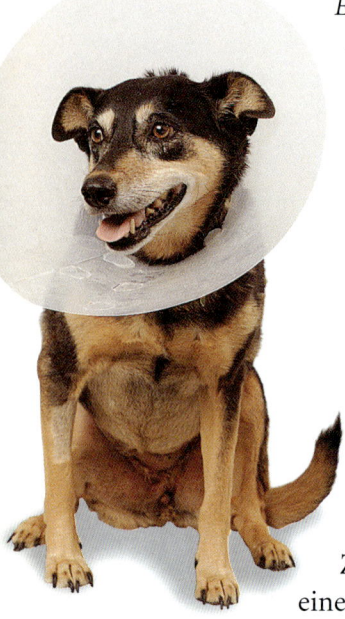

Ein Trichterkragen ist nicht schön, schützt aber wirksam die entzündeten Augen.

die viel draußen sind, bekommen reichlich Sonnenlicht, Wind und Schmutzpartikel ab, die in die Augen eindringen und das Gewebe austrocknen und reizen. Mit dem Herumtollen sollte man daher warten, bis der Ausfluss zurückgegangen ist und sich die Augen erholt haben. In der Zwischenzeit hilft vielleicht eine Hundebrille.

Augen spülen. Das »trockene Auge« muss vom Tierarzt mit rezeptpflichtigen Medikamenten behandelt werden. Gegen die lästigen Symptome wird Ihnen der Tierarzt vielleicht künstliche Tränen empfehlen, die Sie Ihrem Hund mehrmals täglich einträufeln können.

Beweise nicht vernichten. Augen sind sehr empfindlich. Geht der Ausfluss nach ein paar Tagen nicht zurück, ist ein Gang zum Tierarzt notwendig. Verpassen Sie Ihrem Hund jedoch vorher keine Schönheitskur, denn der Ausfluss bietet dem Tierarzt einen unverzichtbaren Hinweis auf die Ursache und bestmögliche Behandlung des Problems.

Ein Medikament, das bei einem bestimmten Problem an den Augen gut wirkt, kann in einer anderen Situation jedoch gefährlich sein. Erkundigen Sie sich daher bei Ihrem Tierarzt, bevor Sie Ihren Hund mit mehr als nur einer einfachen Salzlösung behandeln.

RASCHE ABHILFE Hunde mit stark behaarter Augenregion können bereits mit leichtem Ausfluss Probleme haben: Die zwischen den Haaren eingeschlossenen Tränen ziehen Schmutz und Staub an und lassen einen trockenen Grieß entstehen, der zu Reizungen und Entzündungen des Auges führen kann. Damit die Tränen besser abfließen können, sollten Sie die Haare rund um die Augen regelmäßig sauber halten und kämmen oder mit einer stumpfen Schere stutzen.

SCHÖNHEITSFEHLER

Hunde vergießen ständig Tränen, die jedoch bei dunklem Fell häufig nicht sichtbar sind. Dagegen haben Hunde mit weißem Fell bisweilen dunkle Tränenstreifen unter den Augen; sie entstehen, wenn die Tränenpigmente (Porphyrine) oxidieren und beim Austrocknen eine rote oder bräunliche Färbung annehmen. Porphyrine sind völlig harmlos, lassen sich aber schlecht entfernen, was auch sehr unangenehm für den Hund ist.

Tränenstreifen sind vermeidbar, indem Sie die Haare rund um die Augen regelmäßig nachschneiden und die Augenregion mindestens einmal täglich sauber wischen. Vorhandene Tränenstreifen lassen sich mithilfe von Diamond Eye entfernen, das die Augen nicht reizt.

Gerötete Augen

Das Weiß des Auges – die Lederhaut (Sclera) – wird von einem Geflecht aus winzigen Blutgefäßen durchzogen. Rote, blutunterlaufene Augen bedeuten, dass etwas die Blutgefäße beschädigt hat, sodass sie anschwellen. Meist ist dies nicht gravierend, doch da innerorganische Probleme und Verletzungen eine Augenrötung verursachen können, sollten Sie Ihren Tierarzt konsultieren, falls nach ein bis zwei Tagen keine Besserung eingetreten ist.

Ob der Rötung eine Verletzung oder eine Erkrankung zugrunde liegt, lässt sich gut unterscheiden: Innere Probleme führen meist zu einer beidseitigen, Verletzungen jedoch nur zu einer einseitigen Augenrötung.

Hunde fahren gern im Cabrio mit, doch Fahrtwind und Schmutzpartikel können die Augen reizen.

Verdachtsmomente

Fremdkörper. Die Nickhaut, das »dritte Augenlid« der Hunde, dient dem Schutz der Augen, doch gelegentlich verklemmen sich Grannen, Grassamen oder andere Fremdkörper hinter der Nickhaut und werden kratzend über den Augapfel geschoben. Fremdkörper sind die häufigste Ursache für blutunterlaufene Augen.

Allergien. Hunde mit Heuschnupfen bekommen im Frühling und Sommer, also in der Zeit der höchsten Pollenkonzentration, häufig gerötete Augen. Bei kälterer Witterung können Staub und Schimmelpilze bei Hunden zu Allergien und Augenrötungen führen.

Fahrtwind. Viele Hunde kennen nichts Schöneres, als den Kopf aus dem fahrenden Auto zu strecken und sich den Wind um die Ohren wehen zu lassen. Der Fahrtwind zaubert ihnen eine Unmenge aufregender Gerüche vor die Nase; zugleich aber trocknet und reizt er die Augen und verursacht somit häufig Rötungen.

Infektionen. Augenentzündungen können von allein entstehen oder infolge einer Reizung, die das Einnisten schädlicher Organismen erleichtert. Häufig wird das Innere der Augenlider (die Bindehaut) befallen. Bei Hunden mit Bindehautentzündung geht die Augenrötung oft mit einem wässrigen Ausfluss einher.

Was tun?

Augen spülen. Tierärzte empfehlen, die Augen mit einer speziellen Salzlösung auszuspü-

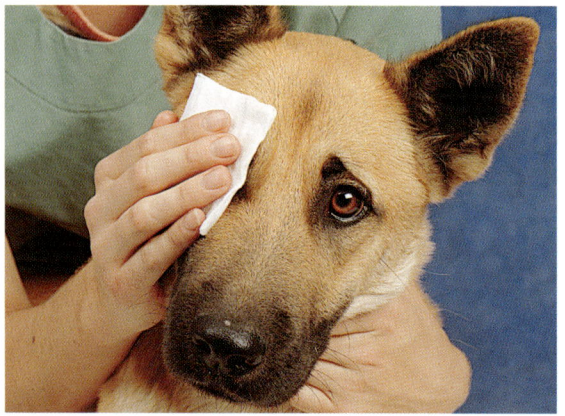

Eine vorsichtig aufgetragene warme Kompresse wirkt schmerz- und entzündungslindernd.

len, egal ob die Rötung durch Allergien oder Fremdkörper bedingt ist. Dies lindert die Reizung und schwemmt zugleich Partikel aus, die vielleicht mit bloßem Auge nicht zu erkennen sind. Verfahren Sie wie folgt:

Füllen Sie eine Kolbenspritze mit Salzlösung. Legen Sie den Kopf des Hundes in den Nacken und halten Sie das Auge mit Daumen und Zeigefinger geöffnet. Spritzen Sie einen schwachen Strahl der Lösung auf das Auge. Das überschüssige Wasser können Sie mit Watte oder einem sauberen Tuch fortwischen.

Innerhalb eines Tages nehmen die Augen meist wieder ihre gewohnte Farbe an. Falls nicht, sollten Sie Ihren Tierarzt zurate ziehen.

Nach Antibiotika erkundigen. Da Augenrötungen häufig durch Infektionen verursacht werden, empfiehlt Ihnen der Tierarzt oft eine antibiotische Augensalbe. Manche Symptome werden durch Antibiotika bereits nach einem Tag gemildert, obwohl die Salbe bis zu einer Woche lang verwendet werden muss, um die

Infektion zu beseitigen. Antibiotika wirken allerdings nur gegen Bakterien, nicht gegen Viren und andere Mikroorganismen.

**RASCHE ABHILFE** Ein Hund, dessen Augen durch Wind oder Sonne gereizt wurden, ist nach Auftragen einer warmen Kompresse rasch wieder der Alte. Tauchen Sie hierzu ein Haushaltstuch in warmes Wasser, wringen Sie es aus und halten Sie es einmal täglich für ein paar Minuten gegen die Augen.

GUTER RAT

Das Augengewebe wird ständig vom Kammerwasser umspült. Mit zunehmendem Alter des Hundes können sich jedoch die winzigen Austrittsöffnungen zusetzen, wodurch der Augeninnendruck ansteigt (Glaukom). Diese Erkrankung, die rasch zu einer Schädigung des Auges führen kann, wird meist mit verschreibungspflichtigen Medikamenten behandelt.

Ein Glaukom entsteht in den meisten Fällen ganz allmählich, doch mitunter kann der »grüne Star« auch innerhalb nur weniger Tage auftreten.

Ein Hund, dessen Augen am Vortag noch normal waren, nun aber gerötet sind und hervortreten, muss unverzüglich zum Tierarzt gebracht werden. Dies gilt besonders für ältere Hunde, Cockerspaniel oder Basset Hound, die für dieses »schnelle« Glaukom anfällig sind.

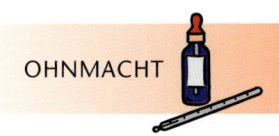

Ohnmacht

Ein aufgeregter oder verängstigter Hund fällt nicht gleich in Ohnmacht. Bewusstlosigkeit entsteht vielmehr, wenn die Sauerstoffversorgung des Gehirns vorübergehend verlangsamt oder unterbrochen wird – entweder durch eine mechanische Blockade der Atemwege oder wenn das den Sauerstoff transportierende Blut aus irgendeinem Grund nicht bis zum Gehirn gelangt.

Verdachtsmomente

Herzprobleme. Die häufigsten Ursachen für eine Ohnmacht sind vermutlich Herzkrankheiten, vor allem der so genannte Herzblock – eine Verzögerung oder Unterbrechung der Erregungsausbreitung im Reizleitungszentrum des Herzens.

Obstruktion der Atemwege. Wenn ein Fremdkörper in der Luftröhre festsitzt, wird das Gehirn oft nicht ausreichend mit Sauerstoff versorgt. Dies kann bei Boxer, Bulldogge und Mops ein besonderes Problem sein, da sie eine vergleichsweise enge Luftröhre besitzen.

Chemische Dämpfe. Manche Hunde reagieren empfindlich auf die Ausdünstungen von Anstrichfarben und anderen chemischen Substanzen, die bei entsprechend hoher Konzentration unweigerlich zur Ohnmacht führen. Dämpfe, die stark genug sind, um eine Bewusstlosigkeit hervorzurufen, schädigen manchmal auch die Lungen. Suchen Sie deshalb sofort einen Tierarzt auf.

Unfälle und Erkrankungen. Ein Hund kann mitunter erst Tage oder Wochen nach einer Kopfverletzung in Ohnmacht fallen. Außerdem kann Epilepsie mit gelegentlichen Ohn-

GESTÖRTES GLEICHGEWICHT

Gelegentlich kann es passieren, dass ein Hund plötzlich umkippt und über den Boden zu rollen beginnt. Obwohl es den Anschein hat, er sei kurzzeitig ohnmächtig geworden, ist meistens das Gleichgewichtszentrum gestört. Ein rätselhaftes Phänomen, das idiopathische vestibuläre Syndrom, behindert den Vestibularapparat – den für den Gleichgewichtssinn zuständigen Teil des Nervensystems.

Den Grund für dieses Leiden kennt man noch nicht. In den USA glaubte man eine Zeit lang, es werde durch Fressen von Blauschwanzechsen verursacht – bis man herausfand, dass die meisten betroffenen Hunde noch nie ein solches Tier gesehen und erst recht nicht gefressen hatten. Heute gehen die Forscher von einem chemischen Ungleichgewicht der Lymphflüssigkeit im Innenohr aus.

Der Anfall wirkt zwar beängstigend, ist aber gewöhnlich nicht weiter schlimm: Der Gesundheitszustand der meisten Hunde ist nach drei bis fünf Tagen wiederhergestellt.

machtsanfällen einhergehen. Dies gilt auch für an Diabetes leidende Hunde, deren Blutzuckerspiegel stark gesenkt ist.

Narkolepsie. Hunde, die an dieser unheilbaren, doch meist medikamentös behandelbaren neurologischen Erkrankung leiden, können ohne jegliche Vorwarnung kollabieren und in einen tiefen Schlaf verfallen. Narkolepsie ist gewöhnlich nicht gefährlich, manchmal tritt in dieser Situation jedoch ein folgenschwerer Schlaganfall ein.

Was tun?

Atemwege kontrollieren. Ein ohnmächtiger Hund kann ernsthaft krank sein. Bevor Sie den Tierarzt kontaktieren, sollten Sie dennoch einige Dinge überprüfen, um ihm ein genaueres Bild zu vermitteln:

• Prüfen Sie die Farbe des Zahnfleisches. Blasses oder bläuliches Zahnfleisch signalisiert, dass das Gehirn des Hundes nicht ausreichend mit Sauerstoff versorgt wird.

• Ertasten Sie den Puls. Dies gelingt am besten an der Innenseite des Oberschenkels dicht unterhalb des Rumpfs. Falls kein Puls spürbar ist, muss der Hund so rasch wie möglich zum Tierarzt gebracht werden. Da Sauerstoffmangel bereits nach fünf Minuten zu bleibenden Hirnschäden führen kann, ist zunächst die Atmung wieder in Gang zu setzen (eine illustrierte Anleitung finden Sie auf Seite 45).

• Prüfen Sie durch einen Blick ins Maul, ob die Luftröhre blockiert wird. Entfernen Sie einen eventuellen Fremdkörper mit den Fingern, oder führen Sie den Heimlich-Handgriff

Bewusstlosigkeit wird durch unzureichende Sauerstoffversorgung des Gehirns verursacht. Ein Blick auf das Zahnfleisch bietet rasch Klarheit: Es sollte rosa sein. Blasses oder bläuliches Zahnfleisch signalisiert, dass der Körper nicht ausreichend mit Sauerstoff versorgt wird.

durch (siehe Seite 50). Falls genügend Zeit bleibt, sollten Sie sich vorher ein Paar derbe Handschuhe überstreifen, denn Sie könnten gebissen werden.

Für frische Luft sorgen. Ein Hund, der plötzlich umkippt, während Sie Ihr Wohnzimmer renovieren und Tapeten anstreichen, hat höchstwahrscheinlich die Ausdünstungen der Farbe nicht vertragen. Bringen Sie ihn am besten nach draußen an die frische Luft. In der Regel wird sich der Hund erholen, falls ihm nichts Ernstes fehlt. Kontaktieren Sie zur Vorsicht Ihren Tierarzt.

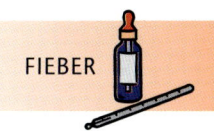

Fieber

Eine dauerhaft erhöhte Körpertemperatur kann gefährlich sein. Die meisten Hunde kommen mit Fieber jedoch gut zurecht, zumal es sogar die Verbreitung von Keimen im Körper erschweren kann.

Fieber gehört zum natürlichen Heilungsprozess. Meist wollen wir dieses Symptom rasch überdecken, anstatt zuzulassen, dass der Körper sich auf diese Weise selbst hilft.

Natürlich kann bereits leichtes Fieber dazu führen, dass sich der Hund heiß und elend fühlt. Zahlreiche Tierärzte empfehlen daher fiebersenkende Maßnahmen bei einer Körpertemperatur von über 39 °C.

Verdachtsmomente

Infektionen. Ein fiebernder Hund leidet fast immer unter einer bakteriellen oder viralen Infektion (Erkältung, Grippe). Besorgtes Befühlen der Hundestirn hilft aber nicht weiter, denn Hunde sind von Natur aus heißblütiger als Menschen. Ihre Temperatur lässt sich allein mithilfe eines Rektalthermometers ermitteln.

Hyperthermie. Bei der Erzeugung von Wärme verhält sich der Körper ähnlich wie ein Verbrennungsmotor: Ein Hund, der durch körperliche Betätigung oder Aufregung auf Touren kommt, hat häufig eine leicht erhöhte »Betriebstemperatur«. Und da ein Hund die Körperwärme nicht so effizient abgeben kann wie der Mensch, wird er noch lange danach stark hecheln oder ungewöhnlich matt wirken. Diese Art »Fieber« ist selbstverständlich kein Problem

SCHON GEWUSST?

Kann man an der Hundenase Fieber ertasten?

Eine feuchtkalte Nase gilt oft als Zeichen guter Gesundheit, während eine warme Nase scheinbar Krankheit bedeutet. Es wäre schön, wenn sich Fieber allein durch einen Griff an die Hundenase erkennen ließe, doch das funktioniert nicht.

Eine feuchte Nase ist lediglich ein Hinweis auf eine feuchte Nase – nicht mehr. Hunde mit Fieber haben gelegentlich eine trockene, warme oder aber – mit der gleichen Wahrscheinlichkeit – eine feuchte Nase. Genau lässt sich Fieber bei einem Hund leider nur mithilfe eines Rektalthermometers feststellen.

– es sei denn, die Körpertemperatur steigt auf mehr als 40 °C (Gefahr eines Hitzschlags). Hunde mit Hitzschlag müssen unverzüglich zum Tierarzt gebracht werden.

Was tun?

Den Hund beobachten. Ein fiebernder Hund sucht instinktiv nach einer kalten Oberfläche. Bereits nach einer halben Stunde an einem kühlen Ort kann die Temperatur um etwa 0,6 °C zurückgehen, was für den Hund bereits sehr viel ist. Sie können Ihrem Hund rascher helfen, indem Sie seinen Instinkten vertrauen und ihn dort ruhen lassen, wo es ihm behagt.

Ein Hund mit erhöhter Temperatur bevorzugt naturgemäß eine kühle Unterlage wie beispielsweise diesen Linoleumboden.

Fieber bedeutet nicht unbedingt, dass es dem Hund warm ist. Da es ihn bisweilen auch frösteln kann, sollten Sie sich nicht wundern, wenn er am Morgen auf den kühlen Badezimmerfliesen liegt und sich am Abend vor der Heizung im Wohnzimmer zusammenrollt.

Fieber mit Aspirin senken. Am einfachsten senkt man Fieber mit Aspirin. Man gibt am besten pro 10 kg Gewicht eine Tablette (100 mg) ein- bis zweimal täglich.

Da manche Hunde jedoch Aspirin nicht gut vertragen, sollten Sie dies mit Ihrem Tierarzt abklären, bevor Sie dem Hund eine Dosis davon verabreichen. Greifen Sie auf keinen Fall zu verwandten Medikamenten wie Paracetamol oder Ibuprofen, da diese für Hunde gefährlich sein können.

Kräutertherapie ausprobieren. Das Purpursonnenhutkraut (Echinacea) ist dafür bekannt, dass es den Körper bei der Infektabwehr

REKTALE TEMPERATURMESSUNG

Für den Mund vorgesehene Thermometer verbieten sich bei einem Hund wegen der Splittergefahr. Auch die modernen Ohrthermometer funktionieren nicht, da die Signale aufgrund des L-förmigen Gehörgangs nicht direkt zum Trommelfell gelangen können. So bleibt nur die rektale Temperaturmessung.

Fetten Sie hierzu das Rektalthermometer mit Vaseline ein und führen Sie es ungefähr bis zur Hälfte in den After ein. Nach rund drei Minuten können Sie das Thermometer wieder herausziehen, sauber wischen und ablesen: Die Normaltemperatur bei Hunden liegt zwischen 37,5 und 39 °C. Alles darüber bedeutet Fieber.

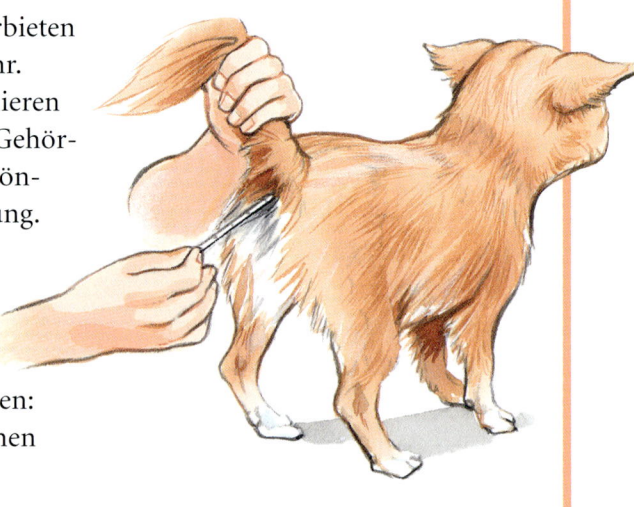

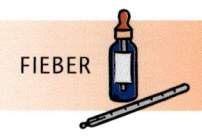

RASCHE ABHILFE Fieber lässt sich rasch senken, indem man dem Hund ein feuchtes Handtuch auf den Bauch legt. Einen größeren Hund kann man auch ein bis zwei Minuten lang vorsichtig mit dem Gartenschlauch abspritzen.

Außerdem können Sie einen Wattebausch in Isopropylalkohol tränken und damit den Hundebauch kurz einreiben: Der Alkohol verdunstet fast sofort und kühlt die Haut (entzündete Stellen selbstverständlich meiden!).

unterstützt. Es wirkt nicht rasch fiebersenkend, sondern bekämpft das eigentliche Problem und senkt damit das Fieber auf natürliche Weise. Mit Kräutertherapien vertraute Tierärzte empfehlen 12–20 Tropfen einer schwach oder nicht alkoholischen Echinaceatinktur pro 10 kg Gewicht zwei- bis dreimal täglich.

Reichlich Wasser anbieten. Ein überhitzter Hund kann sehr schnell lebenswichtige Körperflüssigkeiten verlieren. Stellen Sie daher mehr Wasser bereit als sonst.

Falls der Hund nicht trinken will, sollten Sie versuchen, ihm mittels einer Spritze zwischen den Lefzen ein wenig Wasser einzuflößen. Spritzen Sie dabei jedoch nicht nach hinten in den Rachen, da sonst Wasser in die Luftröhre gelangen kann.

Zusätzlich können Sie ein isotonisches Getränk verabreichen, um die bei Fieber häufig verminderten Elektrolyte zu ersetzen.

Die Temperatur können Sie einfach senken, indem Sie den Bauch des Hundes mit einem in Isopropylalkohol getränkten Wattebausch abreiben. Der rasch verdunstende Alkohol kühlt die Haut und wirkt damit fiebersenkend.

Blähungen

Im Verdauungstrakt sind zahlreiche Enzyme und Bakterien am Werk, um die aufgenommene Nahrung des Hundes in verwertbare Energie zu verwandeln. Dabei ist eine Gasbildung vollkommen natürlich.

Ungewöhnlich zahlreiche oder besonders übel riechende Gase deuten jedoch auf eine gestörte Darmfunktion hin.

Verdachtsmomente

Wurmbefall. Blähungen sind häufig ein Zeichen für Würmer. Am häufigsten kommen Band- und Spulwürmer vor; sie reizen die Darmwand und stören somit die Verdauung. Würmer werden als weiße Flecke oder spagettiartige Stränge im Stuhl sichtbar und sind zwar meist nicht gefährlich, doch können sie mehr als nur Blähungen verursachen.

Verbotenes Futter. Hunde unterscheiden nicht immer zwischen offenen Abfallkübeln und ihrem Fressnapf. Verdorbenes, anrüchiges Futter übt einen unweigerlichen Reiz auf sie aus. Je länger rohes Fleisch der Luft ausgesetzt war, desto mehr werden Hunde davon angezogen.

Fertigfutter. Das handelsübliche Hundefutter enthält vielfach Bohnen, Kleie, Weizenvollkorn und Fett – Substanzen, die allesamt nur schwer von den Verdauungsenzymen aufgeschlossen werden können. Unvollständig verdautes Futter sammelt sich im Grimmdarm an und gärt dort unter intensiver Gasbildung.

Nahrungsmittelallergien. Hunde, die auf bestimmte Futterbestandteile allergisch reagie-

GUTER RAT

Blähungen sind derart normal, dass Tierärzte eher darüber scherzen, als sich zu sorgen. Dennoch bedarf ein plötzlicher, länger als ein paar Tage anhaltender Anstieg der Gasbildung einer tierärztlichen Untersuchung.

Um Zeit zu sparen und die Arbeit des Veterinärs zu erleichtern, sollte man eine frische Stuhlprobe entnehmen, bevor man das Haus verlässt: So lassen sich Würmer und andere Parasiten oder unverdaute Fette – ein Zeichen für Probleme mit der Bauchspeicheldrüse – feststellen.

ren (häufig auf Sojaprotein), können nicht effizient verdauen und haben häufig starke Blähungen, eventuell begleitet von Durchfall.

Um das Futter zu prüfen, sollten Sie alles notieren, was der Hund in den 24 Stunden vor den Blähungen gefressen hat. Manchmal hilft schon die Umstellung auf die Leckerchen eines anderen Herstellers, um dem Hund zu einem etwas angenehmeren Geruch zu verhelfen.

Verschluckte Luft. In den Verdauungstrakt gelangt ständig Luft, ohne dass dies auffällt oder größere Probleme verursacht. Aber Hunde, die zu sehr schlingen, können dabei enorme Luftmengen verschlucken. Die Luft findet schon ihren Weg hinaus – und zwar häufiger, als einem lieb sein kann.

Erkrankung der Bauchspeicheldrüse.
Die Bauchspeicheldrüse (Pankreas) produziert Verdauungsenzyme. Leiden Hunde an einer Erkrankung der Bauchspeicheldrüse oder an anderen inneren Erkrankungen wie zum Beispiel Darmviren oder Krebs, haben sie häufig starke Blähungen.

Vermehrte Blähungen, die mit weichem Stuhl und Gewichtsverlust einhergehen, müssen tierärztlich abgeklärt werden. Bei Problemen mit der Bauchspeicheldrüse bestehen gute Aussichten, solange dem Hund die vom Organismus nicht mehr gebildeten Verdauungsenzyme zugeführt werden.

Was tun?

Auf darmfreundliche Ernährung umstellen. Um herauszufinden, ob vielleicht das Futter für die Gasbildung verantwortlich ist, reicht man dem Hund am besten leicht verdauliches Futter, etwa in Form von Hüttenkäse oder gekochtem Reis.

Bei einer Besserung empfiehlt sich eine dauerhafte Umstellung. Erkundigen Sie sich bei Ihrem Tierarzt nach geeignetem Fertigfutter oder Nahrungsmitteln, die Sie selbst anrichten können.

Imbiss statt Festmahl. Die beim Fressen aufgenommene Luftmenge lässt sich durch drei bis vier kleine Mahlzeiten anstelle einer Riesenportion pro Tag reduzieren. Falls Sie mehrere Hunde besitzen, sollten

Sie die Tiere getrennt füttern, um das durch Futterneid verursachte Hinunterschlingen zu stoppen.

Eliminationsdiät. Eine Nahrungsmittelallergie lässt sich leicht behandeln: Geben Sie dem Hund einfach nichts mehr von dem, worauf er allergisch reagiert, und schon verschwinden die Symptome.

Schwierig ist allerdings, dass die meisten Hunde jeden Tag alles Mögliche aufnehmen – von diversen Proteinen bis hin zu den Aromastoffen in den Kauknochen. Erkundigen Sie sich beim Tierarzt nach einer einfachen Eliminationsdiät, um die problematischen Zutaten zu ermitteln.

RASCHE ABHILFE Bei Blähungen empfehlen manche Tierärzte Verdauungsenzyme zur Förderung der Darmfunktion. Zartmacher, wie sie in der Küche für Fleisch verwendet werden, wirken ähnlich. Erkundigen Sie sich bei Ihrem Tierarzt nach eventuellen Erfahrungswerten.

Hunde, die aus gemeinsamen Näpfen fressen, neigen zum Schlingen, um möglichst keinen Bissen zu verpassen. Um den Wettbewerb (und die Blähungen) zu unterbinden, gibt man jedem Hund seinen eigenen Fressnapf.

Pfotenlecken

Es ist keine Laune der Natur, dass einige Hunde mit weißem Fell dunkle Vorderpfoten haben, was ihnen den Anschein gibt, als trügen sie Socken. Chemische Reaktionen zwischen Speichel, Sauerstoff und Haaren verfärben die Pfoten rostbraun.

Hunde mit hellem Fell können ihre Leidenschaft fürs Pfotenlecken nicht verbergen. Meist legt sich das wieder, doch manche Hunde fahren sich bei jeder Gelegenheit und bisweilen stundenlang mit der Zunge über die Pfoten.

Verdachtsmomente

Allergien. Die bei Zwergrassen besonders verbreiteten Allergien wie Heuschnupfen können die Haut irritieren und Juckreiz verursachen. Dieser ist an den Pfoten zwar nicht stärker als anderswo ausgeprägt, doch konzentrieren sich Hunde, die gegen Pollen, Schimmelpilze oder Hausstaub allergisch sind, oftmals auf die leicht erreichbaren Beine und Pfoten.

Langeweile. Hunde, die sich rasch langweilen und nicht viel Abwechslung haben, vertreiben sich manchmal mit Pfotenlecken die Zeit und bauen so Nervosität ab. Einige Hunde können einfach nicht aufhören, wie unter Zwang ihre Pfoten zu lecken oder sich in den Schwanz zu beißen. Mehr Zuwendung und Auslauf stoppen die Langeweile und lenken von den Pfoten ab. Ein echter Zwang ist Besorgnis erregend und bedarf der Behandlung durch einen Experten.

Rissige Pfotenballen. Die Ballen sind zugleich derb und elastisch, doch sie verheilen nur langsam. Hunde gehen mit diesem Problem genauso um wie mit jeder anderen Verletzung – indem sie sie gründlich ablecken.

Haarknoten. Da Hunde zwischen den Krallen sehr viele Haare haben, entstehen daraus leicht feste, kleine Knoten. Ein Hund wird stundenlang versuchen, den Haarknoten aufzubeißen, um die entstandene Hautreizung zu lindern.

Was tun?

Das Futter aufwerten. Nach Ansicht der Tierärzte stellt Juckreiz bei Hunden heute ein größeres Problem dar als noch vor Jahren. Man nimmt an, dass stark denaturiertes Fertigfutter womöglich nicht alle erforderlichen Nährstoffe

Gelegentliches Pfotenlecken ist bei Hunden normal, doch permanentes Schlecken kann auf Allergien, wunde Stellen oder auch auf Langeweile hindeuten.

WUNDER PUNKT

Hunde lecken für ihr Leben gern, was meist nicht weiter bedeutsam ist. Zu langes und zu häufiges Lecken kann jedoch zu schmerzhaften, roten, kreisförmigen Wunden führen – dem so genannten Leckgranulom. Diese Wunden verheilen manchmal nur sehr langsam und entzünden sich leider auch häufig.

Ein Leckgranulom loszuwerden stellt Hund und Herrchen auf eine lange Geduldsprobe.

Eine Feuchtigkeitscreme kann hilfreich sein und eine antibiotische Creme wirkt gegen Entzündungen. Meist aber ist ein Besuch beim Tierarzt unumgänglich.

aber nur wenige Wochen lang, denn die Pfotenballen müssen derb sein, um schützen zu können.

Haare abschneiden. Bei Hunden mit stark behaarten Pfoten sollte man die Haare zwischen den Krallen mit einer stumpfen Schere entfernen, um die mechanische Reizung zu reduzieren. Dies gilt besonders für Wohnungshunde, bei denen die Haare nicht auf natürliche Weise kurz gehalten werden.

RASCHE ABHILFE Juckreiz können Sie leicht lindern, indem Sie die Pfoten in kaltem Wasser einweichen lassen.

enthält. Bisweilen wird empfohlen, dem Hund Vitamin C zu verabreichen, das zu einer gesünderen Haut beiträgt. Hunde mit einem Gewicht von über 25 kg bekommen täglich 1000 mg Vitamin C, mittelschwere Hunde erhalten 750 mg, und Hunden bis 7,5 kg gibt man jeden Tag 250 mg.

Fischöl ist ebenfalls gut für die Haut des Hundes. Fischölkapseln sind im Zoogeschäft oder Reformhaus erhältlich. Hunde unter 7,5 kg erhalten täglich eine halbe Kapsel, Hunde zwischen 7,5–17 kg eine Kapsel, zwischen 17,5–25 kg zwei Kapseln und Hunde über 50 kg drei Kapseln täglich.

Ballen eincremen. Die Pfotenballen werden meist nur dann wund oder rissig, wenn sie trockener sind, als sie es sein sollten. Tragen Sie einmal täglich eine lanolinhaltige Lotion auf, bis die Ballen weich und geschmeidig werden –

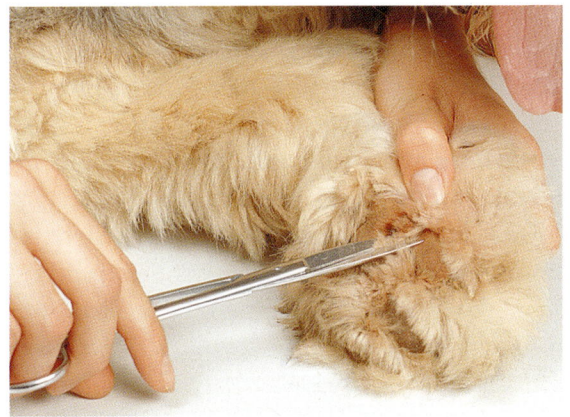

Regelmäßiges Haareschneiden zwischen den Krallen verhindert lästige Haarknoten.

Starker Haarausfall

Mit Ausnahme einiger weniger haarloser Rassen besitzen alle Hunde ein gleichmäßiges Fell, ganz unabhängig von ihrem Alter. Ein intensiver Haarwechsel erfolgt bei den meisten Hunden im Frühling und Herbst. Wenn außerhalb der Saison die Haare ungewöhnlich zahlreich oder in Büscheln ausfallen, ist meist das Haarwachstum gestört oder vorhandene Haare brechen aus irgendeinem Grund ab oder fallen aus.

Verdachtsmomente

Milben. Die Haarfollikel des Hundes werden gewöhnlich von winzigen Parasiten bewohnt, den Demodex-Milben. (Beim Menschen gibt es sie auch, und zwar in den Follikeln der Brauenhaare.) In kleiner Zahl sind Demodex-Milben harmlos, doch wenn sie sich vermehren (meist bei einer Krankheit oder Schwächung des Immunsystems), kann dies zu starkem Haarausfall führen. Dieser beginnt rund um die Augenlider, am Maul und den Vorderläufen – jeweils mit 1–3 cm großen kahlen Stellen.

Ernährungsprobleme. Die meisten Hunde erhalten mit ihrem Futter sämtliche benötigten Eiweiße und Fettsäuren. Manchmal entsteht jedoch ein Mangel – entweder weil der Hund einen besonders hohen Nährstoffbedarf hat oder weil er hauptsächlich mit Speiseresten gefüttert wird. Nährstoffmangel kann zu Haarausfall führen; er lässt das Fell matt und dünn erscheinen.

Stress. Hunde, die außerhalb der Saison zahlreiche Haare verlieren, erleben oft eine ungewöhnliche körperliche oder emotionale Belastung, etwa durch eine Krankheit oder eine Störung ihrer Lebensgewohnheiten. Meist aber wachsen die Haare rasch wieder nach und das Problem ist bald vergessen.

Flöhe. Wenn sich ein Hund buchstäblich das Fell vom Leib kratzen will, leidet er höchstwahrscheinlich unter Flöhen. Intensives Kratzen löst nicht nur die ohnehin bald ausfallenden Haare, sondern bricht auch gesunde Haare ab, wodurch die Haut fleckig wirkt.

GUTER RAT

Jede Störung des hormonellen Gleichgewichts kann dazu führen, dass das Fell des Hundes trocken, matt oder fleckig wirkt. Besonders häufig ist eine Unterfunktion der Schilddrüse (Hypothyreoidismus).

Hunde ohne genügend Schilddrüsenhormon zeigen häufig einen fleckigen, symmetrischen Haarausfall auf beiden Körperseiten. Weitere mögliche Symptome sind Mattheit und Veränderungen in puncto Appetit, Durst oder Harndrang.

Eine nicht erkannte und nicht behandelte Unterfunktion der Schilddrüse kann zu einem echten Problem werden. Im Anschluss an eine genaue Diagnose besteht aber eine gute Behandlungsmöglichkeit mit Schilddrüsenpräparaten.

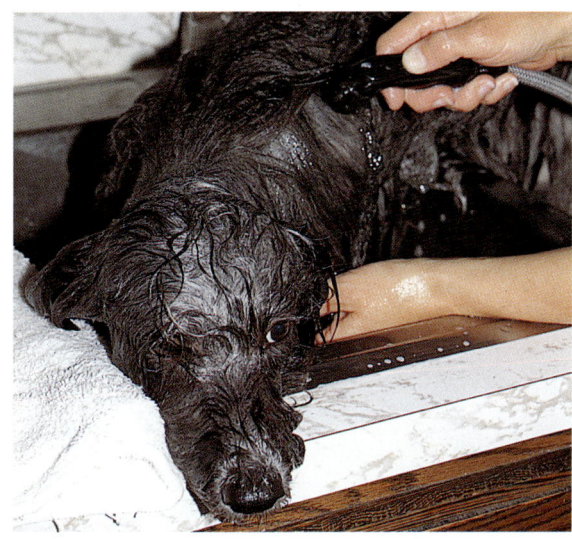

Einen gesunden Hund müssen Sie nicht übermäßig oft baden, es sei denn, Sie besuchen mit ihm Ausstellungen. Seborrhö dagegen erfordert ein wöchentliches Bad und ein Talg lösendes Shampoo.

Seborrhö. Auch dieses Leiden, bei dem die Hautzellen viel schneller als gewöhnlich absterben, abschilfern und sich auf der Haut ansammeln, führt zu Juckreiz. In der dichten Schicht aus abgestorbenen Zellen setzt sich Talg fest, der zu einem fettigen, übel riechenden Fell und zu kahlen Stellen führt, die an einen Pilzbefall denken lassen.

Was tun?

Hautpilzbefall feststellen. Ein Hautpilz lässt sich rasch ermitteln, indem man das Fell unter einer UV-Lampe betrachtet. Das Licht dieser beispielsweise im Gartencenter erhältlichen Lampen lässt die betroffenen Zonen häufig grün aufglühen.

Leider hat der Test nur eine beschränkte Aussagekraft, denn einerseits zeigen nicht alle Hautpilze dieses Glühen, und andererseits können auch im Fell vorhandene Arzneimittel oder der Körpertalg farblich reagieren.

Um Hautpilze zu bekämpfen, sollten Sie Handschuhe anziehen und die befallene Region mit einer stumpfen Schere oder mit einem Bartschneider freischneiden. Achten Sie darauf, dass Sie selbst und andere Haustiere nicht mit den Handschuhen und den abgeschnittenen Haaren in Kontakt kommen, denn Hautpilze sind für Mensch und Tier ansteckend. Behandeln Sie abschließend den gesamten Körper des Hundes mit einem fungiziden Shampoo.

Milben bekämpfen. Demodex-Milben sind harmlos, zumal sie meist von allein wieder verschwinden. In manchen Fällen verursachen sie jedoch beim Hund bakterielle Infektionen, die schmerzhafte und nur langsam abklingende Wunden nach sich ziehen.

BESTIMMTE RASSEN

Einige arktische Rassen wie Siberian Huskie und Alaskan Malamute (rechts) nehmen genetisch bedingt zu wenig Zink auf. Neben Haarausfall kann dies zu schuppigen, krustigen Hautflecken führen. Zinkpräparate verhelfen dem Fell rasch wieder zur alten Pracht.

Einem leichtem Befall durch Demodex-Milben können Sie mittels eines medizinischen Shampoos begegnen. In schwereren Fällen ist meist ein Tierarzt nötig, der vor allem die regelmäßige Behandlung mit einer starken Anti-Milben-Lösung empfehlen wird.

Flöhe beseitigen. Flöhe festzustellen ist nicht schwer, doch es bedarf vereinter Kräfte, um sie wieder loszuwerden. Hierzu kombinieren Sie am besten Flohshampoo und -puder und ergänzen sie gegebenenfalls durch orale Arzneimittel.

Wenn man Haus oder Wohnung einmal jährlich mit Pyrethrin oder Natriumpolyborat behandelt, reduziert man zugleich den Bedarf an bedenklichen Chemikalien.

Talg auflösen. Selbst Tierärzten fällt es nicht immer leicht, eine Seborrhö in den Griff zu bekommen. Man kann dabei kaum mehr tun, als den Hund mit einem speziellen Talg lösenden Shampoo zu waschen, sobald er ein fettiges, juckendes Fell bekommt.

Die meisten Hunde müssen in der Regel zwar nicht sehr oft gebadet werden, doch bei Seborrhö kann durchaus ein wöchentliches Bad erforderlich sein.

Regelmäßiges Baden ist auch gut für Hunde ohne Seborrhö, deren Fell etwas dünner ist, als es sein sollte. Waschen und Massieren fördern die Durchblutung und machen die Haut gesünder.

Hochwertiges Futter. Man muss nicht unbedingt ein Vermögen für Premiumfutter ausgeben, um das Fell des Hudes gesund zu erhalten, doch es sollte schon ein Markenfutter mit allen benötigten Nährstoffen sein. Ihr Tierarzt wird außerdem vielleicht noch Vitamine

Häufiges Bürsten hält das Fell gesund, indem es die Hautfette verteilt und die Durchblutung anregt.

und Mineralstoffe oder Fettsäurepräparate empfehlen. Erkundigen Sie sich vor der Behandlung nach einer geeigneten Kombination dieser Mittel, denn zwischen Omega-3- und Omega-6-Fettsäuren besteht beispielsweise ein empfindliches Gleichgewicht, das durch die Gabe eines falschen Öls oder von zu viel Öl gestört werden kann.

Häufiges Bürsten. Wer seinen Hund ein- bis zweimal wöchentlich bürstet, schont nicht nur seine Möbel vor herumfliegenden Haaren: Bürsten fördert auch die Durchblutung und die Produktion von Talg, der Haut und Fell schützt.

Genitaler Ausfluss

Hunde ziehen sich gelegentlich leichte Infektionen zu, die ihr Immunsystem meist schon bewältigt hat, bevor überhaupt Symptome auftreten. Bei genitalem Ausfluss kann man allerdings ziemlich sicher sein, dass der Infekt bereits gut etabliert ist. Eine Ausnahme bildet die Läufigkeit der Hündin, denn in diesem Fall ist genitaler Ausfluss ganz normal und wird innerhalb von ein bis zwei Wochen von allein wieder verschwinden.

Genitaler Ausfluss signalisiert, dass der Hund krank ist und zum Tierarzt muss. Die Infektionen sind aber nicht immer gravierend. Sie können in einem solchen Fall einiges für die Genesung Ihres Hundes tun – oder besser noch für die Infektprophylaxe.

Verdachtsmomente

Harnwegsinfekt. Vor allem beim Rüden kann ein blutiger Ausfluss auf eine Entzündung der Harnröhre hindeuten, die den Urin von der Blase durch den Penis leitet. In selteneren Fällen liegt dem blutigen Ausfluss eine Penisverletzung zugrunde. Bei der Hündin äußert sich ein Harnwegsinfekt eher durch häufiges oder schmerzendes Urinieren als durch einen blutigen Ausfluss.

Prostataentzündung. Die Prostata ist eine Drüse, deren Sekret den Hauptteil der Samenflüssigkeit bildet. Eine Entzündung kann einen gelblichen oder blutigen Ausfluss aus dem Penis verursachen. Rüden mit einer Prostataentzündung sind häufig sehr krank; Symptome sind Bauchschmerzen und Appetitlosigkeit.

Uterusinfektion. Nicht kastrierte Hündinnen bekommen manchmal eine schwere Uterusentzündung (Pyometra) mit blutigem, eitrigem Ausfluss. Sie tritt in der Regel etwa 45 bis 60 Tage nach der Läufigkeit auf, in der keine Befruchtung erfolgte.

Hündinnen, die kurz zuvor entbunden haben, können sich ebenfalls eine Uterusentzündung zuziehen, wenn ein Teil der Plazenta zurückbleibt und sich dort zahlreiche Bakterien ansiedeln. Gewöhnlich führt dies zu einem übel riechenden Scheidenausfluss, der zunächst wässrig und leicht gerötet ist und zunehmend zähflüssiger, brauner und eitriger wird. Wenn eine

Manche frisch gebackenen Hundemütter leiden an einer Uterusinfektion (Pyometra), die mit genitalem Ausfluss einhergeht.

frisch gebackene, bisher fürsorgliche Hunde-mutter plötzlich ihre Welpen vernachlässigt oder nicht fressen will, stimmt etwas nicht.

Fehlgeburt. Trächtige Hündinnen bekom-men manchmal kurz vor der Fehlgeburt einen meist blutigen und mitunter leicht eitrigen Ausfluss. Die Natur reagiert so auf embryonale Fehlbildungen und Infektionen des Uterus, die sonst lebensbedrohlich wären.

Was tun?

Sofort handeln. Tritt ein genitaler Ausfluss auf, ist die zugrunde liegende Infektion ver-mutlich bereits weiter fortgeschritten. Da diese lebensbedrohlich sein kann, sollten Sie unver-züglich einen Tierarzt aufsuchen. Uterusin-fektionen werden gewöhnlich mit intravenös verabreichten Antibiotika behandelt; die Hün-din muss dann die Nacht über zur Kontrolle beim Tierarzt bleiben. Beim Rüden sind die Infektionen meist weniger schwer und klingen bei Anwendung oraler Antibiotika nach weni-gen Wochen wieder ab.

Vorausschau. Eine Kastration schützt vor nahezu sämtlichen Problemen, die sowohl bei Rüde als auch Hündin zu einem genitalen Ausfluss führen können. Meist wird eine Kast-ration im Alter von etwa sechs Monaten emp-fohlen.

Wasseraufnahme fördern. Da es meist nicht bei einem einzigen Harnwegsinfekt bleibt, ist eine langfristige Prophylaxe wichtig. Ist der Trinknapf stets mit sauberem Wasser gefüllt, trinkt der Hund meist auch mehr. Die Harn-wege werden auf diese Weise besser durch-gespült und Bakterien können sich nicht so stark vermehren. Außerdem beugt wahrschein-lich der Saft der Preiselbeere (Vaccinium macro-carpum) einer Infektion vor, indem er das Anhaften der Bakterien an der Blasenwand er-schwert. Da die meisten Hunde diesen Saft je-doch nicht mögen, gibt man ihnen am besten reichlich frisches Wasser.

 **RASCHE ABHILFE** Bei Verdacht auf eine Prostataentzündung sollte man den Penis mit einem Eisbeutel kühlen, um infektionsbedingte Schwellungen zu reduzieren und das Leiden auf dem Weg zum Tierarzt zu lindern.

GUTER RAT

Wir empfehlen eine Kastration der Hündin im Alter von sechs Monaten nicht nur aus Grün-den der Geburtenkontrolle, sondern auch zur Vermeidung von Infektionen. Allerdings kann die Prozedur selbst ebenfalls eine Infektion verursachen, wenn nicht der gesamte Uterus entfernt wird. Sollte dies ausnahmsweise einmal geschehen, ist rasches Handeln nötig, damit sich die Entzündung nicht verschlim-mert.

Falls der Hund lustlos wirkt, wenig Appetit zeigt, dafür aber viel trinkt und sich – etwa in Form von exzessivem Lecken – reichlich mit seinem Hinterteil beschäftigt, sollte man unter dem Schwanz nachschauen, ob sich Ausfluss zeigt. Dieser ist ein Zeichen für eine schwere Infektion: Suchen Sie sofort den Tierarzt auf!

Zahnfleischreizung

Jeder Tierzahnarzt würde sich wünschen, dass Hunde sich die Zähne pflegen könnten, denn Zahnfleischerkrankungen sind extrem häufig und verursachen Probleme wie Mundgeruch, Zahnausfall und sogar Herzkrankheiten.

Das Zahnfleisch des Hundes sollte rosa, glatt und glänzend sein. Rötungen oder Schwellungen sind stets Zeichen für eine Schleimhautreizung.

Verdachtsmomente

Zahnfleischentzündung. Reizungen des Zahnfleisches sind fast immer auf eine Zahnfleischentzündung zurückzuführen, bei der im Mund vorkommende Bakterien in das Zahnfleisch eindringen und eine von Schwellungen

Gesundes Zahnfleisch sollte rosa, glatt und fest sein – und frei von Entzündungen oder Schwellungen.

BESTIMMTE RASSEN

Kleine Hunde haben eine relativ geringe Knochenmasse, die den Zähnen nicht ausreichend Halt bietet. Sie leiden daher oft bereits Jahre früher an Zahnerkrankungen als andere Rassen.

und bisweilen auch von Blutungen begleitete Entzündung hervorrufen.

Zu viel kauen. Hunde kauen so gerne, dass sie manchmal damit fortfahren, wenn ihre Lieblingsobjekte bereits zerfetzt sind, und dann das Zahnfleisch reizen. Problematische Kauspielzeuge sind Rinderhaut- und Nylonknochen sowie Schweineohren und Tennisbälle.

Langeweile. Manche Hunde kauen einfach aus Langeweile. Überschüssige Energie führt gelegentlich zum Beknabbern von Steinbrocken, Absperrketten und sogar Kunststoffverkleidungen. Ein Hund verschmäht fast nichts.

Weichfutter. Trockenes, knuspriges Futter wirkt wie eine natürliche Zahnbürste. Ein Hund, der jedoch nur Feuchtfutter erhält, kommt nicht in den Genuss dieses Reinigungs- und Massageeffekts. Darüber hinaus bleibt weiches Futter meist an den Zähnen haften und begünstigt die Ansiedlung von Bakterien.

Gifte. Viele unserer Haushalts- und Gartenchemikalien sind giftig oder ätzend. Beispielsweise können Fischmehldünger und Eau de Toilette bei Hunden zu wundem, gereiztem Zahnfleisch führen.

Organerkrankungen. Zahnfleischblutungen können z. B. auf Nierenkrankheiten oder Krebs zurückgehen oder auf eine Immunerkrankung namens Thrombozytopenie, bei der die Zahl der für die Blutgerinnung zuständigen Blutplättchen (Thrombozyten) vermindert ist und von der vor allem kleinere Rassen wie Cockerspaniel und Pudel betroffen sind. Zahnfleischblutungen ohne erkennbaren Grund sollten grundsätzlich vom Tierarzt abgeklärt werden.

Was tun?

Vor allem Trockenfutter verwenden. Im Gegensatz zu Dosenfutter oder halbfeuchtem

GUTER RAT

Eine durchschnittliche Garage enthält derart viele Chemikalien, dass sich ein Hund innerhalb weniger Minuten Maul und Zahnfleisch verätzen kann. Falls sich der Hund über den Dünger oder andere Haushaltschemikalien hergemacht hat, sollten Sie sofort Ihren Tierarzt kontaktieren.

Abhängig von der jeweiligen Substanz wird er Ihnen vielleicht raten, das gesamte Maul im Garten gründlich mit fließendem Wasser auszuspülen.

Viele Hunde haben nichts dagegen, wenn man ihnen beispielsweise mit einem Gartenschlauch oder einer Blumenspritze vorsichtig das Maul ausspült. Dabei sollte die Nase des Hundes nach unten weisen, damit er kein Wasser verschluckt.

Futter reduziert Trockenfutter den dünnen, bakterienreichen Zahnfilm (Plaque), der zu entzündetem oder blutendem Zahnfleisch führen kann.

Vielleicht empfiehlt Ihnen der Tierarzt ein besonders grobkörniges Trockenfutter, das erst zerfällt, wenn sich die Zähne nahezu ganz hindurchgebissen haben, sodass sie praktisch beim Fressen geputzt werden.

Viele knusprige Hundekuchen. Wenn Sie Ihren Hund verwöhnen wollen, gibt es kaum etwas Besseres als knackige Hundekuchen, deren Schleifwirkung Zähne und Zahnfleisch sauber hält. Auch Mohrrüben, Brokkoli und andere Rohkost sind gut für die Zähne, doch meist werden sie vom Hund nur gekocht akzeptiert und sind dann zahnhygienisch kaum noch von Nutzen.

Ein wenig Zahnpflege. Um Zähne und Zahnfleisch gesund zu halten, ist auch beim Hund regelmäßiges Zähneputzen nötig. Anstatt aber gereiztes Zahnfleisch mit einer Hundezahnbürste zu malträtieren, sollte man sich etwas angefeuchteten Verbandmull um den Finger wickeln und ein- bis zweimal wöchentlich die äußeren Zahnflächen und den Zahnfleischrand abreiben. Eine bessere Schleifwirkung erzielen Sie, wenn Sie etwas Backpulver auf Zahnbürste oder Finger geben.

Manche Hundezahncremes enthalten das antibakteriell wirkende Chlorhexidin. Bei wundem Zahnfleisch verwendet man aber besser Chlorhexidin-Gel: Es hat eine geringere Schleifwirkung.

Gegen wundes Zahnfleisch hilft auch eine Mundspülung mehrmals täglich mit warmem Wasser.

Kopfschütteln

Im Gegensatz zu den Wind und Wetter ausgesetzten unbehaarten Ohren des Menschen sind Hundeohren gut abgeschottet. Sogar bei Rassen mit Stehohren lässt das Fell zusammen mit dem kompliziert geformten Gehörgang ein für viele Infektionen perfektes feuchtwarmes Milieu entstehen.

Ein Hund, der ständig den Kopf schüttelt oder geneigt hält, hat irgendein Problem mit den Ohren – sei es nur eine festsitzende Klette oder aber eine Infektion, die sich rasch verschlimmert.

Verdachtsmomente

Entzündungen des Außenohrs. Kopfschütteln deutet meist auf eine Infektion des Außenohrs hin. Diese Infektion wird durch Bakterien, Hefepilze oder andere Mikroorganismen verursacht und kommt häufig bei Hunden mit großen Hängeohren vor, deren Innenohr ein besonders gastliches Milieu für diverse Keime ist.

Entzündungen des Innenohrs. Diese ernsteren Infektionen treten ein, wenn sich Keime irgendwo im Gehörgang vermehren, und sind auf den ersten Blick oft nicht zu erkennen. Manche Innenohrinfektionen führen allerdings zu einem farblosen, übel riechenden Ausfluss,

Kommt ein Hund beim Herumtoben mit den Samen des Fuchsschwanzgrases in Kontakt, kann er darauf mit ungestümem Kopfschütteln reagieren. Ziehen Sie sicherheitshalber Ihren Tierarzt zurate.

der eventuell von Gleichgewichtsstörungen begleitet wird.

Ohrmilben. Diese winzigen Parasiten sind nur selten gefährlich, doch ihre ständigen Bewegungen reizen die Ohren. Der Hund unternimmt den Versuch, sich durch Kopfschütteln Linderung zu verschaffen. Im Gegensatz zu Katzen werden Hunde relativ selten von Ohrmilben befallen.

Allergien. Bei Menschen mit einer Nahrungsmittelallergie rebelliert häufig der Magen. Hunde reagieren darauf mit Juckreiz. Wenn sie sich nicht die Ohren kratzen, dann schütteln sie des Öfteren den Kopf. Auch Heuschnupfen kann sehr häufig zu roten und geschwollenen Ohren führen.

Fremdkörper. Weil Hunde ihren Kopf ständig in Dinge wie Kaninchenbaue oder Büsche stecken, gelangen oftmals Fremdkörper wie Kletten und Grassamen in ihre Ohren. Bei Jagd-

97

GUTER RAT

Wenn ein Hund seinen Kopf besonders heftig schüttelt, können die Ohren wie eine Peitsche wirken und oberfächennahe Blutgefäße beschädigen.

Wird das so entstandene Othämatom nicht behandelt, kann das Ohr dauerhaft entstellt werden. Konsultieren Sie daher den Tierarzt, sobald eine Schwellung auftritt.

hunden wie Spaniel und Retriever, die sich viel im Freien aufhalten, besteht ein erhöhtes Risiko.

Verletzungen. Anders als die fest am Kopf ansetzende Ohrmuschel des Menschen ist das Hundeohr recht beweglich und daher anfällig für Kratzer und Schnittverletzungen. Hunde reagieren darauf gelegentlich mit einem heftigen Kopfschütteln.

Auch kleinere Ohrwunden können stark bluten, doch meist ist nach ein paar Minuten alles wieder vorbei.

Insekten und Spinnen. Zecken können jeden Körperteil befallen, bevorzugen aber die Ohren, da sie an ihrer vergleichsweise glatten und zarten Haut leicht Halt finden. Auch Spinnen und Stechmücken suchen gern die Ohren heim.

Was tun?

Gehörgang kontrollieren. Falls Sie in den Ohren einen Fremdkörper wie eine Klette oder Grassamen erblicken, ist das Problem bereits zur Hälfte gelöst. Kleine Objekte können

Sie leicht mit den bloßen Fingern entfernen, doch Sie sollten nicht zu weit in den Gehörgang hineingreifen und auch nicht versuchen, fest oder tief im Inneren verankerte Fremdkörper herauszuziehen. Um nichts zu übersehen, sollten Sie eine kleine Taschenlampe bereithalten.

Riechprobe. Entzündungen des Außen- und Innenohrs können einen markanten üblen Geruch hervorrufen. Außenohrinfektionen können Sie gewöhnlich mit einem frei verkäuflichen Präparat behandeln, alle anderen jedoch nur mit Antibiotika. Da Sie eine Infektion grundsätzlich ernst nehmen sollten, ist es ratsam, den Tierarzt zu konsultieren, falls der Hund aus dem Ohr riecht oder diese rot, wund oder geschwollen wirkt.

Milben beseitigen. Milben lassen sich am einfachsten selbst diagnostizieren, denn ihre dunkelbraunen Absonderungen sehen

Bei Verdacht auf einen Fremdkörper im Ohr schafft eine kleine Taschenlampe Überblick.

aus wie Kaffeesatz. Juckreiz und Milben lassen sich mithilfe verschiedener Produkte aus dem Zoogeschäft bekämpfen. Wenn Sie sich exakt an die Herstellerangaben halten, müsste nach ein paar Tagen bei Ihrem Hund allmählich eine Besserung eintreten.

Bevor Sie diese Mittel anwenden, sollten Sie sich einige Minuten Zeit nehmen, um den Gehörgang mit einem speziellen Ohrreiniger zu spülen. Nach dem Einspritzen der Flüssigkeit massiert man die Ohrbasis, um die Substanz zu verteilen.

Allein durch vorheriges Säubern der Ohren können Sie erreichen, dass der Wirkstoff tatsächlich bis zu den Milben vordringt. Das Außenohr kann man mit einem Wattebausch oder mit einem sauberen Tuch reinigen. Verwenden Sie keinesfalls Wattestäbchen, um das Trommelfell nicht zu beschädigen.

Ohren sauber halten. Da es in der Regel bei Ihrem Hund nicht bei einmaligen Ohrenproblemen bleibt, ist es nicht verkehrt, wenn Sie auf dem Kalender einige vorbeugende »Wartungstermine« eintragen.

Für diese periodischen Reinigungsaktionen können Sie eine frei verkäufliche Ohrenspülung oder eine selbst gemachte Lösung verwenden, die aus drei Teilen Isopropylalkohol und einem

Erwärmtes Paraffinöl wirkt lindernd auf gereizte Ohren: Träufeln Sie ein paar Tropfen in die Ohren und massieren Sie anschließend sanft die Ohrbasis.

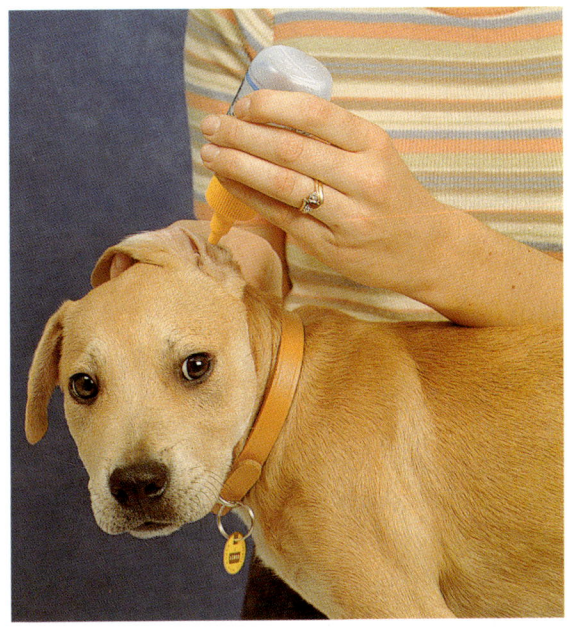

Teil weißem Essig besteht: Der Alkohol löst das Ohrenschmalz und tötet die Bakterien ab, während der Essig Pilzinfektionen vorbeugt.

Bei Schnittverletzungen oder -wunden und gereizten Stellen sollte man auf diese Behandlung verzichten, da der Alkohol ein starkes Brennen verursacht.

RASCHE ABHILFE Ohrenreizungen können Sie durch Einträufeln von einigen Tropfen Paraffinöl behandeln, das zuvor auf Zimmertemperatur erwärmt wurde: Massieren Sie die Ohrbasis sanft, um das Öl gleichmäßig zu verteilen und das Ohrenschmalz zu lösen. Wischen Sie abschließend das Ohr mit einem Wattebausch sauber.

BESTIMMTE RASSEN

Schnauzer, Pudel und Cockerspaniel haben häufig stark behaarte Ohren. Haare im Gehörgang fangen Schmutz und Feuchtigkeit ein und erhöhen somit die Infektionsgefahr.

Verlust der Stubenreinheit

Die meisten Hunde sind mit fünf Monaten stubenrein und werden nur selten rückfällig – es sei denn, sie haben keine andere Wahl. Wohlerzogene Hunde, denen im Haus ständig ein Malheur passiert, haben dagegen fast immer ein Problem, das von allein nicht so schnell wieder verschwinden wird.

Verdachtsmomente

Zu langes Warten. Diese vielleicht häufigste Fehlerquelle hat mehr mit dem Besitzer als mit dem Hund selbst zu tun. Sogar Hunde mit einer ausgezeichneten Kontrolle über Darm und Blase können den Ruf der Natur nicht unbegrenzt lange ignorieren. Die meisten ausgewachsenen Hunde sind in der Lage, etwa zehn bis zwölf Stunden ihr Geschäft einzuhalten; damit wären ihre Grenzen aber auch wirklich erreicht.

Muskelschwäche. Mit zunehmendem Alter lässt die Kraft der Muskeln nach und leider machen die für Blase und Darm verantwortlichen Muskeln da keine Ausnahme. Dies ist besonders bei älteren, kastrierten Hündinnen ein Problem, da sie einen sehr niedrigen Östrogenspiegel aufweisen. Allerdings besitzt auch jeder ältere Hund nicht mehr jene Kontrolle, die er in jüngeren Jahren hatte. Darüber hinaus kann es ihm wegen Arthritis und anderer Leiden schwer fallen, rasch genug nach draußen zu gelangen.

Infektionen. Hunde, die ihr kleines Geschäft nicht nur einmal, sondern mehrmals

GUTER RAT

Dann und wann ein Häufchen oder eine Lache im Haus vorzufinden versüßt zwar nicht unbedingt den Morgen eines Hundehalters, bedeutet aber auch keine Katastrophe, aus der sich ein langfristiges Negativverhalten ableiten ließe. Fast jeder Hund begeht schon mal einen Fehltritt und die Chancen stehen gut, dass dies nicht oder so rasch nicht wieder passiert.

Falls solche Missgeschicke jedoch täglich auftreten oder der Hund häufig Durchfall oder Harntröpfeln zeigt, sollten Sie Ihren Tierarzt aufsuchen. Länger anhaltender Durchfall ist gewöhnlich ein Anzeichen für Verdauungsprobleme; Harntröpfeln kann auf eine Erkrankung der Nieren hindeuten.

täglich drinnen verrichten, haben häufig einen Harnwegsinfekt, der die empfindlichen Gewebe der Blase oder Harnröhre reizt und einen unkontrollierbaren Harndrang bewirkt. Etwas Ähnliches geschieht bei Grippe, die – wie auch bei einigen anderen Virusinfektionen – einen fast ohne jede Vorwarnung eintretenden Durchfall verursachen kann.

Reviermarkierung. Ein Hund wird von seinem Instinkt zur Markierung seines Reviers angetrieben. Die meisten Hunde wissen, dass dies nur draußen geschehen soll, doch sehen sie sich bisweilen veranlasst, auch die eigenen vier

Wände auf diese Weise zu schützen. Dies kann vor allem dann passieren, wenn Sie einen eher dominanten Hund besitzen und ein anderer Hund bei Ihnen zu Gast ist.

Das Markieren des Reviers kann Verwirrung stiften, denn es vollzieht sich nicht unbedingt zeitgleich mit der ursprünglichen »Bedrohung«. Manche Hunde werden sich tage-, wochen- oder monatelang bedroht fühlen und ihre Anwesenheit durch fortgesetztes Markieren kundtun.

Harnen als Unterwerfungsgeste. Wenn ein Hund einem Artgenossen den größten Respekt zeigen will, rollt er sich auf den Rücken und setzt Harn ab. Dieses so genannte submissive Harnen wird meist von Welpen und besonders schüchternen und unterwürfigen ausgewachsenen Hunden praktiziert. Hunde, die dies gegenüber Menschen tun, demonstrieren damit meist ihre allgemeine Furcht und Unsicherheit oder haben sich über etwas Bestimmtes erschreckt. Größerer häuslicher Stress kann bereits dazu führen, dass ein Hund, dem es an Selbstsicherheit fehlt, die Kontrolle verliert.

Was tun?

Häufiger Gassi gehen. Bei vielen Hunden ist damit das ganze Problem bereits gelöst. Wichtig ist, dass ein Hund am Morgen und nach den Mahlzeiten – wenn der Drang am größten ist – gleich nach draußen darf. Darüber hinaus sollte der Hund vor dem Schlafengehen noch einmal sein Geschäft verrichten, denn die acht bis neun Stunden bis zum nächsten Morgen sind eine Zeitspanne, die für die meisten

Wenn ein Artgenosse zu Besuch ist, werden manche Hunde im Haus urinieren, um zu signalisieren, dass dies ihr Revier ist.

Hunde zu lang ist. Welpen müssen tagsüber mindestens alle zwei und nachts alle vier Stunden nach draußen können.

Grundlagen auffrischen. Hunde, die plötzlich rückfällig werden, benötigen häufig einen Auffrischungskurs. Halten Sie Ihren Hund im Auge, um rechtzeitig zur Stelle zu sein, bevor er das Bein hebt oder sich auf den Teppich hockt. Bedenken Sie, dass es wirkungsvoller ist, ihn für gutes Verhalten am rechten Ort zu belohnen, als ihn für einen Fehler zu bestrafen. Man muss dabei nicht immer bis zur letzten Sekunde ab-

BESTIMMTE RASSEN

Der Bobtail (»Stummelschwanz«) wurde mit dem Ziel der Schwanzlosigkeit gezüchtet. Tierärzte glauben, dass dies auch die Kontrolle über ihre Blase beeinflusst, denn Bobtails urinieren häufiger an unpassenden Orten als andere Rassen.

warten, bevor es mit dem Hund nach draußen geht – häufigeres Gassigehen bietet dem Hund mehr Gelegenheiten, seinen Darm zu entleeren, und das nachfolgende Lob macht ihm verständlich, was Sie künftig von ihm erwarten.

Selbstsicherheit aufbauen. Ein Hund, der seine Unterordnung gegenüber Artgenossen durch Harnen bekundet, zeigt ein vollkommen natürliches Verhalten. In Bezug auf den Menschen ist diese Geste jedoch unangemessen, weshalb Hundetrainer empfehlen, einem unterwürfigen Hund zu etwas mehr Selbstsicherheit zu verhelfen.

Nehmen Sie sich täglich ein paar Minuten Zeit, um Grundkommandos wie das »Sitz!« einzuüben – und loben Sie Ihren Liebling dafür. Unsichere Hunde schmachten förmlich nach menschlicher Bestätigung. Alternativ können Sie mit Ihrem Hund auch eine neue Umgebung mit fremden Menschen aufsuchen, denn ein Hund, der uriniert, um seine Unterwürfigkeit zu bekunden, fürchtet sich häufig vor allen möglichen Dingen; er wird mit zunehmender Erfahrung beherzter auftreten und glücklicher wirken.

Hilfestellung. Ein älterer Hund kennt wahrscheinlich die Spielregeln, doch das hilft ihm nicht weiter, wenn sein Körper nicht mitmacht. Missgeschicke können Sie vermeiden, wenn Sie sein Lager etwas näher an die Hundetür rücken oder es dort platzieren, wo Sie es im Blick haben.

Kastration erwägen. Wenn ein Hund erst einmal begonnen hat, Haus oder Wohnung mit Reviermarkierungen zu versehen, lässt er sich oft nur sehr schwer wieder davon abbringen. Abhilfe bietet eine Kastration von Rüde oder Hündin, vor allem wenn sie bereits im Welpenalter erfolgt, doch selbst dann werden sich manche Hunde in Anwesenheit von Artgenossen stets aggressiv oder defensiv verhalten und ihren Gefühlen durch Reviermarkierung Ausdruck verleihen. In solchen Fällen können Sie kaum mehr tun, als fremde Hunde nicht ins Haus zu lassen oder eines der beiden Tiere in einen Laufstall zu sperren.

KÖRPER UND PSYCHE

Unabhängig von der jeweiligen Gefühlslage behält der Körper seinen lebenserhaltenden Rhythmus bei – allerdings nur in gewissem Umfang, denn alles, was emotionalen Stress verursacht, kann auch den Organismus etwas aus dem Gleichgewicht bringen. Besonders empfindlich ist der Verdauungstrakt, weshalb Durchfall eines der häufigsten körperlichen Symptome bei emotionalem Stress darstellt. Nicht weniger als 15 % aller Hunde leiden irgendwann einmal an dieser so genannten psychogenen Diarrhö.

Bereits geringfügige Abweichungen von der Routine können Durchfall auslösen, etwa ein Wochenende in der Hundepension oder ungewohnt langes Alleinsein. Dabei muss der Stressauslöser gar nicht direkt mit dem Hund zu tun haben, denn ein Hund steht seinem Besitzer derart nah, dass er dessen Stress ebenfalls fühlt.

Antriebslosigkeit

Manche Hunde sind von Natur aus behäbig, während andere dynamische Kraftpakete sind. Ob ein Hund außergewöhnlich matt und antriebslos ist, können Sie deshalb nur im Vergleich mit seinem normalen Verhalten ermitteln. Dass ein Hund nach einem anstrengenden Tag etwas ausgelaugt wirkt, ist vollkommen natürlich, doch Antriebslosigkeit, die mehr als ein bis zwei Tage anhält, bedeutet unweigerlich, dass dem Hund etwas fehlt.

Falls sich der Zustand nach ein paar Tagen nicht verbessert oder weitere Symptome wie Erbrechen oder Durchfall hinzukommen, ist ein Gang zum Tierarzt unvermeidbar. Eine leichte Mattheit ist dagegen nicht unbedingt ein ernsthaftes Problem und kann häufig daheim behandelt werden.

Jeder Hund nimmt sich schon mal für einen Tag eine »Auszeit«. Fortdauernde Antriebslosigkeit kann jedoch auf innere Probleme wie Anämie und Schilddrüsenleiden hindeuten.

Verdachtsmomente

Fieber. Die Hauptursache für die Antriebslosigkeit eines Hundes ist Fieber, mit dem der Körper auf eine Infektion reagiert. Fieber ist meist nicht sonderlich problematisch und klingt mit der zugrunde liegenden Infektion (oftmals einer Grippe oder ähnlichen leichten Erkrankungen) wieder ab. Eine Temperatur über 39 °C gilt beim Hund als Fieber.

Schmerzen. Vor allem ältere Hunde leiden bisweilen an Arthritis oder Hüftgelenksdysplasie, die anhaltende und kräftezehrende Schmerzen verursachen können. Ein Hund mit Gelenk- oder Muskelschmerzen bewegt sich verständlicherweise nicht gern, und bereits diese Schmerzen können Mattheit und Lustlosigkeit nach sich ziehen.

Anämie. Bei dieser nicht ungefährlichen Erkrankung sind die roten Blutkörperchen aufgrund verminderter Zahl oder beeinträchtigter Funktion nicht in der Lage, den Körper ausreichend mit Sauerstoff zu versorgen. Sauerstoffmangel führt oft zu extremer Müdigkeit. Bei Welpen sowie bei kleinen und älteren Hunden kann Anämie durch Flöhe und andere Parasiten verursacht werden, die dem Körper Blut entziehen. Auch Geschwüre und andere Ursachen für innere Blutungen können zugrunde liegen.

Übergewicht. Hunde, die zu viel Zeit am Fressnapf verbringen, setzen weit mehr Speck an, als die Natur vorgesehen hat. Übergewichtige Hunde bewegen sich häufig nur widerwillig, sodass die mangelnde körperliche Betätigung die Müdigkeit noch weiter verstärkt.

Unterfunktion der Schilddrüse. Hunde, die keine ausreichenden Mengen der für den Stoffwechsel wichtigen Schilddrüsenhormone produzieren, leiden an Hypothyreoidismus und wirken lustlos. Außerdem werden sie an Gewicht zunehmen, da der energetische Grundumsatz reduziert ist. Schilddrüsenleiden beginnen oft bereits in niedrigem Alter, doch Symptome können erst nach Jahren auftreten, wenn die körperlichen Hormonreserven aufgezehrt sind.

Was tun?

Gelenke und Muskeln kräftigen. Gelenkprobleme sind bei älteren Hunden weit verbreitet. Deshalb empfehlen Tierärzte, sich täglich ein paar Minuten Zeit zu nehmen, um den Schmerzen des Hundes wie folgt zu begegnen:

• Betroffene Stellen massieren oder mit einer in ein Handtuch gewickelten Wärmflasche behandeln. Eine Kombination von Massage und Wärme fördert die Durchblutung und verringert den Bewegungsschmerz.

• Nicht bewegte Gelenke werden zunehmend steifer und spröder. Bereits ein geringes Maß an sanfter Betätigung erhöht die Schmierung und Beweglichkeit der Gelenke.

• Schmerzen und Entzündungen mit Aspirin bekämpfen. Die gewöhnliche Dosis beträgt 100 mg pro 5 kg Körpergewicht. Zuvor sollten Sie jedoch mit Ihrem Tierarzt sprechen, da Aspirin bei manchen Hunden Geschwüre verursachen kann.

BESTIMMTE RASSEN

Rassen mit dem höchsten Risiko für Schilddrüsenprobleme sind Chow-Chow (rechts), Cockerspaniel, Golden Retriever, Deutsche Dogge, Schnauzer und Vizsla.

Blutbildung fördern. Wenn man Anämie nicht behandelt, wird sie zu einem gravierenden Problem, dem man allerdings meist leicht begegnen kann. Hunde, die aufgrund von Flohbefall Blut verlieren, kommen rasch wieder zu Kräften, sobald die Plage beseitigt ist. Außer Anti-Floh-Shampoos sollten Sie nachhaltig wirksame Produkte wie Program® und Frontline® verwenden.

Auch Würmer können Sie mit entsprechenden Präparaten auf ähnlich einfache Weise loswerden. Viele Tierärzte empfehlen die zusätzliche Gabe von Eisen und B-Vitaminen, damit sich die Zahl der roten Blutkörperchen rascher wieder auf das gewohnte Maß erhöht.

Abspecken. Hunde können viel leichter ihr Gewicht reduzieren als der Mensch. Die meisten Hunde nehmen gut ab, wenn sie etwas weniger fressen (reduzieren Sie die gewohnten Portionen anfangs um rund 25 %) und zweimal täglich für etwa 20 Minuten Auslauf haben.

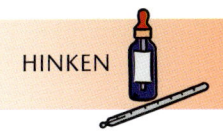

Hinken

Hunde sind den gleichen Unfall- und Verletzungsrisiken ausgesetzt wie Menschen – egal wie fit und agil sie sind. Muskelzerrungen oder verletzte Pfoten haben zur Folge, dass ein Hund ein paar Tage lang hinken wird, bis der Heilungsprozess abgeschlossen ist.

Verdachtsmomente

Schnittverletzungen. Verletzte Pfotenballen sind die wohl häufigste Ursache für das Hinken. Die Pfoten können zwar einiges aushalten, sind jedoch nicht gegen Splitter oder Glasscherben geschützt. Auch wenn der Pfotenballen keine offen sichtbaren Verletzungen aufweist, hat sich der Hund manchmal einen kleinen Splitter oder spitzen Grassamen eingetreten. Solche Schnittwunden sind besonders schmerzhaft, wenn sie sich entzünden und der Fuß extrem empfindlich wird. Auch Quetschungen können ein Problem darstellen, wenn der Hund beim Herumtollen irgendwo hängen bleibt.

Lange Krallen. Hunde, die auf städtischen Gehwegen Gassi gehen, sind gegenüber ihren ländlichen Artgenossen im Vorteil, da sie durch die ständige Reibung auf dem Asphalt eine natürliche Pediküre erhalten. Kurze Krallen werden nur selten rissig oder brüchig. Lange Krallen werden mitunter von einem Hund auch schon einmal auf dem Teppich oder auf anderen rauen Oberflächen gewetzt. Eine abgebrochene Kralle kann große Schmerzen verursachen und zieht einen längeren Heilungsprozess nach sich.

Muskelzerrungen. Hunde sind im Gegensatz zu Katzen nicht immer die anmutigsten Geschöpfe. Manchmal schlagen sie Purzelbäume, die Muskeln, Sehnen oder Bänder überbeanspruchen. Oder sie verletzen sich, wenn sie mit Volldampf voraus unterwegs sind und plötzlich die Richtung wechseln. Vielfach sind dabei schon schmerzhafte Bänderrisse vorgekommen.

Arthritis. Hinken wird gewöhnlich durch äußere Verletzungen verursacht, doch kann leichtes Humpeln auch eintreten, wenn ein oder mehrere Gelenke beschädigt sind. Ältere Hunde mit Arthritis hinken gelegentlich ebenso wie Hunde mit Hüftgelenksdysplasie.

Zeckenbisse. Das Schlimmste an Zecken ist nicht ihr Biss, sondern es sind die von ihnen übertragenen Krankheiten wie Borreliose und die Lyme-Krankheit, die Schmerzen und Knirschen in den Gelenken verursachen können.

GUTER RAT

Falls das Hinken auch nach einigen Tagen nicht allmählich abklingt, sollten Sie den Tierarzt aufsuchen, da ein Knochenbruch oder eine stärkere Verstauchung die Ursache für die Beschwerden sein kann.

Dies gilt auch, wenn das Lahmen mehr als 48 Stunden fortbesteht und vor allem, wenn es sich verschlimmern sollte oder plötzlich Schwellungen auftreten.

Was tun?

Ursachen eingrenzen. Um die optimale Behandlung herauszufinden, sollten Sie zunächst die Ursache für das Hinken ermitteln. Ein Hund, den Sie völlig gesund nach draußen geschickt haben, der aber hinkend zurückkommt, muss sich irgendwo verletzt haben. Auch ein Hund, der nach dem Aufwachen zu hinken beginnt, am Abend zuvor aber noch munter war, leidet.

Pfotenballen säubern. Verletzte Ballen sind die häufigste Ursache für das Hinken; untersuchen Sie sie deshalb auf Schnittverletzungen oder Einstiche. Wenn Sie sich nicht sicher sind, sollten Sie trotzdem den Ballen mit Betaisodona (mit warmem Wasser verdünnt) gründlich reinigen. Lassen Sie hierzu den Fuß etwa vier Tage lang dreimal täglich für zehn Minuten einweichen. Eiter, Schwellungen und übler Geruch deuten auf eine bestehende Entzündung hin, die vom Tierarzt behandelt werden muss.

Kälte plus Wärme anwenden. Falls Sie an der Pfote keine äußeren Verletzungen feststellen können, liegt wahrscheinlich eine Quetschung vor. Geben Sie zur Linderung einige Eiswürfel in eine Plastiktüte, wickeln Sie diese in ein Handtuch und legen Sie diesen Eisbeutel für zehn Minuten auf die betroffene Stelle; wiederholen Sie dies in den ersten 24 Stunden drei- bis viermal. Wenden Sie am zweiten Tag anstelle der Eiswürfel mehrmals täglich für je fünf bis zehn Minuten eine warme Kompresse an.

Massieren. Leichtes Massieren der Muskeln und Bewegen des Beins durch das natürliche Bewegungsspektrum (für 15 Minuten ein- bis zweimal täglich) verbessern die Durchblutung und lassen Zerrungen rascher abklingen.

BESTIMMTE RASSEN

Hüftgelenksdysplasie kommt meist bei großen Rassen wie Deutschem Schäferhund, Retriever, Irish Setter und Rottweiler vor. Kleine Hunde wie Zwergpudel leiden wegen ihrer empfindlichen Gelenke eher unter Knieverletzungen.

Vitamin C verabreichen. Forschungen haben inzwischen belegt, dass dieses wirksame antioxidative Vitamin den Heilungsprozess in sämtlichen Körpergeweben unterstützt – auch in den Gelenken.

Es ist offenbar besonders effizient bei Hunden mit Arthritis oder Hüftgelenksdysplasie. Empfohlen werden rund 100 mg Vitamin C für kleine, 250 mg für mittelgroße und 500 mg für große Hunde. Verabreichen Sie diese Dosis jeweils zweimal täglich.

Infektionen vorbeugen. Durch Zecken übertragene Krankheiten können Sie nicht zu Hause behandeln. Versuchen Sie jedoch, einen Zeckenbiss zu vermeiden, indem Sie mit einem feinen Kamm durch das Fell fahren, um Zecken zu entfernen, bevor sie sich festsaugen. In bekannten Zeckenregionen empfiehlt sich diese Prozedur nach jedem Spaziergang.

RASCHE ABHILFE Gegen Hinken des Hundes ist Aspirin sehr gut geeignet. Verabreichen Sie 20 mg pro Kilogramm Körpergewicht ein- bis zweimal täglich. Erkundigen Sie sich sicherheitshalber bei Ihrem Tierarzt, da jeder Hund unterschiedliche Mengen benötigt.

Knoten und Schwellungen

Ältere Hunde werden rund um die Schnauze ein wenig grau und legen das eine oder andere Pfund zu. Auch können sich diverse Schwellungen einstellen, die aussehen, als befänden sich winzige Wasserballons unter ihrer Haut.

Knoten und Schwellungen unbekannter Ursache sollten grundsätzlich vom Tierarzt untersucht werden. Die meisten Knoten sind jedoch kein Krebs, und der Tierarzt kann anhand einiger einfacher Regeln erkennen, welche Knoten behandelt werden müssen und welche man sich selbst überlassen kann. Meist handelt es sich ohnehin um Fettgeschwülste, Zysten und Warzen, die allesamt harmlos sind.

Verdachtsmomente

Fettgeschwülste. Bei den meisten älteren Hunden sammeln sich Fettgewebszellen unter der Haut an. Wenn sich eine größere Zahl dieser Zellen an einem Ort zusammenballt, entsteht ein weicher, schwammiger Knoten (Lipom). Lipome können recht groß werden und lassen sich mit dem Finger frei unter der Haut bewegen. Diese Gebilde sind jedoch harmlos.

Haarfollikelentzündungen. Jedes einzelne Hundehaar ist in einer winzigen Hautöffnung, dem Haarfollikel, verankert. Nicht selten gedeihen Bakterien in einem oder mehreren Follikeln, was eine leichte Entzündung zur Folge hat. Meist sind diese Infektionen weder gravierender noch schmerzhafter als ein gewöhnlicher Pickel und heilen von allein wieder ab.

Haarfollikelzysten. Dies sind winzige, mit Flüssigkeit gefüllte Ausbuchtungen, die sich bisweilen in den Haarfollikeln bilden. Da die Zysten selten größer sind als die Spitze eines Wattestäbchens, können Sie sie nur entdecken, wenn Sie Ihren Hund bürsten oder tätscheln und eine kleine Schwellung ertasten.

Haarfollikelzysten sind nur selten schmerzhaft. Häufig brechen sie auf und trocknen aus, ohne das geringste Problem zu verursachen.

Warzen. Menschen leiden weit häufiger an Warzen als Hunde. Wenn ein Hund Warzen (»virale Papillome«) bekommt, sind meist Ge-

Das Tasten nach Knoten sollte zur routinemäßigen Untersuchung des eigenen Hundes gehören.

GUTER RAT

Hunde besitzen meist recht große Ohren und haben die Neigung, sich zu kratzen, zu schütteln und ihre Ohren anderweitig zu malträtieren. Dadurch nehmen jedoch die winzigen Blutgefäße der Ohrmuschel Schaden; zwischen Haut und Ohrknorpel kann sich Blut ansammeln und ein geschwollener Bluterguss entsteht (Othämatom).

Othämatome sind manchmal recht groß und bluten strark, falls sie aufbrechen. Die Auftreibung des Gewebes kann außerdem eine permanente Entstellung nach sich ziehen oder sogar das Gehör schädigen, sofern sie nicht rasch behandelt wird. Sobald jedoch das Blut und andere Flüssigkeiten durch den Tierarzt abgeleitet wurden, klingt die Schwellung meist rasch wieder ab.

sicht und Schnauze betroffen. Warzen kommen vor allem bei jungen Hunden vor und werden leicht auf andere Hunde übertragen. Sie sind in der Regel nur so groß wie ein Stecknadelkopf, können mitunter aber auch einen Durchmesser von 3 cm erreichen. Gewöhnlich sind sie rosa oder grau.

Die gängigen Hausmittel zum Entfernen von Warzen sollte man bei Hunden nicht anwenden, da sie die Haut schädigen können. Meist empfiehlt Ihnen der Tierarzt, die Warzen sich selbst zu überlassen.

Eine Warze, die jedoch das Fressen behindert, wird chirurgisch entfernt oder mithilfe von flüssigem Stickstoff abgetragen.

Talgdrüsenhyperplasie. Der Name klingt Besorgnis erregend; dennoch verursacht dieses Leiden kaum Probleme. Es tritt ein, wenn die Talgdrüsen größer werden oder rascher wachsen, als sie sollten, und ein Knötchen unter der Haut hervorrufen. Übergroße Talgdrüsen sind bei älteren Hunden stark verbreitet.

Was tun?

Rat holen. Da Sie zu Hause nicht entscheiden können, ob Schwellungen oder Knoten eine Gefahr darstellen, sollten Sie den Tierarzt kontaktieren, sobald Sie bei Ihrem Hund irgendeine Hautveränderung feststellen. Harte, rasch wachsende Knoten oder Schwellungen sind womöglich etwas Ernstes. Auch Knoten, die offenbar von einem Knochen, dem Inneren der Brust oder einer Zitze ausgehen, sind verdächtig.

Während die meisten Hautknoten harmlos sind, lassen sich zahlreiche Krebsarten zunächst nicht von gutartigen Zysten und Tumoren unterscheiden.

Infektionen behandeln. Infektiös bedingte Knoten sind aufgrund von Eiter, Wärme, Rötungen oder Berührungsempfindlichkeit meist leicht erkennbar. Legen Sie mehrmals täglich für jeweils fünf Minuten eine warme, feuchte Kompresse auf, trocknen Sie danach die betroffene Region gut auf und tragen Sie eine antibiotische Salbe auf.

Nichts tun. Da die meisten Knoten und Schwellungen weder schmerzhaft noch bedenklich sind, sollte man nichts weiter tun, es sei denn, es wurde Krebs diagnostiziert. Schmerzhafte Knoten können chirurgisch leicht entfernt werden, was jedoch nur selten erforderlich ist.

Spröde Krallen

Hunde benutzen ihre Krallen intensiv zum Kratzen und Scharren. Da sie stets den Boden berühren, kommen sie regelmäßig mit harten und rauen Oberflächen in Kontakt. Durch die recht hohe Beanspruchung werden die Krallen bisweilen rissig oder splittern ab.

Rissige Krallen sind nicht nur schmerzhaft, sondern auch anfällig für schwer zu bekämpfende Infektionen, die weitere Risse nach sich ziehen können.

Verdachtsmomente

Zu lange Krallen. Kurze Krallen nehmen nur selten Schaden, doch Krallen, die zu lang werden, sind anfällig für Risse.

Dies ist häufig ein Problem bei der Wolfskralle an der Innenseite des Laufs, da sie sich nicht durch Bodenberührung abnutzt. Darüber hinaus sind lange Krallen gekrümmt, sodass sie sich leicht im Teppich verfangen und abreißen können.

Infektionen. Da Hunde keine Schuhe tragen, sind ihre Pfoten ständig der Umwelt mit all ihren Bakterien ausgesetzt. Hunde, die sich sehr häufig im Wasser oder in feuchter Umgebung wie beispielsweise am Waldrand aufhalten, sind besonders gefährdet, da zahlreiche Organismen in Feuchtigkeit gut gedeihen.

Mangel an Fettsäuren. Nägel und Krallen sehen zwar nicht wie Haut aus und fühlen sich auch nicht so an, doch sie sind eine Erweiterung der Haut. Alles, was zu ungesunder Haut führt –

Bakterien lieben Feuchtigkeit. Hunde, die viel Zeit im oder am Wasser verbringen, erkranken häufiger an Nagelbettentzündungen.

so auch die Unterversorgung mit unverzichtbaren Fettsäuren –, kann beim Hund spröde Krallen nach sich ziehen.

Zwanzig-Nägel-Krankheit. Bei der eher seltenen, so genannten lupoiden Onychodystrophie fallen dem Hund sämtliche Krallen aus. Die nachwachsenden Krallen sind meist spröde und werden leicht rissig. Man vermutet, dass das Immunsystem bei dieser Erkrankung eine Rolle spielt.

Was tun?

Besseres Futter ausprobieren. Falls Sie bisher vorwiegend Billigfutter für Ihren Hund

KRALLEN RICHTIG SCHNEIDEN

Liegt keine Grunderkrankung vor, können Sie durch regelmäßiges Nachschneiden vermeiden, dass die Krallen des Hundes rissig werden. In der Regel müssen die Krallen ungefähr einmal monatlich geschnitten werden, wenngleich ältere Hunde bisweilen eine häufigere Pediküre brauchen.

• Da rissige Krallen beim Schneiden leicht splittern, sollten Sie eine spezielle Krallenzange verwenden oder die Krallen mit einer Nagelfeile bearbeiten.

Verwenden Sie keine guillotinenartige Zange, da bei spröden Krallen sonst Quetschgefahr besteht.

• Lassen Sie die Pfoten zunächst 15 Minuten in warmem Wasser einweichen.

• Falls Ihr Hund partout nicht stillsitzen will, sollten Sie ein in warmes Wasser getauchtes Tuch um die Pfoten wickeln (etwa 10–15 Minuten lang dort belassen).

Wenn Sie den Fuß nicht so lange festhalten wollen, stülpen Sie eine Plastiktüte über, die Sie mit Klebeband fixieren.

• Manche Hunde hassen das Krallenschneiden. Bearbeiten Sie deshalb zunächst erst nur eine oder zwei Krallen und fahren Sie nach ein bis zwei Tagen damit fort.

• Achten Sie darauf, nicht in das Nerven und Blutgefäße enthaltende »Leben« zu schneiden, das bei schwarzen Krallen schwer zu erkennen ist. Schneiden Sie jeweils nur ein winziges Stück ab und hören Sie auf, sobald es sich etwas weicher anfühlt. Stillen Sie eventuelle Blutungen mithilfe eines Alaunstifts oder durch Bestäuben mit Mehl oder Maisstärke.

• Beim Welpen kann bereits in der 10. bis 12. Lebenswoche mit dem Krallenschneiden begonnen werden. In diesem Alter schneidet man am besten nur die scharfen Spitzen ab, um das Tier an die Prozedur zu gewöhnen.

Nur die Krallenspitzen abschneiden, um das empfindliche »Leben« nicht zu verletzen.

Kappen Sie die Krallenspitze mit einer scharfen Seitenzange. Verwenden Sie bei spröden Krallen keine guillotinenartige Zange.

GUTER RAT

Entzündungen der Krallen oder des Nagelbetts sind zeitaufwendig und schwierig zu behandeln. Falls Ihr Hund plötzlich zu hinken beginnt, sollten Sie einen Blick auf die Krallen werfen. Entdecken Sie Eiter oder einen schwarzen, gummiartigen Ausfluss, sollten Sie sofort den Tierarzt aufsuchen.

Auch im Frühstadium festgestellte Nagelbettentzündungen verheilen recht langsam. Manche Hunde müssen wenigstens einen Monat lang Antibiotika erhalten.

Manche Nagelbettentzündungen wollen einfach nicht abklingen. In solchen Fällen müssen die betroffenen Krallen womöglich gezogen werden. Diese Prozedur erfordert eine Vollnarkose und einen 24-Stunden-Aufenthalt in der Tierklinik. Wird vom Tierarzt nur der abgestorbene Teil der Kralle entfernt, so wächst diese allmählich wieder nach – aber nicht wenn die ganze Kralle gezogen werden muss.

Pfoten trocken halten. Um die Infektionsgefahr zu reduzieren, sollten Sie dafür sorgen, dass sich der Hund nicht lange auf feuchtem oder lehmigem Grund aufhält.

Zwingerhunde haben meist gesündere Pfoten, wenn der Boden aus Beton anstatt aus Erde besteht. Richten Sie nach Möglichkeit eine Ecke aus sauberer Streu ein, damit der Hund sich bequem ausruhen kann.

Bei Arbeitshunden und solchen Vierbeinern, die einfach nicht umhin können, im Wasser zu spielen, sollte man die Pfoten so oft wie möglich abtrocknen, um Infektionen vorzubeugen.

Nasse Pfoten sind eine willkommene Wohnstätte für Bakterien. Regelmäßiges Abtrocknen trägt daher zur Gesunderhaltung der Krallen bei.

verwendet haben, sollten Sie die Umstellung auf ein hochwertiges Markenfutter überdenken, das vermutlich mehr Fettsäuren enthält. Eventuell wird Ihnen der Tierarzt entsprechende Ergänzungspräparate und die für Ihren Hund richtige Dosis empfehlen.

Eine Umstellung der Ernährung ist häufig sinnvoll, wirkt jedoch nicht sofort, denn häufig dauert es mehr als sechs Monate, bis die Krallen wieder robuster und kräftiger werden.

Veränderte Nasenfarbe

Bei manchen Hunden nimmt die Nase aufgrund von Pigmentverlusten eine weiße oder rötliche Färbung an. Dies ist zwar nur selten ein gesundheitliches Problem, sieht jedoch merkwürdig aus. Für einen Ausstellungshund kann diese Krankheit das Aus bedeuten. Bis die gewohnte Farbe wieder zurückkehrt, können Wochen vergehen, wenn überhaupt eine Besserung eintritt.

Verdachtsmomente

Allergien. In dieser Hinsicht können Fressnäpfe aus Plastik eine Rolle spielen, auf die manche Hunde empfindlich reagieren. Wenn die Tiere ihre Nase tagtäglich in einen Plastiknapf stecken, kann die Nasenpigmentierung nach einiger Zeit tatsächlich zurückgehen.

Reizungen. Kratz- oder Schnittverletzungen der Nase können farbliche Veränderungen nach sich ziehen. Hierbei wandert das Pigment aus der betroffenen Region ab und kehrt nach dem Abheilen der Wunde allmählich wieder zurück.

Organische Erkrankungen. Auch wenn es wissenschaftlich noch unbewiesen ist, nehmen manche Tierärzte an, dass ein erniedrigter Schilddrüsenhormonspiegel für das Verblassen der Nase verantwortlich ist. Dies gilt ebenfalls für Immunerkrankungen wie Lupus und Pemphigus oder das Harada-Syndrom, das die Augen und auch die Hautpigmente schädigt. Zur Behandlung werden häufig Steroide eingesetzt, die das Immunsystem stabilisieren.

BESTIMMTE RASSEN

Dobermann und Rottweiler (rechts) sind besonders anfällig für Vitiligo. Bei dieser eigentlich harmlosen Erkrankung verlieren die Hautzellen unwiederbringlich Melanin (Pigment).

Schneenase. Viele Hunderassen – vor allem Collietypen und nordische Rassen wie Siberian Huskie, Amerikanischer Eskimohund und Alaskan Malamute – bekommen in den Wintermonaten eine weiße Nase.

Früher nahm man an, diese so genannte Schneenase werde durch gleißendes, vom Schnee reflektiertes Sonnenlicht oder durch eine Kombination aus Kälte und Traumata verursacht, da Hunde ihre Nasen häufig als Schneeschieber verwenden. Das Wetter spielt hierbei jedoch anscheinend keine Rolle, da auch Hunde in warmen Klimazonen eine Schneenase bekommen können.

Sonnenlicht. Die unbehaarte und empfindliche Hundenase kann leicht einen Sonnenbrand davontragen und dadurch heller oder dunkler werden.

GUTER RAT

In der Nase befinden sich zahlreiche Kapillargefäße – Äderchen, die normalerweise hellrotes Blut transportieren. Ein Hund, dessen Nase plötzlich einen Blauschimmer annimmt, leidet womöglich an einer beginnenden Zyanose, bei der das Blut nicht ausreichend Sauerstoff transportiert. Zyanose ist ein Zeichen für Atemprobleme, die durch ein Herzleiden verursacht werden können und beim Spitz besonders häufig auftreten. Oft bemerken die Besitzer diese Farbveränderung wesentlich früher als die Atembeschwerden ihres Hundes.

Zyanose ist grundsätzlich ein Notfall, der veterinärmedizinisch behandelt werden muss. Der Blauschimmer ist bei Hunden mit dunkler Schnauze nicht sichtbar, deshalb ist in diesen Fällen besondere Achtsamkeit geboten.

Was tun?

Auf Näpfe aus Glas, Keramik oder Metall umstellen. Auch wenn Kunststoffallergien nicht weit verbreitet sind, empfehlen viele Tierärzte routinemäßig die Verwendung hypoallergener Näpfe aus Metall, Glas oder Keramik. Falls tatsächlich eine Kunststoffallergie vorliegt, wird sich die Nasenfarbe vermutlich nach ein paar Wochen wieder normalisieren.

Vitaminpräparate ausprobieren. Manche Züchter schwören auf die Hilfe von Vitamin E und Algenpräparaten. Es gibt dafür zwar keine Beweise, doch diese Mittel sind unbedenklich und daher gewiss einen Versuch wert. Erkundigen Sie sich beim Tierarzt nach der für Ihren Hund richtigen Dosierung.

Sonnenschutz. Die meisten Hunde können ohne Probleme viele Stunden in der Sonne verbringen. Hunde mit verblasster Nase oder mit weißem, lohfarbenem oder rotem Fell profitieren jedoch davon, wenn man ihre Nase mit einer Sonnencreme einreibt (mindestens Lichtschutzfaktor 15) und dies häufiger wiederholt, da die Creme immer wieder abgeleckt wird. Achten Sie deshalb darauf, dass das Sonnenschutzmittel kein Zinkoxid und keine Paraaminobenzoesäure (PABA) enthält.

Sonnenbrand führt zu ganz ähnlichen Veränderungen der Nasenfarbe wie Lupus oder Pemphigus; falls die Nase nach etwa zwei Wochen nicht wieder die gewohnte Färbung angenommen hat, sollten Sie zum Tierarzt gehen.

Bei manchen Hunden geht die Nasenpigmentierung aufgrund einer Kunststoffallergie zurück. Näpfe aus Metall, Glas oder Keramik können Abhilfe schaffen.

Nasenausfluss

Hunde leiden nicht so häufig an einer triefenden Nase wie Menschen, da das oftmals hierfür verantwortliche körpereigene Histamin bei ihnen in der Haut und weniger in den Nasenhöhlen konzentriert ist. Falls Sie bei Ihrem Hund dennoch Nasenausfluss feststellen sollten, können Sie anhand der Farbe ermitteln, wo das Problem liegt und ob Sie es selbst behandeln können.

Verdachtsmomente

Virusinfektionen. Leichte virale Infektionen sind bei Hunden keine Seltenheit. Sie führen häufig zu einem klaren Nasenausfluss und klingen meist nach ein paar Tagen von allein wieder ab. Wegen bestehender Ansteckungsgefahr sollten Sie Ihren Liebling unterdessen von anderen Hunden fern halten.

Bakterielle und Pilzinfektionen. Virale Atemwegsinfektionen sind in der Regel unbedenklich, doch Bakterien und Pilze können zu einem echten Problem werden, da sich diese Infektionen ohne medikamentöse Behandlung meist verschlimmern. Falls der Ausfluss blutig, zähflüssig, milchig oder grün ist, führt kein Weg am Tierarzt vorbei.

Allergien. Allergische Hunde werden sich eher kratzen als schniefen, doch manchmal beginnt auch ihre Nase zu laufen. Gewöhnlich wird diese Allergie durch Einatmen von Pollen, Schimmelpilzen oder Hausstaub verursacht. Wie bei einer Virusinfektion ist auch der allergisch bedingte Ausfluss meist klar und wässrig.

Allergien wie Heuschnupfen haben in der Regel einen starken Juckreiz zur Folge, bisweilen jedoch auch eine triefende Nase.

Blockaden. Eine Hundenase kann genügend Saugkraft erzeugen, um kleine Zweige und Steine einzuatmen. In der Nase festsitzende Fremdkörper können zu intensivem klarem Ausfluss führen.

Meist ist der Hund in der Lage, das Objekt durch Schnaufen oder Kopfschütteln loszuwerden. Falls dies nicht gelingt, kann eine Entzündung eintreten.

Geplatzte Adern. Die Blutgefäße der Nasenschleimhaut sind sehr klein und empfindlich und können schon einmal nach ein oder zwei kraftvollen Niesern platzen. Mit Blut vermischter Nasenausfluss ist meist unbedenklich, wenn er nach ein bis zwei Tagen wieder zurückgeht. Ist dies nicht der Fall, sollten Sie Ihren Tierarzt aufsuchen, da die Blutung womöglich auf eine größere Verletzung oder sogar einen Tumor zurückgeht.

Was tun?

Nase eincremen. Nasenausfluss ist in der Regel unbedenklich, doch das ständige Tröpfeln kann die empfindliche Nasenschleimhaut reizen. Daher empfiehlt es sich, die Nase regelmäßig mit einem warmen, feuchten Tuch abzuwischen und anschließend mit einer normalen Feuchtigkeitscreme zu behandeln.

Da die meisten Hunde die Creme innerhalb weniger Sekunden wieder ablecken, sollten Sie während der Einwirkzeit für Ablenkung oder Beschäftigung sorgen.

Allergiesymptome bekämpfen. Die Symptome einer Allergie können Sie mithilfe von Antihistaminika recht schnell zum Abklingen

GUTER RAT

Dank der Impfprophylaxe ist die Staupe heute kaum noch anzutreffen. Hunde, die sich diese gefährliche Virusinfektion zuziehen, erkranken sehr schwer oder sterben gar daran. Ein frühes Warnzeichen für Staupe ist ein krustiger, graugelber Ausfluss an Nase und Augenwinkeln. Suchen Sie unverzüglich Ihren Tierarzt auf, sobald Sie einen derartigen – oder einen zähflüssigen bzw. farblosen – Ausfluss bemerken.

bringen; sie können während der gesamten Allergiesaison ohne Bedenken verabreicht werden. Erkundigen Sie sich bei Ihrem Tierarzt nach geeigneten Mitteln und nach der richtigen Dosierung.

Nasencheck durchführen. Ob die Nase durch einen Fremdkörper blockiert wird, können Sie rasch ermitteln, indem Sie dem Hund einen kleinen Spiegel unter die Nasenlöcher halten. Falls der Spiegel nur auf einer Hälfte beschlägt, liegt mit ziemlicher Sicherheit ein Fremdkörper vor. Dieser sitzt meist nicht sehr weit im Naseninneren, sodass Sie ihn vielleicht im Licht einer Taschenlampe erkennen können. Bevor Sie versuchen, mit einer stumpfen Pinzette ans Werk zu gehen, sollten Sie beachten, dass viele Hunde nicht stillhalten können und Sie womöglich über das Ziel hinausschießen. Für den Tierarzt ist diese Prozedur jedoch meist nur eine Sache von wenigen Sekunden.

BESTIMMTE RASSEN

Collie (rechts) und Mops leiden nicht unbedingt häufiger an verstopften Nasen als andere Hunde, doch aufgrund der schmalen beziehungsweise gestauchten Nase kann ihnen bereits eine leichte Verstopfung großes Unbehagen bereiten.

Rissige Pfotenballen

Die Pfotenballen sind von einer dicken, elastischen Haut bedeckt, die bei jedem Auftreten wie ein Stoßdämpfer wirkt. Bei Hunden, die sich viel auf harten Oberflächen bewegen, können sich die Fußsohlen verdicken, was zur Bildung von derben Hornschwielen führt. Diese sind nicht sehr elastisch und trocknen leicht aus, sodass schmerzhafte Risse entstehen.

Rissige Ballen gehen meist auf mechanische Abnutzung zurück, können jedoch auch durch verschiedene innerorganische Probleme verursacht werden.

Verdachtsmomente

Allergien. Heuschnupfen und einige Nahrungsmittelallergien führen zu starkem Juckreiz. Der Hund reagiert darauf mit Beknabbern und Ablecken der Pfoten. Durch Reibung und ständige Feuchtigkeit können die Ballen wund und rissig werden.

Zinkmangel. Arktische Rassen wie der Amerikanische Eskimohund, Siberian Huskie und Alaskan Malamute bekommen mit dem Futter häufig nicht genügend Zink zugeführt. Da die Haut jedoch zur Regenerierung Zink benötigt, kann ein verminderter Zinkvorrat zu rissigen Ballen führen.

Immunprobleme. Autoimmunerkrankungen wie Lupus können dazu führen, dass der Körper die Haut angreift und schmerzhafte Risse entstehen. Da diese Erkrankungen manchmal ziem-

lich rasch einsetzen, sollten Sie Ihren Tierarzt aufsuchen, falls Ihr Hund plötzlich rissige Ballen bekommt – vor allem wenn sie nicht besonders strapaziert wurden.

Was tun?

Ballen anfeuchten. Meist werden die Ballen rissig, wenn die Haut hart und spröde ist. Zur Behandlung bestehender und zur Vermeidung weiterer Risse empfiehlt es sich, ein paar Wochen lang ein- bis zweimal täglich eine Feuchtigkeitscreme aufzutragen, beispielsweise Kerasolv.

Da die Creme einige Zeit benötigt, um in die Haut einzuziehen, sollten Sie Ihrem Hund vielleicht (mit Watte gepolsterte) Socken überstreifen, damit er nicht alles gleich wieder abschleckt. Die Socken können Sie mit Klebeband

Das Auftragen einer Feuchtigkeitscreme verschafft dem Hund Linderung und fördert den Heilungsprozess.

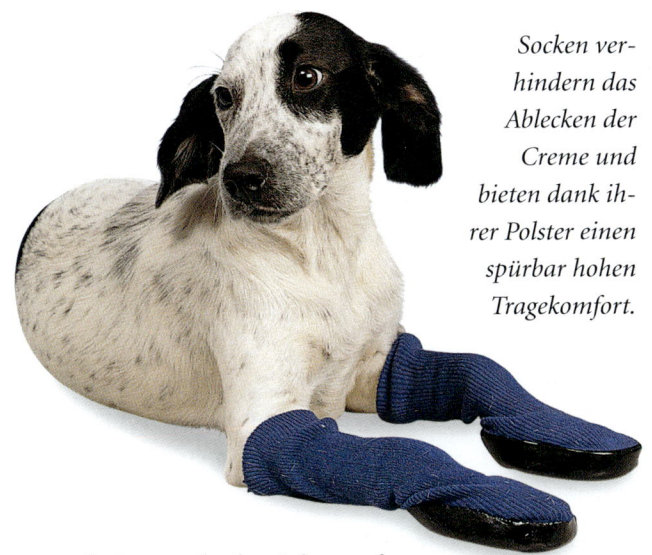

Socken verhindern das Ablecken der Creme und bieten dank ihrer Polster einen spürbar hohen Tragekomfort.

fixieren, doch nicht so fest, dass die Durchblutung behindert wird.

Hundeschuhe. Damit tiefere Risse abheilen können, würden sich eigentlich Hundeschuhe empfehlen – aber sie müssen korrekt getragen und dürfen nicht unablässig beknabbert werden. Meist sind daher Socken eine akzeptablere – und bezahlbare – Therapie.

Juckreiz bekämpfen. Da Allergien eine häufige Ursache für juckende Pfoten sind, möchten Sie vielleicht geklärt wissen, worauf der Hund eigentlich allergisch reagiert. Dies ist nie leicht zu ermitteln, denn so unterschiedliche Dinge wie Schimmelpilzsporen, Pollen und Futterbestandteile können juckende Pfoten verursachen. Am besten suchen Sie hierzu einen Tierarzt auf, der auf Allergien spezialisiert ist.

Eine Zwischenlösung können Antihistaminika wie Diphenhydramin (Benadryl®) darstellen. Antihis-taminika wirken rasch und bringen den Juckreiz meist innerhalb weniger Tage zum Abklingen. Erkundigen Sie sich jedoch vorher am besten bei Ihrem Tierarzt.

Ballen gründlich säubern. Hunde laufen bekanntlich nicht immer auf gebohnertem Parkett, und rissige Ballen erleichtern das Eindringen von Bakterien. Zur Vorbeugung sollten Sie daher die Pfoten zweimal täglich für jeweils 15 Minuten in einer Lösung einweichen, die aus einem Esslöffel zweiprozentigem Chlorhexidin (aus der Apotheke) und zwei Litern kaltem Wasser besteht. Falls der Hund mit dem Fuß in der Wanne nicht still stehen will, sollten Sie zweimal täglich für rund zehn Minuten ein getränktes Tuch vorsichtig gegen den Ballen drücken.

Entlastung schaffen. Aufgrund des Drucks und der Reibung beim Laufen verheilen rissige Pfoten oft nur langsam. Sie können Ihrem Hund zwar keine Bettruhe verordnen, doch die Belastungen reduzieren, indem Sie ihn einstweilen nur auf Rasen und anderen weichen Flächen Gassi führen.

VERLETZUNG ODER ERKRANKUNG?

Rissige Ballen gehen in den meisten Fällen auf eine Kombination aus trockener Haut und normaler Abnutzung durch Laufen auf Asphalt und anderen rauen Oberflächen zurück. Wenn nur ein Ballen Risse aufweist, deutet dies gewöhnlich auf eine Verletzung hin, während Risse an sämtlichen vier Pfoten des Hundes ein Zeichen für innerorganische Probleme sein können.

Unmotiviertes Hecheln

Hunde besitzen ein paar Schweißdrüsen an den Pfoten, die jedoch nur bedingt ausreichen, um ihnen bei hohen Temperaturen Kühlung zu verschaffen. Abgesehen vom Untertauchen oder Eingraben verbleibt ihnen allein das Hecheln, sonst würden sie einen Hitzekollaps erleiden. Es ist ganz normal, dass ein Hund nach dem Herumtoben oder an einem heißen Tag stark hechelt. Falls er dies jedoch auch an kühlen Tagen oder im Zustand der Entspannung tut, geschieht etwas, das ihm ein ungewohnt hohes Wärmegefühl vermittelt.

Verdachtsmomente

Angst. Wenn Sie zahlreiche Hunde vereint hechelnd erleben möchten, brauchen Sie nur

Hunde, die nicht wasserscheu sind, kühlen sich gern in einem Fluss oder Teich ab.

einen Blick ins Wartezimmer Ihres Tierarztes zu werfen. So wie nervöse Menschen etwas schneller atmen, beginnen die Hunde zu hecheln, bis sich ihre Anspannung gelegt hat.

Anämie. Meist durch Blutverlust verursacht (etwa aufgrund eines starken Befalls mit Flöhen oder anderen Parasiten), ist dies eine Erkrankung, bei der die Zahl der roten Blutkörperchen vermindert ist oder diese nicht ausreichend Sauerstoff transportieren. Ein anämischer Hund atmet rascher, damit mehr Sauerstoff ins Blut und zu den Zellen gelangt.

Fieber. Die normale Körpertemperatur des Hundes liegt zwischen 37,5 und 39 °C. Hunde mit erhöhter Temperatur beginnen zu hecheln, um die überschüssige Wärme loszuwerden.

Fieber ist nur in den seltensten Fällen gefährlich und wird gemeinsam mit der zugrunde liegenden Erkrankung abklingen, doch bei Temperaturen über 39,4 °C sollten Sie unbedingt Ihren Tierarzt kontaktieren.

Schilddrüsenleiden. Die Schilddrüse ist so etwas wie das Gaspedal des Körpers, denn sie reguliert das Tempo des Stoffwechsels. Hunde, die an einer Überfunktion der Schilddrüse leiden, fahren gewissermaßen ständig mit Vollgas und hecheln, um abzukühlen.

Was tun?

Fieber senken. Hunde mit Virusinfektionen oder anderen Erkrankungen haben häufig mehrere Tage lang Fieber und fühlen sich miserabel. Sie können den natürlichen Heilungs-

Ein kühles, feuchtes Handtuch wirkt lindernd bei Überhitzung des Hundes. Sie erkennen eine drohende Überhitzung durch vermehrtes Hecheln.

prozess unterstützen, indem Sie dem Hund mehrmals täglich ein kühles, feuchtes Handtuch auf den Bauch legen. Hunde, die Wasser mögen, kühlen noch schneller ab, wenn man sie für ein paar Minuten in eine Wanne mit kaltem Wasser stellt.

Zahnfleisch prüfen. Bei den meisten Hunden ist das Zahnfleisch rosa, bei Anämie ist es wegen der Minderdurchblutung jedoch blass oder sogar weiß.

Hier ein Tipp, falls Sie die gewohnte Farbe des Zahnfleischs nicht kennen: Drücken Sie mit dem Finger auf das Zahnfleisch. Der entstandene Fleck sollte verblassen und rasch wieder eine rosa Farbe annehmen. Bei Anämie bleibt die Blässe mehrere Sekunden lang bestehen.

Parasiten beseitigen. Flöhe können dem Körper in kurzer Zeit überraschend viel Blut entziehen. Vor allem bei Welpen kann auf diese Weise ein beträchtlicher Blutverlust eintreten. Falls Ihr Hund begonnen hat, stark zu hecheln, und Sie außerdem »Flohstaub« auf seinem

Bauch entdecken (oder lebende Flöhe im Fell oder auf dem Teppich), sollten Sie sich bei Ihrem Tierarzt über die aktuellsten Flohbekämpfungsmittel erkundigen. Oder Sie waschen den Hund mit einem Anti-Floh-Shampoo, gefolgt von einer kleinen Menge eines Antiparasitikums auf Pyrethrinbasis.

GUTER RAT

Der Hitzschlag – er ist durch einen plötzlichen Anstieg der Körpertemperatur auf mehr als 40 °C gekennzeichnet – ist eines der häufigsten und zugleich gefährlichsten Leiden. Starkes Hecheln ist die Folge davon; die Ursache besteht oft darin, dass Hundehalter ihren Weggefährten an heißen Tagen im Auto zurücklassen, wenn auch nur kurz. Hitzschlag geht darüber hinaus mit extremer Erschöpfung einher. Weitere Symptome sind Speicheln, glasige Augen und tiefrotes Zahnfleisch.

Ein Hitzschlag bedarf unverzüglicher tierärztlicher Behandlung. Notfalls sollten Sie versuchen, die Temperatur mithilfe von feuchten Handtüchern zu senken, gefolgt von einem Umschlag aus mit Eis gefüllten Müllbeuteln. Setzen Sie alternativ den Hund in kaltes Wasser und verabreichen Sie seinem Kopf eine kühle Kompresse.

Nehmen Sie alle fünf bis zehn Minuten eine Temperaturmessung vor. Bei Abkühlung auf 39,4 °C können Sie die Behandlung einstellen und den Hund ausruhen lassen, bis ein Tierarzt verfügbar ist.

Rutschen auf dem Hinterteil

Dann und wann können Sie Hunde beobachten, die plötzlich innehalten, sich hinhocken und mit dem Hinterteil langsam über den Boden zu schleifen beginnen. Dann stehen sie auf und gehen ein paar Schritte – jedoch nur um die gleiche Prozedur zu wiederholen.

Dieses so genannte Schlittenfahren sieht seltsam aus, dient aber einem praktischen Zweck: Meist versucht der Hund auf diese Weise, einen vorhandenen Juckreiz loszuwerden.

Verdachtsmomente

Verstopfte Analbeutel. Beidseitig des Afters – im Körper gelagert und daher unsichtbar – sitzen zwei kleine Beutel (Drüsen), die eine stark riechende Flüssigkeit enthalten. Diese ist für jeden Hund ebenso einzigartig wie ein Fingerabdruck beim Menschen und wird bei jedem Stuhlabsatz freigesetzt.

Hunde beschnüffeln einander am Hinterteil, um anhand dieser Substanz wichtige Informationen über Geschlecht, Alter und Gesundheitszustand zu erhalten.

Wenn sich jedoch ein Ausführgang (oder beide) zusetzen, weil die Öffnungen von Natur aus klein sind oder das Sekret aufgrund einer Infektion zähflüssiger ist als gewöhnlich, schwellen die Analbeutel an; dies hat Juckreiz und Unbehagen zur Folge.

Ältere, weniger aktive Hunde haben damit besondere Probleme, da sich die Analbeutel aufgrund der verminderten Muskelspannkraft der Afterregion mit geringerer Wahrscheinlichkeit von selbst entleeren.

Wurmbefall. Vor allem Hunde, die draußen häufig auf den Spuren ihrer Artgenossen wandeln, bekommen häufig Würmer. Bandwürmer sind eine weit verbreitete Ursache für das Schlittenfahren. Obwohl sie im Darm der betroffenen Hunde leben, wandern sie bisweilen zur Afterregion und reizen die Haut. Man kann sie leicht lokalisieren, indem man einen Blick unter den Hundeschwanz wirft: Bandwürmer sehen aus wie weiße Reiskörner und sitzen auf

GUTER RAT

Verstopfte Analbeutel verursachen Unbehagen, doch nur selten gravierende Probleme – es sei denn, ein Beutel oder beide Beutel entzünden sich, was zu einem schmerzhaften und nicht ungefährlichen Abszess führen kann. Falls die Afterregion rot oder geschwollen ist, falls Eiter sichtbar wird oder der Hund jaulend herumrutscht, sollten Sie unverzüglich den Tierarzt aufsuchen.

Analbeutelentzündungen sind allerdings nicht allzu häufig. Meist müssen die Analbeutel nur ausgedrückt werden. Falls Sie einen robusten Magen besitzen und einen Versuch wagen möchten, können Sie dies innerhalb weniger Sekunden selbst erledigen. Am besten lässt man sich die Prozedur zunächst von seinem Tierarzt vorführen.

der Haut oder im Fell rund um den After. Einzelne Wurmsegmente finden sich auch im Kot.

Reizungen. Hunde sind beim Fressen nicht sonderlich vorsichtig und zernagen Knochen und Stöckchen ohne weiteres in tausend Stücke. Meist bleiben einzelne Fragmente erst im Enddarm stecken: Der Hund rutscht dann mit dem Hinterteil über den Boden, um die Reizung zu beenden.

Derartige Reizungen klingen meist schnell wieder ab, falls sich kein größeres Objekt im Enddarm festgesetzt hat. Versuchen Sie nicht, einen sichtbar werdenden Fremdkörper herauszuziehen: Sie könnten sonst die empfindlichen Schleimhäute beschädigen. Ziehen Sie besser Ihren Tierarzt zurate.

Es gibt kaum einen Hund, der nicht genüsslich sein Stöckchen bearbeitet. Verschluckte Splitter können jedoch im Enddarm stecken bleiben und dort schmerzhafte Reizungen verursachen. Ihr Hund reagiert darauf, indem er auf dem Hinterteil herumrutscht.

Was tun?

Würmer beseitigen. Bandwürmer sind überaus häufige Parasiten. Man kann sie zwar leicht mithilfe entsprechender Wurmmittel loswerden, doch häufig kommen sie wieder zurück, da sich ihnen eine große Zahl von Schlupfwinkeln bietet. Tägliches Entfernen der Kothaufen in Hof und Garten trägt dazu bei, einem neuerlichen Wurmbefall vorzubeugen. Außerdem sollte man einen Hund, der sich unbeaufsichtigt im Freien aufhält, vom Aasfressen und Jagen abhalten, da zahlreiche Vögel und Nager Bandwürmer beherbergen.

Flöhe beseitigen. Die meisten Hunde bekommen Bandwürmer durch Flöhe, die häufig Eier von Bandwürmern transportieren. Mit den Flöhen wird man daher in der Regel auch die Würmer los. Bis vor kurzem waren die Möglichkeiten darauf beschränkt, den Hund mit einem medizinischen Shampoo oder mit Insektiziden (Spray oder Pulver) zu behandeln. Heute empfehlen die meisten Tierärzte den Einsatz oraler Präparate wie Program® oder örtlich wirkender Flüssigkeiten wie Frontline®. Diese für Hunde unbedenklichen Produkte töten die Flöhe sofort oder unterbrechen ihren Lebenszyklus und somit die Vermehrung.

Kratzen, Kauen, Lecken

Wer Hunde beobachtet, kann den Eindruck gewinnen, als würden sie sich ständig kratzen. Ihre Haut ist offenbar ungewöhnlich empfindlich, obwohl die genauen Ursachen für diesen Juckreiz nicht bekannt sind. Schon ein einzelner Insektenstich, der einen Menschen nicht weiter stören würde, kann die Hinterläufe des Hundes unablässig in Bewegung versetzen. Leichtes Kratzen ist ohne Bedeutung, doch manche Hunde können damit einfach nicht aufhören. Wunde Stellen, Hautreizungen und bisweilen auch Entzündungen sind Folgen dieser Attacken.

Verdachtsmomente

Flöhe. Viele Hunde sind gegen Flöhe allergisch und reagieren auf sie mit einer spezifischen Hautentzündung. Beim Flohbiss gelangt etwas Speichel unter die Haut. Dies kann zu einer vermehrten Ausschüttung von Histamin führen – einer körpereigenen Substanz, die Juckreiz, Tränenfluss und andere Allergiesymptome verursacht. Bei einem Hund mit Flohallergie reicht schon ein einziger Biss, um tagelanges Kratzen auszulösen.

Flohallergien keimen meist in der Hochsaison der Flöhe auf – im späten Frühjahr und Sommer. Einmal einsetzender Juckreiz kann sich unangenehm verstärken und selbst dann noch anhalten, wenn die Flöhe bereits fort sind.

Flöhe können Sie am einfachsten auf dem dünnen Fell des Hundebauchs entdecken. Befallene Hunde haben darüber hinaus meist verräterische dunkle Flecken im Fell: die Hinterlassenschaften der Flöhe. Flohbedingtes Kratzen konzentriert sich meistens auf die hintere Körperhälfte, vor allem rund um den Schwanzansatz.

Milben. Eine weitere Ursache für Juckreiz ist die Sarcoptes-Räude. Die verantwortlichen Milben sind hochansteckend und gehen leicht von einem Hund zum nächsten über. Milbenbefall ist oft mit weiteren Symptomen verbunden wie geröteten krustigen Hautregionen und möglicherweise auch einzelnen kahlen Stellen. Der Juckreiz konzentriert sich auf Brust, Bauch, Läufe und Ohrenränder. Entsprechende Mittel sind in Tierhandlungen erhältlich.

Allergien. Eine vorhandene Allergie zeigt sich meist anhand von Hautreaktionen. Es gibt buchstäblich Hunderte von Dingen, auf die auch ein Hund allergisch reagieren kann, meist fallen sie jedoch in eine der drei folgenden Hauptgruppen:

BESTIMMTE RASSEN

Hunde mit hellem Fell und blasser Haut wie blonde Cockerspaniel und West Highland White Terrier (links) bekommen besonders leicht Hautprobleme. Auch Irish Setter sind sehr anfällig für allergische Hautreaktionen.

• Nahrungsmittelallergien werden gewöhnlich durch ein oder mehrere Proteine im Futter verursacht (bisweilen auch durch Zusätze wie Farbstoffe oder Konservierungsmittel), häufig durch die Proteine von Rind- oder Schweinefleisch, Soja und Mais. Hunde, die jahrelang ohne Probleme das gleiche Futter fressen, können plötzlich auf einen der Bestandteile allergisch reagieren.

• Inhalationsallergien wie etwa Heuschnupfen treten auf, wenn ein Hund Substanzen wie Pollen, Hausstaub oder Schimmelpilze einatmet, auf die er zufällig allergisch reagiert. Sie sind häufig saisonabhängig, sodass der Juckreiz im Frühjahr und Sommer meist stärker ist als in den kalten Monaten (diese Beschränkung gilt nicht für eine Hausstauballergie).

Hunde mit Überempfindlichkeit gegenüber Pollen und anderen Schwebstoffen der Luft können eine schwere Form des Heuschnupfens entwickeln. Diese so genannte Atopie führt zu extremem Juckreiz, der den Hund veranlasst, sich im Gesicht und an den Achselhöhlen zu kratzen und die Pfoten abzulecken und zu beknabbern.

• Kontaktallergien sind ebenfalls mit Hautreaktionen verbunden. Sie können eintreten, wenn sich der Hund im Gras wälzt. Andere Hunde reagieren empfindlich auf Chemikalien in Teppichreinigern oder auf Nylonfasern, wie sie in vielen Bodenbelägen vorkommen.

Was tun?

Flöhe beseitigen. Aus ein paar Flöhen können innerhalb weniger Monate Hunderttausende von diesen Plagegeistern werden. Außerdem kann jeder Floh auf dem Hund für Hunderte weiterer Flöhe im Garten, auf dem Teppich und im Hundebett stehen. Bei der Bekämpfung darf man aus diesem Grund keinen ihrer Lebensräume vergessen.

Die meisten Tierärzte empfehlen Mittel wie Frontline® oder Advantage®, um die Flöhe direkt zu töten oder die Eireifung zu unterbrechen. Alternativ können Sie auch ein Anti-Floh-Shampoo verwenden. Dies setzt jedoch einen gründlichen Hausputz

Viele Hunde reagieren allergisch auf Gräser. Um den Juckreiz zu lindern, rollen sie sich auf den Rücken. Falls dies zufällig auf einer Wiese geschieht, wird alles nur noch schlimmer.

123

einschließlich Staubsaugen voraus, um zu verhindern, dass Flöhe unterschiedlicher Entwicklungsstadien weiter in Teppichen und unter Fußleisten gedeihen.

Hautschutz. Bei Verdacht auf eine Kontaktallergie sollten Sie bis zur genaueren Klärung eine Schutzcreme verwenden, beispielsweise eine Handcreme mit Aloe vera oder Zinkpaste. Letztere schmiert allerdings stark.

Inhalationsallergene meiden. Einen Hund vor Heuschnupfen zu schützen ist schwierig, denn Schimmelpilze, Pollen und Hausstaub lassen sich kaum vermeiden. Sie können deshalb kaum mehr tun, als Ihren Hund in der Allergiesaison oder zumindest bei stärkerem Wind möglichst viel in geschlossenen Räumen zu belassen. Installieren Sie gegebenenfalls sogar einen Luftfilter. Bei Heuschnupfen wird bisweilen die Gabe von Antihistaminika wie Benadryl® empfohlen. Erkundigen Sie sich am besten bei Ihrem Tierarzt.

Nahrungsmittelallergien. Von allen Allergien, die Hautreizungen verursachen, sind diese Allergien mit am schwierigsten zu identifizieren, da Fertigfutter eine Vielzahl von Inhaltsstoffen aufweist. Ihr Tierarzt wird möglicherweise eine Eliminationsdiät empfehlen, die zunächst aus einem Futter besteht, das keinen der sonst üblichen Bestandteile enthält.

Falls der Juckreiz verschwindet, liegt mit großer Sicherheit eine Nahrungsmittelallergie bei Ihrem Hund vor.

Die nächste Phase sieht die schrittweise Wiedereinführung der Inhaltsstoffe vor. Hierdurch kann der Arzt ermitteln, wodurch der Juckreiz von neuem ausgelöst werden kann. Sobald dies bekannt ist, können Sie die Symptome bekämp-

GUTER RAT

Hunde, die sich gewohnheitsmäßig kratzen, beknabbern und ablecken, kann man oft nur mühsam wieder davon abbringen. Die ständige Feuchtigkeit und Reibung können die Haut schädigen, sodass sich oft schmerzhafte und schwer zu behandelnde Infektionen einstellen.

Lassen Sie Ihren Hund daher frühzeitig vom Tierarzt untersuchen, bevor das Kratzen und Kauen überhand nimmt. Wenige Minuten pro Tag sind wohl hinnehmbar, doch falls sich Ihr Hund ungewöhnlich intensiv und bereits seit mehr als fünf oder sechs Tagen kratzt, ist der Gang zum Tierarzt nötig.

fen, indem Sie zu einem Hundefutter greifen, das den Problembestandteil nicht enthält.

Da sich eine Eliminationsdiät über Monate hinziehen kann, sollten Sie sich am besten von Ihrem Tierarzt beraten lassen, um auch während des Testzeitraums eine ausgewogene Ernährung sicherzustellen.

RASCHE ABHILFE Am schnellsten wirkt ein Abspülen mit essigsaurer Tonerde (Burowsche Lösung) gegen Juckreiz. Lösen Sie hierzu ein Tütchen in einem Liter Wasser auf, tauchen Sie einen Wattebausch ein und tupfen Sie die betroffenen Stellen ein- bis zweimal täglich fünf Minuten lang ab. Um einen intensiveren Effekt zu erzielen, sollten Sie die Badewanne verstöpseln, den Hund hineinstellen und ihn mehrmals mit der Lösung begießen.

Krampfanfälle

Bemerkenswert ist, dass ein Krampfanfall für den Hund mit keinerlei Unbehagen verbunden ist. Er ist ihm nicht einmal bewusst – ganz egal ob er nur zu etwas Zittern, leichter Verwirrtheit oder auch zu einer heftigen Attacke führt. Für uns als Beobachter stellt sich die Sache sicherlich schlimmer dar als für das Tier.

Krampfanfälle werden durch plötzliche abnorme Gehirnströme verursacht und sind für Ihren Hund nicht weiter gefährlich, wenn sie nicht allzu lange dauern.

In vielen Fällen kann ein Hund in Ihrem Beisein einen Krampfanfall erleiden und Sie würden es nicht einmal an seinen veränderten Reaktionen bemerken. Unabhängig vom tatsächlichen Ausmaß des Krampfanfalls kann jedoch die eigentliche Ursache recht gravierend und folgenschwer sein.

Verdachtsmomente

Epilepsie. Bei Hunden unter vier Jahren werden Krampfanfälle gemeinhin durch die so genannte idiopathische Epilepsie verursacht, was nichts anderes bedeutet, als dass ihre Ursache unbekannt ist.

Sollte der erste Anfall jedoch nach dem vierten Lebensjahr auftreten, sind meist Infektionen, Entzündungen oder Tumoren dafür verantwortlich.

Unterzuckerung. Manche junge, dünne oder kleine Hunde weisen einen niedrigen Blutzuckerspiegel auf, der einen Krampfanfall auslösen kann. Das Gleiche kann sogar bei großen, stämmigen Jagdhunden nach längerer intensiver Betätigung eintreten.

Niedriger Kalziumspiegel. Säugende Hündinnen können einen stark verminderten Kalziumspiegel aufweisen, da die Kalziumreserven von den Welpen angezapft werden, was bisweilen ebenfalls einen Anfall auslösen kann.

Vergiftungen. Schnecken- und Nagetierköder kommen hier ebenso in Betracht wie übermäßige Mengen von Floh- oder Zeckenmitteln. Außerdem kann jeder Unfall, der das Gehirn schädigt, einen Krampfanfall

Hunde lieben es, offene Schränke zu erkunden. Die Aufnahme von Haushaltsreinigern und anderen Chemikalien kann jedoch einen Krampfanfall auslösen.

hervorrufen – bei manchen Hunden nur in den ersten Tagen oder Wochen, bei anderen hingegen für den Rest ihres Lebens.

Was tun?

Beobachten und abwarten. Hat erst einmal ein Krampfanfall eingesetzt, kann man nur noch dafür sorgen, dass der Hund nicht auf etwas stürzt oder die Treppe hinunterfällt.

Ein sich krampfender Hund stellt für sich selbst keine Gefahr dar, wohl aber seine Umwelt für ihn. Man sollte daher rasch Dinge wie Stehlampen und andere störende Gegenstände beiseite räumen. Einem Hund, der sich in der Nähe einer festen Gefahrenquelle (wie beispielsweise eines Schranks) befindet, stellt man sich am besten in den Weg.

Hände weg! Mitten im Krampfanfall kann ein Hund schon einmal zuschnappen oder treten. Sie sollten deshalb allein wegen der Verletzungsgefahr nicht versuchen, ihn zu zügeln oder ihn aufzunehmen.

Ernährungsberatung. Die Krampfgefahr bei einem Hund mit erniedrigtem Blutzuckerspiegel können Sie verringern, wenn Sie ihm

GUTER RAT

Auch wer stets darauf bedacht ist, seinen Hund von der Garage und anderen Orten, wo giftige Substanzen aufbewahrt werden, fern zu halten, vergisst womöglich eines der gefährlichsten Toxine überhaupt: Blei. Bleivergiftungen können sogar bei gesunden Hunden einen Krampfanfall auslösen.

Da Hundezähne vor nichts Halt machen, gilt es, Gefahrenquellen in Form von Vinylfußböden, Bleisenkern, Dichtungsmassen, Teppichwattierungen, Anstrichfarben und Golfbällen zu beseitigen.

mehrmals täglich eiweißreiche Welpennahrung geben. Fertigfutter enthält reichlich Kalzium, sodass in dieser Hinsicht kein Grund zur Sorge besteht – es sei denn, Ihre Hündin hat Welpen, sodass eventuell weiteres Kalzium zugeführt werden muss.

Anfall aufnehmen. Falls Ihnen die Hände nicht zu sehr zittern, sollten Sie das Geschehen mit einer Videokamera aufnehmen, um dem Tierarzt die Ursachenforschung zu erleichtern.

Bei dieser Gelegenheit werden Sie womöglich auch erkennen, wie kurz der Anfall eigentlich war. 30 Sekunden können sich schier endlos dahinziehen.

BESTIMMTE RASSEN

Ein erhöhtes Epilepsierisiko besteht beim Deutschen Schäferhund, Labrador Retriever, Welsh Springer Spaniel (rechts) und English Springer Spaniel. Die Gründe hierfür sind bis heute unbekannt.

Schlaflosigkeit

Hunde folgen der recht simplen Lebenseinstellung, einfach zu schlafen, falls es nichts anderes zu tun gibt – und darin sind sie sehr versiert. Selbstverständlich richtet sich das Schlafbedürfnis auch nach dem Grad der körperlichen Aktivität. Ein Hütehund kann täglich leicht mehr als 100 Kilometer zurücklegen, dann etwas fressen und bis zum nächsten Arbeitstag schlafen. Wohnungshunde führen ein vergleichsweise geruhsames Leben und schlafen dennoch bis zu 18 Stunden täglich.

Auch Abweichungen vom Alltag – sei es das Rascheln einer Maus oder auch übernachtende Gäste – können einen Hund nachts wach halten; wirkliche Schlaflosigkeit hat jedoch meist eine körperliche Ursache.

Verdachtsmomente

Allergien. Futterbestandteile, Pflanzen, Hausstaub, Pilzsporen und Pollen sind bekannte Allergieauslöser. Manche Allergien haben Verdauungsstörungen zur Folge, andere – und dies ist der häufigste Fall – lösen einen unbändigen, stundenlangen Juckreiz aus.

Im Frühstadium einer allergischen Reaktion wird sich der Hund womöglich viel auf dem Rücken herumwälzen; er wird rastlos sein und nicht einschlafen können.

Würmer und Flöhe. Allergien führen häufig zu einem allgemeinen Juckreiz, der sich bei Befall durch Würmer und andere Parasiten eher auf das Hinterteil konzentriert. Der Hund bleibt wach, um sich – meist durch Rutschen auf dem Hinterteil – zu kratzen. Viele Hunde reagieren allergisch auf Flohspeichel und leiden derart an Juckreiz, dass an Schlafen gar nicht zu denken ist.

Mangelnde Bewegung. Reichlich Bewegung macht automatisch müde, doch wenn ein Hund den ganzen Tag nur herumliegt und nicht genug Energie verbraucht, kann er einfach zu ausgeruht sein, um nachts richtig durchzuschlafen.

Hunde, die regelmäßig und reichlich bewegt werden, haben meist einen gesünderen Schlaf als ihre behäbigeren Artgenossen.

Schmerzen. Viele ältere Hunde leiden an Arthritis und haben Probleme, eine bequeme Schlafposition zu finden. Bereits leichtes Unbehagen kann einige schlaflose Nächte zur Folge haben.

Volle Blase. Tief zu schlafen fällt verständlicherweise schwer, wenn die Natur ständig ihr Recht einfordert. Sehr häufig sind ältere Hunde von diesem Leiden betroffen, die ihre Blase nicht mehr so gut kontrollieren können wie in jüngeren Jahren.

Eines der Leitsymptome für innerorganische Probleme wie Diabetes oder Nierenerkrankungen ist darüber hinaus ein vermehrter Harndrang, der den Schlaf wiederholt unterbricht.

Ein Hund, der plötzlich mehr Harn absetzt als sonst, muss zum Tierarzt gebracht werden. Falls Ihr Hund einfach nur eine kleine Blase besitzt oder ein Alter erreicht hat, in dem er häufiger Gassi gehen muss, gibt es nur eine Lösung: ihn unmittelbar vor dem Schlafengehen noch einmal nach draußen zu führen. Außerdem kann es sinnvoll sein, die nächtliche Wasserration auf eine bis zwei Tassen zu reduzieren.

Was tun?

Flöhe beseitigen. Diese kleinen Blutsauger wird man bekanntlich nur schwer wieder los. Flöhe sind extrem vermehrungsfreudig, und selbst wenn es gelingt, die ausgewachsenen Plagegeister zu entfernen, harrt ihr tausendfacher, in diversen Entwicklungsstadien befindlicher Nachwuchs schon in den Startlöchern. Wenn

GUTER RAT

Die Magenerweiterung ist eine Erkrankung mit nicht eindeutig geklärter Ursache, bei der sich der Magen plötzlich mit Luft füllt. Rastlosigkeit, Unbehagen, ausgiebiges Hecheln und bisweilen auch trockener Auswurf sind die Folgen.

Das Leiden ist bei großen, tiefbrüstigen Hunden wie Bullmastiff (unten), Deutscher Dogge und Bernhardiner besonders verbreitet und kann dazu führen, dass durch die Ausdehnung (und Verdrehung) des Magens größere Blutgefäße abgedrückt werden. Der Bauch wirkt in diesem Zustand ungewöhnlich straff und geschwollen. Dies ist ein akuter Notfall, der das sofortige Eingreifen eines Tierarzts erfordert!

Sie Ihren Hund alle paar Wochen vorzugsweise mit einem Anti-Floh-Shampoo baden, macht das zahlreichen Flöhen den Garaus.

Auch das Einstäuben oder Besprühen mit frei verkäuflichen Mitteln kann langfristig sehr hilfreich sein.

Eine dauerhafte Lösung verspricht die Behandlung mit Frontline®, das ins Nackenfell eingearbeitet wird (wo der Hund es nicht ablecken kann) und dort bis zu einem Monat vorhält. Von Nachteil ist nur, dass es bei noch nicht ausgewachsenen Flöhen versagt. Daher sollte man es mit einer allmonatlich verabreichten Pille (Program®) kombinieren, deren Inhalt in die Blutbahn gelangt, von den Flöhen aufgenommen wird und das Schlüpfen der Brut verhindert.

Parasiten entfernen. Würmer und andere häufige Parasiten gedeihen draußen vor dem Haus, aber auch in Teppichen und Polstern. Regelmäßiges Staubsaugen und allwöchentliches Abwaschen des Hundebetts mit heißem Wasser beseitigen die meisten Parasiten.

Noch mehr können Sie loswerden, indem Sie den Hundekot vor Ihrer Haustür entfernen, denn er beherbergt zahlreiche Parasiten, die durch Kontakt erneut auf den Hund übergehen können.

Frei verkäufliche Mittel gegen Würmer und andere Parasiten können sehr wirkungsvoll sein, sofern Sie genau bestimmen können, von welchen Kreaturen Ihr Hund befallen ist; meist ist es einfacher, eine Stuhlprobe vom Tierarzt analysieren zu lassen. Nach Anwendung der richtigen Medikamente wird es dann auch mit dem Schlaf besser – nicht zuletzt auch mit Ihrem.

Allergien vermeiden. Staubsaugen, feuchtes Wischen, allmonatlicher Austausch von Luftfiltern und die Verwendung eines Raumluftbefeuchters tragen dazu bei, die Luft von Staub, Pilzsporen und anderen allergieauslösenden Schwebstoffen zu befreien.

Schmerzen lindern. Da Schmerzen den Schlaf stets beeinträchtigen, sollten Sie dem Hund zu etwas mehr Behaglichkeit verhelfen.

Sie können arthritische Schmerzen des Hundes lindern, indem Sie die betroffenen Glieder einmal täglich massieren und vorsichtig bewegen.

Arthritische Gelenke werden einmal täglich für ein paar Minuten sanft massiert und in sämtliche natürliche Richtungen bewegt, um die Durchblutung zu fördern und Muskeln und Gelenke geschmeidig zu halten.

Aspirin wirkt gegen Entzündungen und Schmerzen und ist daher eines der besten Mittel gegen Arthritis. Verabreichen Sie pro 5 kg Körpergewicht eine Tablette (100 mg) täglich.

Eine Wärmflasche, die mit einem Handtuch umwickelt wird, bringt bei den meisten Schmerzarten rasch Linderung. Achten Sie auch darauf, dass das Hundebett an einem warmen, vor Zugluft geschützten Ort steht.

129

Schnarchen

Fast jeder Hund schnarcht schon einmal. Aufgrund chronischer Atemprobleme sind jedoch kurzschnauzige Rassen wie Pekinese, Bulldogge und Mops besonders betroffen. Das Schnarchen ist nur selten ein Zeichen für ernste Probleme, wenn dem Hund nicht auch im Wachzustand das Atmen schwer fällt. Es kann allerdings andeuten, dass in puncto Gesundheit – oder Fressgewohnheiten – einige Verbesserungen sinnvoll wären.

Verdachtsmomente

Übergewicht. Hunde, die mehr auf die Waage bringen, als sie sollten, setzen im Brustbereich Fett an, das in manchen Schlafstellungen auf die Atemwege drückt und ein Schnarchen provoziert.

Blockaden. Erkältungen mit einer Schleimbildung in Nase und Rachen führen oft ebenso zum Schnarchen wie Polypen und andere Wucherungen. Manche Hunde schnarchen auch, nachdem sie Pflanzen wie Fuchsschwanzgras gefressen haben, von denen sich einzelne Stücke im Rachen festsetzen.

Auch Allergien kommen in Betracht. Die meisten betroffenen Hunde zeigen Hautreaktionen, doch etwa 15 % von ihnen haben die typischen menschlichen Symptome wie Niesen, Tränenfluss und Nasentröpfeln. Entzündungen und Schwellungen der Nasenschleimhaut sind die Folge. Wenn sich die Nase zusetzt, atmen die Hunde durch das Maul – was ein Schnarchen auslösen kann.

Alter. Bei älteren Hunden verliert das Muskelgewebe rund um die Stimmbänder und den Kehlkopf an Spannkraft und das erschlaffte Gewebe vibriert beim Ein- und Ausatmen.

Verlängerter weicher Gaumen. Diese weiche Gewebeklappe reicht vom Gaumendach in den Schlund hinein. Bei kurzschnauzigen Rassen wie Boxer, Bulldogge und Mops ist sie nach hinten ein wenig zu lang geraten. Wenn diese Hunde atmen, wird das Gaumensegel bisweilen angesogen und vibriert, wodurch ein Schnarchgeräusch entsteht.

Liegen medizinische Probleme vor, so wird manchmal ein operativer Eingriff empfohlen.

Behäbige Sesselbesetzer schnarchen meist mehr als ihre aktiven, schlanken Artgenossen.

Mcist aber bleibt alles beim Alten – und der Hund schnarcht weiter.

Was tun?

Diät einlegen. Schwergewichtige Hunde schnarchen weitaus häufiger als schlanke. Auch wenn diese Geräusche Sie nicht den Schlaf kosten sollten, würden die Gesundheit und der Schlaf Ihres Hundes davon profitieren, die Futterration um ein Viertel zu kürzen und ihm mehr Auslauf zu verschaffen. Der Gewichtsverlust setzt meist schon nach ein paar Wochen ein. Ist dies nicht der Fall, sollten Sie die Ration nochmals um ein Viertel kürzen. Sollte auch das keinen Erfolg bringen, müssen Sie mit dem Tierarzt über einen strengeren Diätplan sprechen.

Auch wenn eine Futterumstellung nicht immer hilfreich ist, empfehlen manche Tierärzte ein spezielles Diätfutter, das weniger Kalorien, aber viele Ballaststoffe aufweist. Dadurch ist der Hund gesättigt, auch wenn er weniger frisst.

Allergien lindern. Obwohl eine Allergie nicht schwierig zu therapieren ist, kann sich die Ursachenforschung langwierig gestalten. Beginnen Sie mit dem Entfernen von Allergenen wie Pilzsporen, Hausstaub und Pollen, die am häufigsten eine Entzündung des Nasenraums verursachen. Häufiges Saugen und Wischen entfernt zahlreiche dieser Partikel, bevor sie aufgewirbelt werden.

Allergien können Sie auch mithilfe humanmedizinischer Antihistaminika wie beispielsweise Benadryl® behandeln. Diese Mittel bringen in 25–40 % der Fälle Erfolg. Informieren Sie sich beim Tierarzt über die für Ihren Hund geeignete Dosierung.

 **RASCHE ABHILFE** Menschen wie auch Hunde hören mitunter auf zu schnarchen, wenn sie in einer anderen Position schlafen. Das behebt zwar nicht das ursächliche Problem, verschafft jedoch etwas Linderung. Die meisten Hunde rollen sich zum Schlafen zusammen. Wenn Sie Ihrem Liebling statt des runden Körbchens eine lange Matratze hinlegen und dem Hund die Gelegenheit geben, sich auszustrecken, können Sie in den meisten Fällen seine Atemprobleme und damit auch sein Schnarchen reduzieren.

GUTER RAT

Keuchen und Schnaufen sind Eigenschaften, die Sie bei schlafenden Hunden recht häufig antreffen können. Im Wachzustand könnte dies jedoch ein Warnzeichen darstellen, das auf eine gefährliche Kehlkopflähmung verweist, die durch eine Entzündung der Nerven oder Muskeln hervorgerufen sein könnte. Die Lähmung setzt nicht unvermittelt ein, sondern kündigt sich durch ein verändertes Bellgeräusch an.

Oft kommen noch ein intensives Hecheln und rasches Ermüden hinzu.

Bei einigen Hunden beschränkt sich dieses Leiden auf eine oder zwei kleinere Attacken. Da die Lähmungserscheinungen jedoch lebensbedrohlich werden können, sollten Sie bei entsprechendem Verdacht Ihren Tierarzt aufsuchen.

Blinzeln

Ein Hund, der aus einem abgedunkelten Raum kommt und in strahlenden Sonnenschein tritt, wird seine Augenlider zu einem schmalen Spalt zusammenkneifen, um die Lichtintensität zu reduzieren, während sich die Augen allmählich an die Veränderung anpassen.

Hält das Blinzeln jedoch mehr als eine bis zwei Sekunden an, deutet vieles darauf hin, dass nicht nur das grelle Sonnenlicht eine Rolle spielt, sondern auch gravierendere Dinge.

Mit anderen Sinnen sehen

Die meisten Menschen, die Bruno erstmals zu Gesicht bekommen, würden nie vermuten, dass dieser 14 Jahre alte English Springer Spaniel von Geburt an blind ist. Im Alter von sechs Wochen wurde bei ihm ein beidseitiges angeborenes Glaukom diagnostiziert.

Ein auf Augenheilkunde spezialisierter Tierarzt, der beide Augäpfel hatte entfernen müssen, adoptierte den blinden Welpen – wohl wissend, dass dieser auf seinen Geruchs- und Tastsinn sowie sein gutes Gehör vertrauen konnte, um sich auf dem 40 Hektar großen Grundstück zurechtzufinden. Diese Sinne und ein bemerkenswertes Gedächtnis ermöglichten dem Hund ein aktives, glückliches und sehr erfülltes Leben.

Bruno kommt unterdessen sämtlichen Hundepflichten nach: Er gibt bellend Alarm, wenn sich ein Auto dem Haus nähert, und verteidigt sein Revier tatkräftig gegenüber ungebetenen Gästen wie anderen Hunden oder Nagetieren. Dabei weicht er jedem Zaun, Schuppen oder Baum aus, so als könnte er ihn sehen. Wer ihn dabei beobachtet, wie er durch die Hundetür nach draußen prescht und auf den Weiden herumtollt, hat keinen Zweifel an seiner Lebensfreude – und dies trotz seines Sehfehlers.

Verdachtsmomente

Fremdkörper. Leicht können Staub und Schmutz ins Auge des Hundes gelangen; selbst winzige Partikel sind in der Lage, eine beträchtliche Reizung zu bewirken.

Für Hunde ist dies mit noch mehr Unbehagen verbunden als für uns Menschen, denn schließlich haben sie keine Finger, durch die sie sich Hilfe verschaffen könnten. Außerdem besitzen Hunde ein drittes Augenlid (Nickhaut), das sich eng an den Augapfel anschmiegt und diesen schützen soll. Gelegentlich verfangen sich jedoch Schmutzpartikel hinter der Nickhaut, die über den Augapfel gezogen werden und Kratzer und Reizungen zur Folge haben.

Meist werden die Fremdkörper mit den Tränen fortgeschwemmt, in manchen Fällen kann das Blinzeln aber auch zwölf oder mehr Stunden andauern, ehe die Reizung abgeklungen ist.

Hornhautverletzung. Scharfkantige Fremdkörper wie auch leichte Infektionen können zu stärkeren Schmerzen und intensivem Blinzeln führen.

Bindehautentzündung. Die Bindehaut ist eine empfindliche Membran, die das Innere der Augenlider auskleidet und ebenso

BESTIMMTE RASSEN

Boston Terrier, Lhasa Apso, Pekinese, Mops und Shih Tzu wurden auf hervorstehende Augen hin gezüchtet. Da die Augen der Witterung ständig mehr oder weniger ausgesetzt sind, unterliegen sie bei diesen Rassen einem erhöhten Verletzungsrisiko. Basset Hound, Bloodhound und Cockerspaniel sind mit einem speziellen Problem konfrontiert, denn sie besitzen eine ausgesackte Hautfalte, in der sich Tränenflüssigkeit und Schmutzpartikel ansammeln und bisweilen Reizungen hervorrufen.

anfällig für Kratzer, Reizungen und Entzündungen ist wie die Hornhaut. Eine Bindehautentzündung führt zu tränenden Augen und geht häufig mit intensivem Blinzeln einher.

Hornhautgeschwüre. Häufig durch Reizstoffe in Seifen oder Shampoos verursacht, sind dies winzige Wunden, die das Auge reizen und bei manchen älteren Hunden vorkommen. Bei bestimmten Rassen wie Boxer und Pembrokeshire Corgi besteht ein erbliches Risiko.

Irisathrophie. Bei diesem Leiden, von dem meist ältere Hunde befallen werden, beginnt die Iris (die wie eine Blende vor der Linse liegende Regenbogenhaut) zu schrumpfen.

Hierbei kann eine unangenehm große Lichtmenge auf den Sehnerv treffen, worauf der Hund mit Blinzeln reagiert.

Glaukom. Diese Erkrankung ist durch einen erhöhten Augeninnendruck gekennzeichnet und gilt als eine der gefährlichsten Ursachen für das Blinzeln.

Ein Glaukom können Sie medikamentös erfolgreich behandeln. Es kann jedoch zur Erblindung führen, wenn es nicht entdeckt und rasch behandelt wird.

Uveitis anterior. Auch dieses Leiden führt zu einem schmerzhaften Augendruck. Es wird häufig durch Infektionen, Parasiten, Tumoren, Verletzungen oder innerorganische Probleme wie Bluthochdruck verursacht und kann beim Hund eine extreme Lichtempfindlichkeit zur Folge haben, die sich in Form von häufigem Blinzeln äußert.

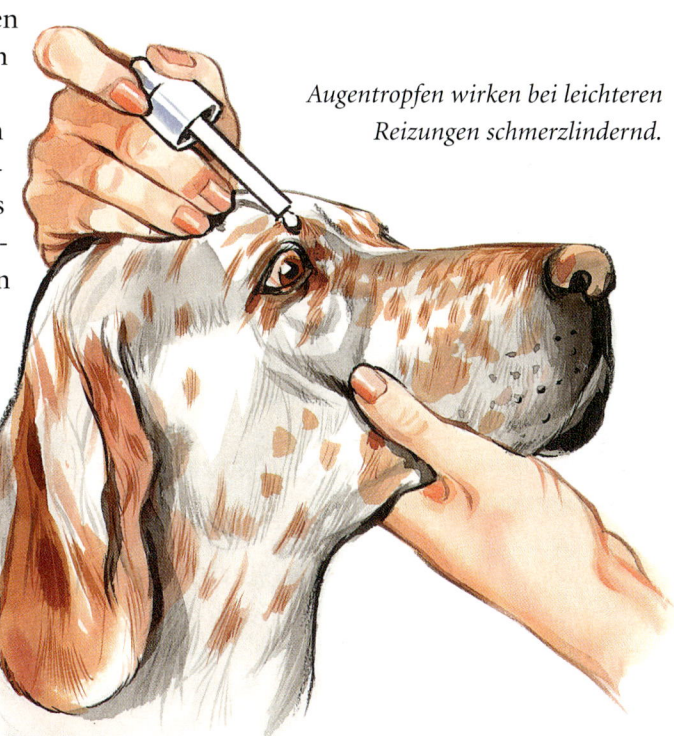

Augentropfen wirken bei leichteren Reizungen schmerzlindernd.

GUTER RAT

Die Augenregion ist besonders anfällig für Kratzer – häufig durch Staubpartikel, gelegentlich jedoch auch durch Katzenkrallen. Diese Verletzungen verheilen meist nach spätestens einer Woche von allein. Währenddessen können die Augen jedoch ungemein empfindlich sein und sich jederzeit entzünden.

Eine Beschädigung der Hornhaut darf man nicht auf die leichte Schulter nehmen. Katzenkrallen können zu einer der gefährlichsten Augenverletzungen führen – nicht nur weil sie tief in das Auge eindringen, sondern auch wegen der zahlreichen Bakterien, die häufig Entzündungen verursachen.

Da die Augen derart empfindlich sind, sollten jede Verletzung, Rötung, Schwellung und andere verdächtige Symptome vom Tierarzt begutachtet werden.

Genauer hinschauen. Falls das Blinzeln auch nach der Salzspülung fortbesteht, sollten Sie sich nacheinander beiden Augen zuwenden und nachsehen, ob die dunklen Partien verfärbt oder entzündet sind. Ist dies der Fall, liegt meist ein Notfall vor.

Lichtschutz bieten. Unabhängig vom Schweregrad führen Augenverletzungen meist zu erhöhter Lichtempfindlichkeit. Draußen können Sie den Hund mit einer Schirmmütze oder Brille versehen, doch wenn ihm dies nicht behagt (was oft der Fall ist), bleibt Ihnen nichts anderes übrig, als mit Ihrem Liebling in der Mittagszeit zu Hause zu bleiben.

Bei einem Hund, der nach einer Augenspülung noch immer blinzelt, sollten Sie stets nach etwaigen Fremdkörpern oder Entzündungszeichen suchen.

Was tun?

Augen ausspülen. Unabhängig von der Ursache für das Blinzeln sollten Sie stets die Augen des Hundes mit einer Salzlösung ausspülen. Dies schadet nicht, wird zumindest kurzzeitig Linderung bringen und mögliche Fremdkörper fortspülen.

Falls es dem Hund gelingt, nach der Spülprozedur sein Auge mehrere Sekunden lang offen zu halten, wurde die Problemursache mit Erfolg beseitigt.

Gliedersteifheit

Bedingt durch zunehmenden Verschleiß der Gelenke wird fast jeder Hund im Alter etwas steif. Da die Aktivitäten nachlassen, verlieren Muskeln, Bänder und Sehnen an Kraft und Elastizität.

Leichte Gliedersteifheit unmittelbar nach dem Aufstehen ist meist unproblematisch, wenn sie sich nicht verschlimmert. Falls sie jedoch bereits bei einem jungen Hund auftritt, führt kein Weg am Tierarzt vorbei, denn in einem solchen Fall kann es sich um ein frühes Zeichen für ein gestörtes Wachstum der Knochen und Gelenke handeln.

Verdachtsmomente

Arthritis. Diese durch einen Bewegungsschmerz charakterisierte Gelenkentzündung ist weit verbreitet und zeigt sich bei den meisten Hunden in Form einer Osteoarthritis oder rheumatoiden Arthritis.

Osteoarthritis entsteht durch eine allmähliche Funktionsstörung der Knochen und Gelenkknorpel infolge jahrelanger Abnutzung und betrifft meist das Hüftgelenk. Hunde mit Osteoarthritis leiden vielfach an einzelnen Steifheitsattacken, die ein paar Stunden oder Tage andauern und allmählich wieder abklingen. In schweren Fällen jedoch besteht eine gewisse Gliedersteifheit fort.

Rheumatoide Arthritis ist eine ernstere Erkrankung, bei der das Immunsystem das Bindegewebe fälschlich als »fremd« ansieht und mit Abwehrzellen attackiert. Es können sehr starke Schwellungen und Entzündungen eintreten; unbehandelt erfahren die Gelenke eine zunehmende Schädigung.

Hüftgelenksdysplasie. Das aus Kopf und Pfanne bestehende, sehr robuste Hüftgelenk gestattet eine hohe Bewegungsfreiheit. Bei manchen Hunden besteht jedoch eine angeborene Fehlbildung, sodass die einzelnen Gelenkteile gegeneinander reiben, was schmerzhafte Entzündungen nach sich zieht.

Manche Rassen sind besonders anfällig für diese teilweise vererbbare Krankheit, die oft leicht anhand des etwas schwankenden Gangs erkennbar ist.

Was tun?

Ständige Bewegung. Auch Hunde, die bereits an Arthritis oder anderen Gelenkbeschwerden leiden, profitieren von einer regelmäßigen körperlichen Betätigung. Muskeln und Bindegewebe werden gedehnt und der Körper wird zur Freisetzung von Gelenkschmiere angeregt.

Meist reichen schon täglich zwei Spaziergänge von je 20 Minuten. Regelmäßig absolviert können sie auch der Entstehung einer Arthritis vorbeugen.

Bei jungen Hunden mit Hüftgelenksdysplasie ist allerdings Vorsicht geboten: Ihr Leiden würde sich nur verschlimmern, wenn man mit ihnen in der Phase des Knochenwachstums zu lange oder zu rasante Touren und Ausflüge unternimmt.

Nadeln und Kugeln gegen Schmerzen

Schulmediziner sind nicht immer aufgeschlossen für die ganzheitlich orientierte Naturheilkunde; Dr. Scheidt bildete keine Ausnahme. Er hatte einen Lehrgang für Akupunktur belegt und bereits erwogen, vorzeitig auszuscheiden, als seine fünf Jahre alte Zwergdackelhündin Lisa Lähmungserscheinungen zeigte.

»Ich rief einen der Dozenten an«, so Dr. Scheidt. »Er erklärte mir am Telefon, wo und wie ich die Nadeln an den Akupunkturpunkten einstechen sollte. Nach vier Stunden konnte Lisa wieder stehen. Keine Frage, dass ich den Kurs fortsetzte.«

Seither konnte sich Dr. Scheidt wiederholt vom Nutzen der Akupunktur überzeugen. So erzählte er von einem liebenswerten Dobermann namens Bessie, der ein degeneratives Bandscheibenleiden unsägliche Schmerzen bereitete. Dr. Scheidt entschied sich für eine Form der Akupunktur, bei der kleine Goldkugeln an den entsprechenden Punkten implantiert werden. Genau das Richtige für Bessie, denn sie konnte noch am gleichen Tag nach Hause gehen – schmerzfrei.

HUNDEGESCHICHTEN

Massieren. Egal ob die Gliedersteifheit nur vorübergehend oder dauerhaft besteht, eine Massage der betroffenen Gelenke bewirkt eine verbesserte Durchblutung und hilft dem Körper, Schmerz auslösende Substanzen aus den Gelenken abzutransportieren.

Bequemes Hundebett. Ein Hund mit Arthritis hat es gewöhnlich besonders schwer, wenn er am Morgen oder nach längerem Liegen aufstehen will. Diesen Übergang können Sie Ihrem Liebling bequemer gestalten, indem Sie für ein hohes, gut gepolstertes Hundebett sorgen, das an einem warmen, zugluftfreien Ort steht. Gelegentlich werden eierschachtelartig geformte Matratzen empfohlen, um die Gelenke im Schlaf zu entlasten.

Abspecken. Übergewichtige Hunde haben wegen der übermäßigen Belastung ihrer Gelenke weit mehr Probleme mit Arthritis. Darüber hinaus neigen sie zum Faulsein, was in einen fatalen Kreislauf mündet, denn mangelnde Betätigung führt unweigerlich zu einer Verschlimmerung.

Das Kürzen der Futterration um etwa ein Viertel bringt meist gute Erfolge. Lassen Sie sich alternativ von Ihrem Tierarzt einen maßgeschneiderten Diätplan aufstellen.

 **RASCHE ABHILFE**
Aspirin eignet sich hervorragend bei gelegentlicher Gliedersteifheit, da es schmerzlindernd und zugleich entzündungshemmend wirkt. Die übliche Dosis beträgt eine Tablette (100 mg) pro 5 kg Körpergewicht ein- bis zweimal täglich.

Da Aspirin jedoch den Magen angreifen kann, sollten Sie Ihren Hund nicht auf eigene Faust behandeln. Greifen Sie auch nicht zu anderen entzündungshemmenden Medikamenten, da manche von ihnen für Hunde schädlich sind.

Harnbeschwerden

Hunde werden von Natur aus von Hydranten, Bäumen und jedem grünen Fleckchen angezogen, um dort eine Pinkelpause einzulegen, die ihnen als eine Art Miniurlaub gilt.

Sie urinieren gern und oft, doch manchmal ist das Ganze mit brennenden Schmerzen verbunden und ungewöhnlich langwierig. Harnbeschwerden bedeuten, dass der normale Harnfluss durch etwas möglicherweise recht Gefährliches gestört wird.

Verdachtsmomente

Harnwegsinfektionen. Diese sind durch einen unvermittelt und häufiger einsetzenden Harndrang gekennzeichnet, selbst wenn die Blase noch fast leer ist. Durch Bakterien in der Blase oder Harnröhre hervorgerufen, führen Harnwegsinfektionen zu starken Schmerzen beim Harnabsatz.

Hündinnen sind aufgrund ihrer kürzeren Harnröhre besonders gefährdet, weil diese das Aufsteigen der Infektion erleichtert. Infizierte Hunde haben meist einen dunklen, wolkigen und möglicherweise grün oder rot verfärbten Urin, der einen strengen Geruch aufweist.

Prostataprobleme. Die Prostata ist eine Drüse, die die Harnröhre am Blaseneingang umschließt und für die Samenproduktion verantwortlich ist. Bei älteren Rüden vergrößert sie sich üblicherweise. Die Harnröhre kann dadurch eingeengt und der Harnabsatz somit erschwert werden.

Hunde mit vergrößerter oder entzündeter Prostata haben manchmal auch Blut im Urin. Diese Entzündungen werden meist mit Antibiotika behandelt, während bei vergrößerter Prostata eine Kastration empfohlen wird.

Blasensteine. Die zahlreich im Harn vorhandenen Mineralien werden gewöhnlich aus dem Körper geschwemmt. Bisweilen verklumpen sie miteinander und es entstehen Blasensteine; dies geschieht meist im Alter von vier bis sechs Jahren.

Was tun?

Harnwege durchspülen. Hunde, die verhältnismäßig viel trinken, bekommen nicht so leicht Blasensteine, da sich die Mineralien in

Ältere Hündinnen sind besonders anfällig für Harnwegsinfektionen. Die verantwortlichen Bakterien werden besser ausgeschwemmt, wenn man das Tier zum Trinken ermuntert.

Hunde, die reichlich Gelegenheit haben, ihr kleines Geschäft im Freien zu verrichten, bekommen nicht so leicht Blasensteine.

Hunde mit Herzproblemen und Flüssigkeits-retention sollten kein natriumreiches Wasser erhalten.

Häufiger Gassi gehen. Die Blase ist ein kräftiger, sehr elastischer Muskel; die meisten Hunde können aus diesem Grund notfalls bis zu zwölf Stunden einhalten. Je länger jedoch die Intervalle sind, desto höher ist das Blasenstein-risiko.

Hunde müssen daher täglich mindestens drei- bis viermal nach draußen gehen können. Wer viel unterwegs ist, installiert am besten eine Hundetür – oder bringt dem Hund bei, auf zuvor ausgelegtes Zeitungspapier zu urinieren.

Harn ansäuern. Da einige der für Harn-wegsinfektionen verantwortlichen Bakterien in einem sauren Milieu nicht gedeihen können, wird bisweilen die Umstellung auf Premium-futter empfohlen. Dessen hoher Gehalt an tie-rischem Eiweiß macht den Urin etwas saurer.

ihrer Blase weniger stark konzentrieren. Hunde müssen täglich wenigstens 60 ml Wasser pro Kilogramm Körpergewicht zu sich nehmen; liegen Blasensteine vor, müssen sie sogar noch mehr trinken.

Da Hunde jedoch nicht immer so viel trin-ken, wie sie eigentlich sollten, kann man dem Futter eine Prise Salz zugeben. Die Tiere mögen den Geschmack und es macht sie durs-tiger.

Auf anderes Wasser umstellen. Blasensteinleiden bessern sich gelegent-lich, wenn man zu mineralarmem Wasser übergeht. Leitungswasser und einige aus-gewählte Mineralwässer sind reich an Kalzi-um, das zur Bildung von Blasensteinen füh-ren kann.

BESTIMMTE RASSEN

Besonders anfällig für Blasen-steine sind Schnauzer, Zwerg-pudel, Dackel, Dalmatiner, Cockerspaniel und Mops. Auch Terrier, Basset Hound, Corgi (links) und Bulldogge sind stärker gefährdet.

GUTER RAT

Hunde, die sich mehr als zwölf Stunden lang wiederholt – und vergeblich – bemühen, Harn abzusetzen, müssen sofort zum Tierarzt gebracht werden, da der Harnfluss vermutlich vollkommen blockiert ist.

Meist ist ein Blasenstein von der Blase in die Harnröhre gewandert und sitzt dort fest, sodass sich der Harn in der Blase staut. Gewöhnlich kann der Druck schon nach wenigen Minuten per Blasenkatheter beseitigt und der Hund in weitaus besserer Laune entlassen werden.

Im Anschluss an die Linderung des akuten Schmerzes muss der Blasenstein entfernt und analysiert werden. Je nach mineralischer Zusammensetzung gibt es ungefähr zwölf verschiedene Arten von Blasensteinen. Manche lassen sich mithilfe von Diätfutter auflösen, während andere operativ entfernt werden müssen.

mit Durchfall; in diesen Fällen ist die noch verträgliche Dosis durch schrittweise Reduzierung zu ermitteln.

Preiselbeerkonzentrat. Dieses beim Menschen bewährte Mittel gegen Harnwegsinfektionen funktioniert auch gut bei Hunden, wenn es bereits im Frühstadium der Infektion verabreicht wird. Extrakt in Kapselform hat den Vorteil, dass er stärker konzentriert ist als frischer Saft und daher die Vermehrung der Bakterien in der Blase besser hemmt und die Genesung beschleunigt. Kleine Hunde nehmen eine Kapsel, mittelgroße Hunde zwei Kapseln und große Hunde drei Kapseln täglich.

Vitamin C verabreichen. Den Harn können Sie auch mithilfe von Ascorbinsäure (Vitamin C) ansäuern. Als Faustregel gelten täglich 250 mg Vitamin C für Hunde unter 10 kg, 500 mg für Hunde bis 25 kg und 750–1000 mg für schwerere Hunde. Am besten verabreicht man Kapseln oder Tabletten, da Hunde den Geschmack des Pulvers nicht mögen. Manche Hunde reagieren auf Vitamin C

Zeitungen sind eine Behelfstoilette für Hunde, die oft längere Zeit allein gelassen werden.

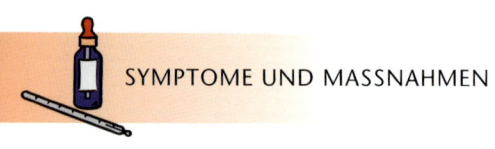

Schluckbeschwerden

Hunde nehmen ständig Dinge ins Maul, um sie einem kurzen Bisstest zu unterziehen. Bei positivem Ergebnis versuchen sie meist, das Objekt ihrer Begierden hinunterzuschlucken – sei es ein Papierschnipsel, ein Steinchen oder ein Knochenstück.

Dieses angestrengte Schlingen gilt als ein vollkommen normales Verhalten; Hundebesitzer bekommen es so oft zu Gesicht, dass sie es kaum noch bewusst registrieren. Aber diese Ignoranz ist falsch, denn Schluckbeschwerden können auch ein ernst zu nehmendes Symptom darstellen.

Verdachtsmomente

Blockaden. Dinge, die in Rachen oder Speiseröhre festsitzen, veranlassen den Hund zu wiederholtem Schlucken. Tierärzte haben dort

Kiesel

Bleisenker

Münzen

Kordel

schon die unterschiedlichsten Gegenstände gefunden, denn Hunde machen vor kaum etwas Halt – seien es Maiskolben, Bälle, Nägel, Steine, Kordel, Socken, Münzen, Tennisschläger oder Kauknochen.

Hunde können bereits Schwierigkeiten mit dem Hinunterschlucken des ihnen zugedachten Futters haben, vor allem wenn sie zu hastig fressen.

Dies wurde besonders in den letzten Jahren zum Problem, da zunehmend häufiger »Naturkost«, etwa in Form von Hähnchenschenkeln, verfüttert wird. Hunde, die sich keine Zeit zum Kauen nehmen, können leicht Probleme mit dem Hinunterschlucken bekommen.

Wucherungen oder Tumoren. Bisweilen entstehen Wucherungen in der Speiseröhre des Hundes. Unabhängig davon, ob sie sich als gut- oder bösartig herausstellen, verursachen sie Unbehagen und veranlassen den Hund zu wiederholtem Schlucken.

Infektionen. Infektionen, die Nase, Maul, Rachen oder auch Mandeln betreffen, können Schmerzen und Schluckbeschwerden hervorrufen. Schon eine leichte Entzündung der Nasennebenhöhlen reicht aus, um den Hund zu ständigem Schlucken zu zwingen.

Verätzung der Speiseröhre. Hunde bekommen zwar kein Sodbrennen wie wir Men-

Es gibt Hunde, die kaum etwas verschmähen – auch nicht gefährliche oder nur schwer zu schluckende Dinge.

BESTIMMTE RASSEN

Labrador Retriever (links), Pudel und Terrier werden seit Generationen daraufhin gezüchtet, mit dem Maul zu arbeiten, etwa beim Apportieren von Federwild. Folglich halten sie gern Dinge im Maul, die sie bisweilen unbeabsichtigt verschlucken.

schen, doch sie fressen gelegentlich ätzende Substanzen oder trinken Wasser mit Reinigungsmitteln.

Aggressive Chemikalien können die Speiseröhre verätzen; als Folge davon wird der Hund wiederholt schlucken, um das Brennen zu stoppen.

Knötchen und Wunden. Die zum Schlucken benötigten Muskel- und Nervenfunktionen können durch Knötchen oder Wunden im Maul beeinträchtigt werden, wie sie durch kleinere Schnittverletzungen, aber beispielsweise auch durch Immunerkrankungen hervorgerufen werden können.

Übelkeit. Da Hunde liebend gern nach zusätzlichen (und vorzugsweise stark riechenden) Mahlzeiten herumstöbern, kann ihnen leicht übel davon werden.

Ein Hund mit scheinbaren Schluckbeschwerden hat sich vielleicht nur den Magen verdorben, denn Übelkeit führt zu vermehrtem Speicheln und Schlucken.

Was tun?

Genau hinschauen. Plötzlich eintretende Schluckbeschwerden gehen meist auf einen Fremdkörper im Hals zurück. Versuchen Sie, das Maul des Hundes mit einer Hand offen zu halten und mit einer Taschenlampe hineinzuleuchten.

Kontrollieren Sie Zähne, Lefzen, Zunge und Gaumen und werfen Sie einen ausgiebigen Blick in den Rachen. Viele Fremdkörper sind einfach zu entfernen, vor allem wenn sie zwischen den Zähnen oder am Gaumen festsitzen. Weiter hinten befindliche Objekte, die nicht gleich heraus-

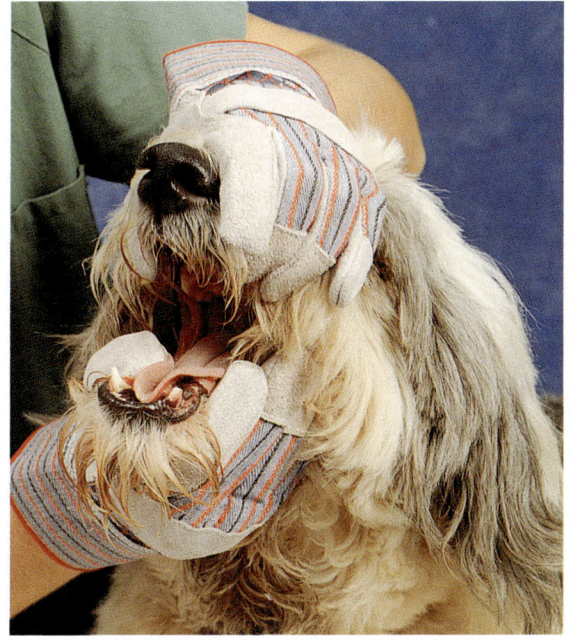

Fremdkörper können sich zwischen den Zähnen, unter dem Gaumen oder hinten im Rachen festsetzen. Bevor Sie einen prüfenden Blick riskieren, sollten Sie sich Arbeitshandschuhe überstreifen.

GUTER RAT

Meist reichen dem Hund kurzes Würgen und Rülpsen, um einen Fremdkörper wieder nach draußen zu befördern, doch man darf nicht darauf vertrauen, dass sich die Sache von allein erledigt.

Da Schluckbeschwerden häufig auch die Atmung beeinträchtigen, müssen die Geschehnisse genau beobachtet werden. Vergewissern Sie sich, dass das Zahnfleisch rosa ist, denn dies deutet auf genügend Sauerstoff im Blut hin. Zahnfleisch, das dunkel wird und sich meist dunkelblau oder purpur verfärbt, bedeutet eine verminderte Sauerstoffzufuhr und somit einen Notfall!

Da die Mund- und Rachenschleimhäute überaus empfindlich sind, müssen Sie beim Entfernen von Fremdkörpern mit größter Vorsicht ans Werk gehen. Ein zwischen den Zähnen verklemmtes Stöckchen stellt kein großes Problem dar, doch ein fest im Maul verkeilter oder weiter hinten feststeckender Fremdkörper muss von einem Profi entfernt werden. Dinge wie Kordel, Zahnseide oder Angelschnur sollten Sie nicht unterschätzen, da sie wie kleine Messer wirken und zahlreiche winzige Schnittverletzungen hervorrufen, wenn Sie den Versuch machen, sie herauszuziehen.

übrig, dass man ihnen das Maul offen hält, und werden sich nach Kräften bemühen, es wieder zu schließen. Besonders bei größeren oder mit einem kräftigen Gebiss ausgestatteten Hunden empfiehlt es sich, Arbeitshandschuhe zu tragen. Falls sich der Hund zu stark wehrt, sollten Sie ihn zum Tierarzt bringen.

Weiches Futter reichen. Da bereits leichte Wunden oder Infektionen zu Schluckbeschwerden führen können, die einige Tage lang anhalten, frisst der Hund womöglich nicht genug, um die für die Heilung benötigten Nährstoffe aufzunehmen. Trockenfutter sollten Sie deshalb mit etwas Wasser aufweichen oder aus Dosenfutter eine Suppe zubereiten.

Eis reichen. Da die meisten Hunde gern auf Eis herumknabbern, können Sie ihnen etwas zerstoßenes oder mit Wasser verrührtes Eis anbieten, um den Wundschmerz zu lindern.

Säuren neutralisieren. Ob eine Schädigung der Speiseröhre vorliegt oder nicht, lässt sich ohne Spezialinstrumente nicht ermitteln. Falls der Verdacht besteht, dass die Schluckbeschwerden auf eine angegriffene Speiseröhre zurückgehen, empfiehlt sich die Verwendung eines Antazidums, das der Magensäure wie auch Übelkeit und Erbrechen entgegenwirkt.

Erkundigen Sie sich jedoch vorher bei Ihrem Tierarzt, da nicht alle erhältlichen Mittel die gleiche Wirkung haben.

kommen oder nicht gänzlich sichtbar werden, lässt man am besten vom Tierarzt entfernen. Hunde haben verständlicherweise wenig dafür

Geschwollene Gelenke

Jedes Gelenk, vom Ellbogen bis zur Hüfte, besteht aus diversen beweglichen Teilen. Wenn die Funktion eines oder mehrerer dieser Teile beeinträchtigt ist, werden die Gelenke vermehrt mit Blut und anderen Körperflüssigkeiten versorgt, um den Schaden zu beheben. Als Folge davon entstehen Gelenkschwellungen.

Schwellungen sind stets schmerzhaft und bisweilen problematisch. Bei einem Hund, der leicht hinkt, etwas steif wirkende Glieder hat und vielleicht auch noch leichte Schwellungen aufweist, kann man durchaus ein bis zwei Tage abwarten, ob sich sein Zustand nach einer Ruhepause verbessert. Ist dies nicht der Fall, führt kein Weg am Tierarzt vorbei.

Verdachtsmomente

Verletzungen. Vor allem bei Welpen und älteren Hunden kann intensive körperliche Betätigung das Gewebe überstrapazieren, das die

BESTIMMTE RASSEN

Die Welpen groß- und riesenwüchsiger Rassen wie etwa Irish Wolfhound (rechts) haben nicht selten einen gewaltigen Appetit. Eine zu rasche Gewichtszunahme kann jedoch zu Knorpelschäden führen, beispielsweise im Schultergelenk (Osteochondritis dissecans).

Gelenke umgibt. Die Folge davon sind schmerzhafte Schwellungen.

Infektionen. Manche Infektionen sind auf ein bestimmtes Gelenk beschränkt. Sie treten gewöhnlich auf, wenn sich der Hund beispielsweise bei einer Rauferei verletzt oder sich eine tiefe Schnittwunde zugezogen hat, durch die Bakterien in das Gelenk gelangen.

Infektionen können sich aber auch im ganzen Körper verbreiten und dort in mehreren Gelenken Schwellungen hervorrufen. Beispielsweise führt die Lyme-Krankheit, eine durch Zecken übertragene bakterielle Infektion, häufig zu Gehbeschwerden, da zahlreiche Gelenke von ihr betroffen sind.

Welpen wie diese Labrador Retriever toben den ganzen Tag miteinander herum. Sie bezahlen diesen Überschwang gelegentlich mit geschwollenen Gelenken.

143

Arthritis. Vor allem viele ältere Hunde leiden an Arthritis, die ebenfalls zu Gelenkschwellungen führen kann. Die so genannte Osteoarthritis ist lediglich das Resultat einer durch die Jahre bedingten normalen Abnutzung.

Die gravierendere rheumatoide Arthritis tritt ein, wenn das Immunsystem das Gewebe im Inneren der Gelenke wiederholt angreift und so schmerzhafte Schwellungen entstehen.

Krebs. Ungeachtet der erheblichen Fortschritte bei der Krebstherapie verspricht eine Früherkennung weiterhin die besten Behandlungserfolge. Es ist daher nie verkehrt, den Tierarzt aufzusuchen, wenn eine Schwellung vorliegt, vor allem, wenn sie nicht innerhalb weniger Tage zurückgeht und den Hund offenbar nicht weiter stört.

Hüftgelenksdysplasie. Bei diesem angeborenen Leiden, das bei größeren Hunden weit verbreitet ist, findet der Kopf des Oberschenkelknochens in der Hüftgelenkpfanne keinen ausreichenden Halt. Hüftgelenksdysplasie setzt meist in den ersten sechs Lebensmonaten ein, obwohl Schmerzen und Steifheit häufig erst später in Erscheinung treten. Diese Krankheit geht nicht immer mit sichtbaren Schwellungen einher, doch sie führt häufig zu Arthritis, die leicht erkennbare Schwellungen hervorrufen kann. Beginnende Probleme beim Aufstehen und ein auffallend schwankender Gang des Hundes sind erste Warnzeichen.

Was tun?

Infektionen erkennen. Da jegliche Infektion tierärztlich behandelt werden muss, sollten Sie zunächst ermitteln, ob die Schwellung infektionsbedingt ist. Wenn sich ein Gelenk wärmer anfühlt als die Umgebung und eine leichte lokale Hautrötung besteht, liegt vermutlich eine Entzündung vor.

Unbehagen lindern. Gelenkschwellungen können gefährlich sein und sollten daher nicht ignoriert werden. Die Schwellungen und das mit ihnen verbundene Unwohlsein können Sie ein wenig reduzieren, indem Sie den betroffenen Bereich mehrmals täglich für jeweils etwa zehn Minuten mit einem kalten Umschlag oder Eisbeutel behandeln; dadurch verringern sich die Durchblutung und meist auch die Schwellung. Bei durch Arthritis bedingten Schwellungen können Sie zumindest die Schmerzen mithilfe von warmen Kompressen lindern.

Gelenkschwellungen, die stark genug sind, um Unbehagen hervorzurufen, sind meist leicht zu ertasten. Dieser Malteser genießt die ihm gezeigte Aufmerksamkeit sichtlich.

GUTER RAT

Gelenkschwellungen kommen häufig vor und gehen oft von allein wieder zurück. Dennoch besteht immer die Gefahr, dass sie durch eine ernst zu nehmende Infektion tief im Inneren des Gelenks verursacht werden. Da dies ein Laie nicht erkennen kann, sollten Sie einen Tierarzt aufsuchen, falls die Schwellung nach ein oder zwei Tagen nicht abklingt. Gegen Infektionen werden häufig Antibiotika verschrieben. In einzelnen Fällen muss das betroffene Gelenk punktiert werden. Wohlbehagen und Beweglichkeit verbessern sich durch Gabe von Antibiotika gewöhnlich schon nach einem Tag, doch meist dauert es etwa zwei Wochen, bis der Infektionsherd ausgemerzt ist.

Gelenke bewegen. Da Gelenkschwellungen meist mit Schmerzen verbunden sind, sollten Sie Ihrem Hund nicht zu viel Bewegung zumuten. Dennoch empfiehlt es sich, ihn dazu zu bringen, sich zumindest etwas zu bewegen, um die geschwollenen Regionen mit frischem Blut und Nährstoffen zu versorgen und überschüssige Flüssigkeiten abzuleiten.

Für eine behagliche Umgebung sorgen. Um dem Hund das Leben zu erleichtern, bis die Schwellung abklingt, sollten Sie den Fress- und Trinknapf in seiner Nähe platzieren. Da ein rutschiger Fußboden und steile Treppen dem Hund Probleme bereiten können, ist es nicht verkehrt, die Räume für eine Weile umzugestalten und nackte Böden mit Teppichen oder Läufern zu versehen. Jeder Hund muss nach draußen gehen können, so steif und angeschlagen er auch wirken mag. Falls Stufen nach draußen führen, sollten Sie eine einfache Teppichrampe bauen.

Warm halten. Gelenkschwellungen verschlimmern sich, wenn der Hund auf harten Oberflächen oder ungenügend tragenden Unterlagen ruht oder schläft. Sorgen Sie daher für eine warme und gut gepolsterte Liegefläche. Einem Hund, der sich viel im Freien aufhält, sollten Sie ein beheizbares Hundebett gönnen.

RASCHE ABHILFE Schwellungen sowie Schmerzen können Sie am schnellsten mithilfe von Aspirin bekämpfen. Die übliche Dosis beträgt 20 mg Aspirin pro Kilogramm Körpergewicht ein- bis zweimal täglich. Da manche Hunde jedoch kein Aspirin vertragen, sollte man es dem Hund erst nach Absprache mit dem Tierarzt verabreichen.

Gliedersteifheit können Sie mithilfe von Wärme bekämpfen, etwa in Form schicker Steppmäntel wie bei diesen Whippets.

Geschwollener Bauch

Manche Hunde bezahlen ihren herzhaften Appetit mit auffälligen Rundungen, doch im Gegensatz zu Menschen bekommen sie nicht nur einen dicken Bauch, sondern werden insgesamt auch etwas molliger.

Ein Hund, dessen Bauch sich straff und geschwollen anfühlt, ist fast immer krank – sofern eine Trächtigkeit ausgeschlossen ist.

Verdachtsmomente

Parasiten. Welpen mit aufgetriebenem Bauch leiden fast immer unter Wurmbefall. Parasiten wie Spulwürmer leben im Darm und

Welpen sind von Natur aus rundlich, doch ein regelrechter Schmerbauch kann auf Wurmbefall hindeuten.

entziehen dem Körper lebenswichtiges Eiweiß. Bei vermindertem Eiweißspiegel werden Flüssigkeiten in den Bauchraum ausgeschieden, sodass ein Schmerbauch entsteht.

Magenerweiterung. Wenn der Bauch innerhalb von nur ein bis zwei Stunden anschwillt, liegt diesem Symptom meist eine lebensbedrohliche Magenerweiterung zugrunde, bei der sich der Magen mit Gasen füllt, die nicht entweichen können.

Über die Ursachen der Magenerweiterung sind sich Tierärzte nicht im Klaren. Sie tritt meist im Anschluss an eine größere Mahlzeit und vor allem bei großen, tiefbrüstigen Hunden auf. Die angesammelten Gase können zu einer Drehung mit nachfolgendem Verschluss des Magens führen und auf größere Blutgefäße drücken.

Bauchwasser. Das Vorhandensein von etwas Flüssigkeit im Bauchraum, die eben aus-

reicht, um die Organe feucht zu halten, ist ganz normal. Innere Erkrankungen wie Krebs, Leber- oder Herzleiden führen jedoch häufig zur so genannten Bauchwassersucht (Aszites), bei der der Bauch auf das Mehrfache seiner normalen Größe anschwillt.

Hormonprobleme. Bei der so genannten Cushing-Krankheit produziert die Nebennierenrinde zu viele Hormone. Die eintretende Bauchschwellung geht mit einer Schwächung der Bauchmuskulatur einher, sodass auch der Magen in den Hängebauch einbezogen sein kann. Meist werden Medikamente verschrieben, um die Hormonproduktion zu reduzieren.

Trächtigkeit. Dies ist eine der offensichtlichsten, jedoch häufig übersehenen Ursachen für einen Schmerbauch. Während der Trächtigkeit kann sich der Bauch um das Zwei- bis Dreifache vergrößern. Sollten Sie eine unkastrierte Hündin besitzen und nicht ganz ausschließen können, dass sie einen ungebetenen Besucher hatte, sollten Sie sich besser mithilfe Ihres Tierarztes Klarheit über das Befinden Ihres Hundes verschaffen.

Was tun?

Parasitenbefall ermitteln. Durch einen Blick auf den Stuhl und das Fell rund um den After können Sie Würmer meist leicht feststellen. Spulwürmer ähneln langen Spaghettis und sind gut erkennbar. Die abgetrennten Segmente der Bandwürmer erinnern jedoch eher an Reiskörner. Die frei verkäuflichen, Pyrantelpamoat enthaltenden Entwurmungsmittel sind wirksam und unbedenklich, wenn die Anweisungen genau befolgt werden.

Bei der Entwurmung auf eigene Faust ist allerdings problematisch, dass gleichzeitig unterschiedliche Parasiten vorliegen können. Diese können bedauerlicherweise mit den im Zoogeschäft erhältlichen Produkten nicht alle beseitigt werden.

Behandlung und Prophylaxe der Magenerweiterung. Eine Magenerweiterung ist grundsätzlich ein Notfall; meist werden die Gase mithilfe einer Magensonde abgelassen.

SCHON GEWUSST?

Können Welpen aus dem gleichen Wurf verschiedene Väter haben?

Bei einem geplanten und überwachten Deckakt ist der Fall eindeutig, doch wie steht es in allen anderen Fällen?

Eine läufige Hündin übt einen unwiderstehlichen Reiz auf jeden Rüden aus. Wenn man sie nicht hinter Schloss und Riegel hält, wird sich rasch eine Meute von Rüden zusammenfinden und um das Privileg der Paarung streiten. Der dominante Hund, der aus diesen Raufereien hervorgeht, wird dann mit größter Wahrscheinlichkeit auch von der Hündin auserwählt.

Nach dem Deckakt bleibt der Rüde meist in der Nähe der Hündin, um sie – und seine biologische Investition – vor Rivalen zu schützen. Falls beide jedoch getrennt werden oder die Verteidigung fehlschlägt, wird die Hündin mit einem anderen Tier anbandeln. Da die Fruchtbarkeit des ersten Rüden nicht garantiert ist, werden die Chancen auf eine Trächtigkeit durch einen zweiten Partner erhöht. Waren beide Rüden fruchtbar, bekommt die Hündin Welpen, die zwei verschiedene Väter besitzen.

Dieser Eingriff muss in jedem Fall durch den Tierarzt erfolgen, doch gibt es einige Möglichkeiten, um ein erneutes Auftreten nachhaltig zu verhindern. Zunächst kommt die Umstellung auf ein »Hochleistungsfutter« mit etwa 20 % Fett in Betracht. Der erhöhte Fettanteil führt dazu, dass der Hund weniger frisst – was bereits vorbeugend wirken kann.

Außerdem empfehlen sich mehrere kleine Mahlzeiten anstatt einer großen. Wenn Sie die Tagesration für Ihren Hund in zwei bis drei Portionen aufteilen, wird sein Magen weniger belastet. Wenn Sie darüber hinaus den Fress- und Trinknapf des Hundes erhöht aufstellen, reduzieren Sie dessen unbeabsichtigt verschluckte Luftmengen.

Hunde, die kurz vor oder nach dem Gassigehen fressen, unterliegen aus bisher noch nicht festgestelltem Grund einem erhöhten Risiko. Mindestens eine Stunde vor kräftiger körperlicher Betätigung sollte der Hund daher nicht fressen und keine größeren Mengen trinken. Nach den regulären Mahlzeiten wartet man damit besser wenigstens zwei Stunden.

GUTER RAT

Eine Magenerweiterung entwickelt sich sehr rasch und stellt einen lebensbedrohlichen Zustand dar. Innerhalb weniger Stunden (oder in noch kürzerer Zeit) geht es dem zuvor noch kerngesunden Tier plötzlich hundsmiserabel.

Vor allem Besitzer eines großen Hundes mit tiefer Brust sollten die entsprechenden Vorzeichen kennen.

Symptome der Magenerweiterung sind:
- ein straffer, geschwollener Bauch,
- Ruhelosigkeit, Antriebslosigkeit oder sichtliches Unbehagen,
- starkes Hecheln,
- einseitige Körperstarre.

Wer diesen Zustand einmal erlebt hat, wird ihn stets wieder erkennen. Eine Magenerweiterung kann akute Lebensgefahr bedeuten, weshalb unverzüglich der Tierarzt aufgesucht werden muss.

Erhöhtes Aufstellen des Fressnapfs verhindert das Verschlucken größerer Luftmengen und reduziert somit die Gefahr einer Magenerweiterung.

Seltenerer Harnabsatz

Die Häufigkeit, mit der Hunde ihr kleines Geschäft verrichten, ist individuell verschieden. Hunde mit kleiner Blase müssen öfter, und auch ältere Hunde haben häufiger ein dringendes Bedürfnis als jüngere. Jeder Hund folgt jedoch einer recht starren Routine; ein Hund, der plötzlich seltener Harn absetzt als sonst, ist vielleicht ernsthaft krank.

Verdachtsmomente

Fieber. Virusinfektionen bewirken bei Hunden nicht unbedingt hohes Fieber wie bei uns Menschen. Oft setzen sie weniger Harn ab, da das Fieber zu einem vermehrten Verbrauch von Flüssigkeiten führt.

Austrocknung. Speziell bei heißem Wetter bekommen Hunde nicht immer genug zu trinken – und sei es auch nur, weil sie gewohnheitsmäßig den Trinknapf umkippen, nachdem die Bewohner am Morgen aus dem Haus gegangen sind. Ein paar Stunden ohne Wasser werden einem Hund kaum schaden, doch vergeht etwas mehr Zeit, dann beginnt er auszutrocknen. Der Körper reagiert darauf, indem er Flüssigkeit zurückhält. Ein solcher Zustand kann auch eintreten, wenn Sie bei heißem Wetter den Trinknapf nicht oft genug auffüllen.

Harnwegsinfektionen. Hunde mit entzündeter Blase oder Harnröhre urinieren eher mehr als weniger. In manchen Fällen aber führt die Infektion dazu, dass die Blasenmuskulatur nicht mehr stark genug ist, um den Harn nach draußen zu pressen. Ein ähnliches Problem tritt auf,

wenn die Rückennerven zum Beispiel durch Bandscheibenschäden belastet oder beschädigt werden. Druck, der auf die Nerven ausgeübt wird, kann die körpereigenen Harnabsatzimpulse blockieren.

Nierenkrankheit. Die Nieren haben die Aufgabe, zahlreiche Körperschlacken herauszufiltern und mit dem Harn auszuscheiden. Eine

Hunde trinken nicht immer ausreichend. Um ihre Hunde zum Trinken zu animieren, haben manche Besitzer einigen Erfindungsreichtum bewiesen. Diese Australian Shepherds sind stets für kühles Nass aus dem Gartenschlauch zu haben.

eingeschränkte Nierenfunktion führt zu seltenerem Harnabsatz und kann den Hund durch die Aufstauung von Flüssigkeiten und Schlacken krank machen.

Was tun?

Fieber messen. Virusinfektionen sind zwar meist nicht Besorgnis erregend, doch muss man herausfinden, ob dem verminderten Harnabsatz mehr als nur ein leichtes Fieber zugrunde liegt. Die Temperaturmessung erfolgt mithilfe eines Rektalthermometers, das zuvor mit etwas Vaseline eingefettet werden muss.

Die Normaltemperatur liegt beim Hund zwischen 37,5 und 39 °C. Temperaturen über 39,4 °C sind eindeutig als Fieber anzusehen und sollten veterinärmedizinisch behandelt werden.

Erhöhte Flüssigkeitszufuhr. Man kann einen Hund nicht zwingen, mehr zu trinken als nötig, doch indem Sie vor allem in den Sommermonaten und bei vermehrter Aktivität für einen stets mit frischem, kühlem Wasser gefüllten Trinknapf sorgen, ermutigen Sie ihn, sein Quantum zu erreichen.

Vermehrte Wasseraufnahme wirkt nicht nur der Austrocknung entgegen, sondern trägt dazu bei, Bakterien aus Blase und Harnwegen auszuschwemmen. Auf diese Weise können Sie einer Harnwegsinfektion vorbeugen.

RASCHE ABHILFE Hunde wissen von allein, wann sie mehr trinken müssen als üblich. Da dieser Mechanismus jedoch nicht immer optimal funktioniert, empfehlen manche Tierärzte, einen zusätzlichen Anreiz zu schaffen, indem man das Wasser

GUTER RAT

Seltenerer Harnabsatz ist eines der Hauptsymptome für Nierenleiden. Warten Sie deshalb nicht länger als ein bis zwei Tage, bevor Sie mit dem Hund zum Tierarzt gehen. Dieser wird Sie vielleicht bitten, zu Hause eine Urinprobe zu entnehmen. Hunde urinieren zwar nicht auf Kommando, doch ohne eine Probe wird die Untersuchung weniger aussagekräftig ausfallen. Allein das Erscheinungsbild des Hundeharns kann Bände sprechen.

Dunkler Urin kann darauf zurückgehen, dass der Hund nicht genug trinkt, weshalb die Stoffwechselschlacken stärker im Harn konzentriert sind.

Nierenprobleme dagegen führen beim Hund häufig zu einem sehr hellen oder sogar klaren Urin. Durchweg klarer Urin kann bedeuten, dass die Schlacken im Körper verbleiben, anstatt ausgeschwemmt zu werden.

Nierenleiden bedürfen nahezu immer einer tierärztlichen Behandlung. In manchen Fällen müssen die Giftstoffe per Dialyse aus dem Körper entfernt werden. Da die Nieren auch die Aufgabe haben, die Endprodukte des Eiweißstoffwechsels zu filtrieren, können Sie deren Belastung durch die Wahl eines eiweißarmen Futters verringern.

aromatisiert. Wenn Ihr Hund mehr zu trinken beginnt und sich der Harnabsatz normalisiert, dann brauchte er mit ziemlicher Wahrscheinlichkeit einfach nur etwas mehr Wasser.

Zu häufiger Harnabsatz

Die meisten Hunde urinieren drei- bis viermal täglich. Ihre unzähligen, an Laternen und Sträuchern angebrachten Grußbotschaften, die der Reviermarkierung dienen, sind dabei nicht mitgezählt.

Wie bei den meisten Körperfunktionen gibt es auch hier keine strengen Richtwerte: Manche Hunde müssen nur zwei- oder dreimal täglich urinieren, während bei anderen – vor allem bei stark geforderten Gebrauchshunden, die viel trinken – sieben, acht oder gar neun Toilettengänge üblich sind.

Den Tierarzt lässt daher nicht die Häufigkeit des Harnabsatzes, sondern eine Veränderung der Frequenz aufhorchen. Bei Hunden, die plötzlich viel öfter Harn absetzen als sonst, besteht unweigerlich ein körperliches Problem, sei es eine Blockade oder Reizung der Harnwege oder ein organisches Leiden, das zu erhöhter Ausscheidung von Flüssigkeiten führt.

Verdachtsmomente

Entzündung oder Reizung. Infektionen können überall in den Harnwegen vorkommen – von der Harnröhre über die Blase bis hinauf zu den Nieren. Sie bewirken nicht immer eine vermehrte Harnproduktion, doch die entstehenden Reizungen haben einen vermehrten Harndrang zur Folge.

Entzündungen und andere Reizungen bewirken, dass der Hund unbedingt nach draußen will, dort jedoch vielleicht nur einige Tropfen Harn absetzt; dieser kann unter Umständen nach Fisch riechen.

Steinleiden. Blasensteine sind bei Hunden keine Seltenheit; sie können recht groß werden und Reizungen hervorrufen, die häufigen Harnabsatz, Schmerzen oder Blutungen zur Folge haben. Ein Stein, der von der Blase des Hundes in die Harnröhre wandert, kann den Harnfluss blockieren.

Rüden sind nicht häufiger von Steinleiden betroffen als Hündinnen, doch aufgrund ihrer längeren und dünneren Harnröhre kann sich ein Stein dort leichter verhaken. Der betroffene Hund wirkt aufgewühlt, hat offenbar Schmerzen und scheint häufig Harn abzusetzen. Wenn man jedoch genau hinschaut, sieht man allenfalls ein Tröpfeln.

GUTER RAT

Nicht kastrierte Hündinnen, die plötzlich vermehrt Harn absetzen, bereiten dem Tierarzt Sorge, da womöglich eine gefährliche Uterusentzündung (Pyometra) vorliegt, die es sofort zu behandeln gilt.

Diese Krankheit tritt meist in den ersten drei Monaten nach der Läufigkeit ein und erfordert eine operative Entfernung der Gebärmutter.

Andere organische Probleme, die zu vermehrtem Harnen führen können, sind Diabetes, Erkrankungen der Nieren oder der Leber sowie bestimmte Hormonstörungen.

Alter. Ältere Hunde harnen öfter, da sie nicht mehr so lange einhalten können. Außerdem leiden sie eher an Inkontinenz, die meist eintritt, wenn der Blasenschließmuskel schwächer wird.

Besonders anfällig sind kastrierte Hündinnen, da sie wenig Östrogen produzieren, das die Harnwegsmuskulatur unterstützt. Ältere kastrierte Hündinnen sind bisweilen auf Östrogenpräparate angewiesen.

Was tun?

Infektionen fortspülen. Hunden, die viel Harn absetzen, geht es paradoxerweise gesundheitlich besser, wenn sie viel trinken, denn die erhöhte Flüssigkeitszufuhr kann mit dazu beitragen, infektiöse Bakterien aus der Blase zu schwemmen.

Darüber hinaus reduziert das Wasser die Konzentration von Mineralien und anderen Reizstoffen im Harn, was wiederum dem vermehrten Harndrang des Hundes entgegenwirken kann.

Da es nicht leicht ist, einen Hund dazu zu bringen, mehr zu trinken, können Sie das Wasser mit etwas Rinder- oder Hühnerbrühe aromatisieren. Mengen Sie dem Futter alternativ eine Vierteltasse Wasser oder andere Flüssigkeiten unter.

Eine unbehandelte Blasenentzündung kann zu Infektionen der Niere oder zu Blasensteinen führen. Einen Hund, der auch nach zwei Tagen noch vermehrt Harn absetzt, sollte man tierärztlich untersuchen lassen.

Harnwegsinfektionen sprechen gut auf Antibiotika an; die Symptome gehen meist nach we-

Ermuntern Sie den Hund zu häufigerem Trinken, um die Konzentration von Reizstoffen im Harn zu reduzieren und etwaige Bakterien auszuschwemmen.

nigen Tagen zurück und die Infektion ist nach ein bis zwei Wochen abgeklungen.

Wichtig ist, dass Sie die verordneten Antibiotika nicht vorzeitig absetzen und eine Nachuntersuchung vornehmen lassen, um sicherzugehen, dass der Harn vollkommen frei von Erregern ist.

Steine auflösen. Große Steine müssen in der Regel operativ entfernt werden, während kleinere Steine sich bisweilen auflösen (oder sich zumindest nicht weiter vergrößern), wenn der Hund mehr Wasser und ein anderes Futter erhält. Man unterscheidet im Allgemeinen zwei Arten von Steinen:

• Struvitsteine, die typischerweise im Anschluss an eine Infektion entstehen, lassen sich bisweilen auch innerhalb der Blase auflösen, indem man die Ernährung des Hundes auf ein

Jede Art körperlicher Betätigung trägt dazu bei, auch die Blasenmuskulatur zu kräftigen. Schwimmen eignet sich besonders gut für ältere Hunde, da es die Gelenke entlastet.

eiweiß- und mineralienarmes, doch salzreiches Futter umstellt. Dieses verschreibungspflichtige Spezialfutter empfiehlt sich jedoch nicht zur Vorbeugung.

• Uratsteine können entstehen, wenn die Harnsäure von der Leber nicht vollkommen aufgeschlossen wird. Besonders häufig betroffen sind Dalmatiner.

Gefährdete Hunde erhalten häufig ein Spezialfutter, das in einzelnen Fällen durch Medikamente ergänzt werden muss, um einen prophylaktischen Effekt zu erzielen.

Bewegung. Körperliche Aktivität stärkt jeden einzelnen Muskel des Hundes, also auch die Blasenmuskulatur. Bei älteren Hunden stellt sich oft bereits eine Besserung ein, wenn man zweimal täglich eine halbe Stunde mit ihnen spazieren geht. Schwimmen ist eine sehr gut geeignete Betätigung; sie ist zwar recht anstrengend, doch der Auftrieb entlastet die alternden Gelenke spürbar.

WIE MAN EINE URINPROBE NIMMT

Die Behandlung von Harnleiden beginnt meist mit der Analyse einer Urinprobe. Da sich Hunde nicht besonders kooperativ zeigen, wenn sie erst einmal beim Tierarzt sind, sollten Sie Ihrem Hund bereits zu Hause eine Urinprobe entnehmen, am besten gleich am Morgen, wenn der Harn die höchste Konzentration aufweist. Hier eine ebenso einfache wie saubere Methode:

• Befestigen Sie ein Stück Draht (beispielsweise von einem Kleiderbügel) an einem Pappbecher.

• Leinen Sie den Hund an und führen Sie ihn an sein gewohntes »Örtchen«. Schieben Sie ihm den Becher unter, sobald er sich hinhockt oder das Bein hebt.

• Füllen Sie den Urin in einen sauberen, luftdicht schließenden Behälter um und bringen sie ihn binnen drei bis vier Stunden zum Tierarzt.

153

Erbrechen

Was das Fressen betrifft, sind Hunde ziemlich experimentierfreudig. Sie verschlingen Abfälle, faulige Kartoffeln, ganze Bonbontüten und alles, was sie aufstöbern können. Die Natur hat diesem steten Appetit Rechnung getragen, indem sie dafür gesorgt hat, dass ein Hund seinen Magen im Handumdrehen entleeren kann. Oft scheint bereits der bloße Gedanke auszureichen, um sich zu übergeben.

Verdachtsmomente

Fehlgriffe. Der Hauptgrund für das Erbrechen besteht darin, dass der Hund etwas gefressen hat, auf das sein Magen nicht vorbereitet ist, also zum Beispiel happenweise Gras oder verdorbene Speisen aus dem Mülleimer.

Selbst absolut gesundes Futter kann einen Hund krank machen, wenn er zu viel davon frisst. Die meisten Besitzer gehen deshalb dazu über, Tütenfutter außer Sicht unter Verschluss zu halten.

Verdorbenes Futter. Fertigfutter ist extrem lange haltbar, kann jedoch in nur drei Stunden verderben, wenn es mit Wasser befeuchtet wurde (Dosenfutter wird in noch kürzerer Zeit schlecht). Hunde lassen sich nicht von einem penetranten Geruch abschrecken, deshalb ist verdorbenes Futter für ihre Geschmacksknospen völlig akzeptabel, wenn auch nicht für ihren Magen.

Verschluckte Gegenstände. Ein Hund hat meist nicht die Absicht, Gegenstände wie Murmeln, Plastikspielzeug oder Schraubverschlüsse, die er beschnüffelt und in den Mund nimmt, auch tatsächlich zu verschlucken. Häufig landen derartige Objekte dennoch im Magen – und der schickt sie gelegentlich postwendend wieder zurück.

Würmer. Innenparasiten wie Spul-, Band- und Peitschenwürmer leben im Verdauungstrakt und können einen Hund krank machen und zum Erbrechen führen. Häufig werden Welpen bereits vor der Geburt von Würmern

Ein paar Brombeeren dürften diesem gelbweißen Border Collie nicht schaden, doch viele Hunde werden durch ihre Experimentierfreude dazu verleitet, Dinge zu fressen, die ihrer Gesundheit nicht gut tun.

BRECHMITTEL

Hunde kosten von nahezu allem, was ihnen begegnet; deshalb verschmähen sie auch kein Gift. Falls Sie herausbekommen, dass der Hund ein nicht ätzendes Gift verschluckt hat (etwa ein Humanpräparat), können Sie das Erbrechen fördern, indem Sie ihm mittels einer Kolbenspritze eine dreiprozentige Wasserstoffperoxid-Lösung zwischen den Lefzen einflößen (einen Esslöffel pro 10 kg Körpergewicht). Bringen Sie den Hund danach sofort zum Tierarzt.

befallen. Erkundigen Sie sich am besten bei Ihrem Tierarzt nach geeigneten Entwurmungsmitteln.

Magengeschwüre. Obwohl Hunde kein stressreiches Leben führen, können sie Magengeschwüre bekommen. Die Ursache liegt meist darin, dass sie Gegenstände wie Münzen oder kleine Batterien verschluckt haben, die die Magenschleimhaut angreifen. Betroffene Hunde haben häufig einen wie Kaffeesatz wirkenden Auswurf; in Wahrheit handelt es sich um verdautes Blut.

Nüchternerbrechen. Manchmal würgen Hunde nach dem Aufwachen geringe Mengen einer gelblichen Flüssigkeit hervor. Dieses Nüchternerbrechen ist im Grunde nur eine harmlose Reaktion des Magens, der die Nacht über nicht mit Nachschub versorgt wurde.

Was tun?

Ruhepause für den Magen. Ein überanstrengter Muskel muss sich ausruhen können.

Auch ein überforderter Magen benötigt eine Ruhepause von mindestens zwölf Stunden, damit er nicht nochmals rebelliert.

Falls nach rund zwölf Stunden kein Erbrechen mehr eintritt, können Sie langsam mit dem Füttern beginnen. Verabreichen Sie zunächst ein Achtel der normalen Ration und ein paar Stunden später etwas mehr. Meist kann nach zwei bis drei Tagen wieder das gewohnte Futterquantum gereicht werden.

Wasseraufnahme begrenzen. Ein Hund, der krank war, muss trinken, um die mit dem Erbrechen verlorene Flüssigkeit zu ersetzen. Zu viel Flüssigkeit würde jedoch den Magen unnötig reizen. Am besten lässt man den Hund kurz trinken und stellt den Napf dann für einige Zeit außer Reichweite. Nach einer Stunde können Sie die Ration leicht erhöhen.

GUTER RAT

Erbrechen wird zwar meist nur durch eine leichte Magenverstimmung verursacht, es ist jedoch auch ein häufiges Symptom für ernstere Magen- oder Darmleiden wie beispielsweise Geschwüre. Echten Grund zur Sorge bereitet häufigeres blutiges Erbrechen, selbst ohne vorherige Nahrungsaufnahme. Ein Urteil des Tierarztes ist ebenfalls erforderlich, falls das Erbrechen mit weiteren Symptomen wie Durchfall oder Fieber einhergeht.

Eiswürfel reichen. Da die meisten Hunde gern Eiswürfel beknabbern, eignen sich diese hervorragend für eine langsame Flüssigkeitszufuhr.

Etwas Salz reichen. Um den Magen des Hundes zu beruhigen, können Sie einen Teelöffel Salz in 250 ml Wasser auflösen. Die beruhigende Wirkung geht von den im Salz enthaltenen Chloridionen aus.

Verabreichen Sie dem Hund alternativ eine kohlensäurehaltige Limonade. Übelkeit können Sie mithilfe von etwas Zitronensprudel oder Ginger Ale bekämpfen. Die Kohlensäure wirkt offenbar beruhigend auf den Magen; der Zucker schützt die angegriffene Magenschleimhaut.

Ein mittelgroßer Hund sollte in halbstündigen Abständen drei- bis viermal ungefähr einen Esslöffel davon erhalten, ein sehr kleiner Hund

Während der Genesungsphase liefern Eiswürfel einen kontrollierbaren Ausgleich für die verlorene Flüssigkeit und befriedigen außerdem das Kaubedürfnis.

jeweils etwa einen Teelöffel, während ein besonders großer Hund auch je zwei Esslöffel vertragen kann.

 **RASCHE ABHILFE** Pepto-Bismol und Kaopektat wirken gut bei verdorbenem Magen (verabreichen Sie alle sechs bis acht Stunden einen Teelöffel pro 10 kg Körpergewicht). Da die meisten Hunde diesen Geschmack jedoch verabscheuen, sollten Sie eine Plastikspritze oder Ähnliches bereithalten.

Heben Sie hierzu die Schnauze des Hundes leicht an, platzieren Sie die Spritze zwischen Lefzen und Zähnen und drücken Sie langsam etwas von der Flüssigkeit heraus. Warten Sie dann ab, bis der Hund geschluckt hat. Verabreichen Sie auf diese Weise nach und nach die gesamte Dosis.

SCHON GEWUSST?

Warum fressen Hunde Gras?

Bei leichtem Unwohlsein steuern viele Hunde schnurstracks das erste Fleckchen mit saftigem Gras an, um es in Ruhe zu fressen. Man weiß bis heute nicht, ob Hunde dies tun, weil es das Erbrechen fördert und sie damit die Ursache für die Übelkeit loswerden, oder ob sie überhaupt erst krank werden, weil das Gras ihr Verdauungssystem reizt.

Es steht jedoch außer Frage, dass Gras die Magenschleimhaut reizt. Ob Hunde das Gras tatsächlich als Heilmittel ansehen oder nur den Geschmack mögen, bleibt ihr Geheimnis.

Gewichtszunahme

Die Vorfahren unserer Hunde lebten in einer Zeit, in der Nahrung nicht leicht erreichbar war und stets der Hungertod lauerte. Die Tiere überlebten dank des schlichten Kunstgriffs, bei jeder sich bietenden Gelegenheit kräftig zuzulangen, um magere Zeiten überbrücken zu können.

Heute müssen sich Hunde keine Sorgen mehr über die nächste Mahlzeit machen, doch Futter verbinden sie weiterhin mit Hast, und je mehr sie erwischen, desto glücklicher sind sie. Hinzu kommt, dass wir den Tieren gern Leckerchen reichen und den Fressnapf großzügig füllen, sodass die Vielzahl beleibter Hunde kaum verwundert.

GESUNDE LECKEREIEN

Manche Hundekuchen sind sehr kalorienreich und können die Figur in Windeseile ruinieren. Folgende Leckerchen können Sie selbst zubereiten:

• Frische Leber bei niedriger Temperatur durchbacken und in kleine Stücke zerteilen. Vorher eventuell mit etwas Knoblauchpulver bestreuen.

• Hotdogs in winzige Stücke schneiden und in der Mikrowelle knusprig braten. Eine fettarme Alternative sind Truthahn-Frankfurter.

• Mohrrüben und andere rohe Gemüse sind ein gesunder Hundesnack. Dünsten Sie sie notfalls zur Aromatisierung in etwas Rinder- oder Hühnerbrühe an.

Verdachtsmomente

Zu viel Futter. Übermäßiges Fressen ist weiterhin die Hauptursache für das Übergewicht von Hunden. Modernes Fertigfutter ist reich an Fett – nicht weil Hunde diese Extrakalorien unbedingt brauchen, sondern weil Fett ein Geschmacksträger ist.

Hinzu kommen die zahlreichen Zwischenmahlzeiten: hier ein Hundekeks, da ein zartes Stückchen Huhn. Zudem soll es Menschen geben, die nach dem Fernsehen um ein Uhr nachts zum Kühlschrank gehen, um sich zu bedienen. Fast jeder Hund wird bei dieser Gelegenheit ebenfalls einen nächtlichen Imbiss einfordern – und erhalten.

Zu wenig Auslauf. Es gibt eine ganz einfache Gleichung: Wenn mehr Kalorien aufgenommen als verbraucht werden, müssen die überschüssigen Kalorien irgendwo landen – und zwar meist auf den Rippen.

Für viele Hunde bedeutet inzwischen der Gang zum Fressnapf den höchsten Kalorienverbrauch. Da auch ihre Besitzer nicht immer die Zeit oder Neigung besitzen, sich ausreichend viel zu bewegen, bleibt dies für den Hund nicht ohne Folgen.

Hormonstörungen. Eine mit Energieverlust verbundene Gewichtszunahme kann sich einstellen, wenn die Schilddrüse zu wenig Stoff-

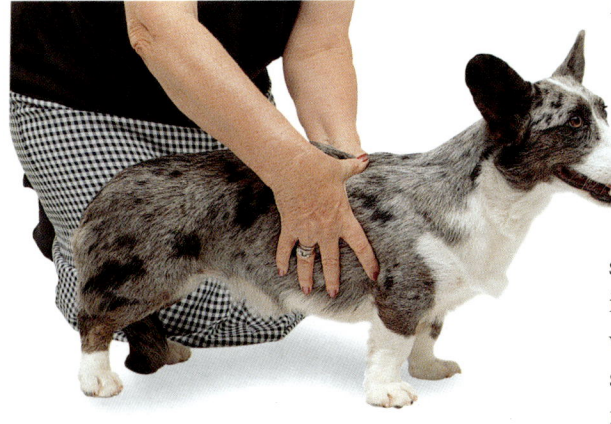

wechselhormone produziert. Die Unterfunktion der Schilddrüse kann gravierende Folgen für den Hund haben. Mithilfe von Hormonpräparaten lässt sich das Problem jedoch erfolgreich behandeln.

Was tun?

Gewicht ermitteln. Hunde nehmen üblicherweise derart langsam zu, dass man das wahre Ausmaß erst dann bemerkt, wenn die Waage beim Tierarzt eine unmissverständliche Sprache spricht. Manche Besitzer wiegen ihren Hund jeden Tag – was bei einem Zwergpudel kaum Mühe macht, bei einer Deutschen Dogge dagegen schon.

Leichter geht es mit einem kritischen Blick auf die Figur: Trotz aller individuellen Unterschiede sollte jeder Hund eine markante Taille aufweisen. Darüber hinaus sollten die Rippen unter einer dünnen Fettschicht zu ertasten sein.

Regelmäßige Mahlzeiten. Es ist bequem, seinem Hund stets ein Buffet anzubieten, an dem er sich nach Belieben bedienen kann. Manche Hunde zeigen dabei eine bewundernswerte

Normalgewichtige Hunde besitzen eine markante Taille und nur wenig Fett auf den Rippen.

Zurückhaltung, andere jedoch räumen auf – und betteln nach mehr. Besser sind eine oder zwei feste Mahlzeiten pro Tag.

Futtermenge kontrollieren. Auch Menschen, die kalorienbewusst leben, neigen dazu, ihren Hunden zu viel zu fressen zu geben. Verwenden Sie einen Messbecher beim Zusammenstellen des Futters oder peilen Sie über den Daumen? Wenn Sie die zugeteilte Ration nachträglich messen oder wiegen, werden Sie überrascht sein über Ihre Großzügigkeit!

Individueller Diätplan. Die Herstellerangaben bieten einen ersten Anhaltspunkt für die erforderliche Futtermenge. Näheres sollten Sie jedoch mit Ihrem Tierarzt besprechen. Verringern Sie anfänglich die Ration um etwa 25 %. Reduzieren Sie stärker, falls nach zwei Wochen kein Gewichtsverlust eingetreten ist. Kontaktieren Sie Ihren Tierarzt, wenn auch dies nicht zum Erfolg führt. Unbedenklich ist eine

BESTIMMTE RASSEN

Besonders anfällig für eine Unterfunktion der Schilddrüse – und die daraus resultierende Gewichtszunahme – sind Dobermann, Boxer, Englische Bulldogge, Dackel (rechts), Deutsche Dogge und Bobtail.

GUTER RAT

Übergewicht bedeutet nicht zwingend, dass der Hund zu viel Zeit am Fressnapf verbringt. Manche Hunde entwickeln einen Schmerbauch, bleiben sonst jedoch dünn. Eine mögliche Ursache dafür ist die so genannte Bauchauftreibung, die durch eine Virusinfektion hervorgerufen wird und problematisch werden kann, da Flüssigkeiten in den Bauchraum gelangen und eine Schwellung bewirken. Falls Sie daher bei Ihrem Hund eine neue, ungewohnte Bauchschwellung feststellen sollten, müssen Sie sofort zum Tierarzt gehen.

agieren viele Hunde mit wiederholten Blitzattacken auf den Mülleimer oder offen aufbewahrte Speisen. Manche Hunde lernen sogar, die Kühlschranktür zu öffnen. In einigen Fällen wird Ihnen nichts anderes übrig bleiben, als zu warten, bis sich der Hund auf die ersten Maßnahmen eingestellt hat.

Mehr Kalorien verbrennen. Eine verminderte Zufuhr von Kalorien gehört zu jeder Diät, doch auch diese Kalorien müssen verbrannt werden. Das ist nicht schwer, denn die meisten Hunde lieben Bewegung und besonders Jagdspiele.

Abnahme von wöchentlich 0,5 bis 2 % des Körpergewichts. Ein Hund von 50 kg kann ohne gravierende Folgen etwa 500 g pro Woche abspecken.

Häufiger füttern. Viele Diäten sind mit einem ständigen Hungergefühl verbunden; deshalb ist es ratsam, etwas weniger zu füttern, dafür umso häufiger: Häufigere Mahlzeiten bei annähernd gleicher Tageskalorienmenge erhalten das Wohlbefinden Ihres Hundes.

Weniger oder zumindest gesunde Snacks. Das Abnehmen Ihres Hundes kann nicht funktionieren, wenn Sie zwischen den Mahlzeiten immer wieder Snacks reichen. Reduzieren Sie die Zahl der Imbisse oder wählen Sie gesündere Snacks wie zum Beispiel rohe Gemüsestreifen oder Puffreis.

Rückschläge einkalkulieren. Auf Änderungen des Speiseplans re-

Hunde mögen eine Diät nicht mehr als wir Menschen. Damit ein Hund in seinen Ernährungsgewohnheiten nicht rückfällig wird, sollte man ihn stets im Auge behalten.

Gewichtsverlust

Ein bequemes Leben und ein stets reiches Futterangebot haben zur Folge, dass Hunde fast so leicht zunehmen wie Menschen. Abgesehen von einer Diät ist Gewichtsverlust dagegen fast immer ein Krankheitszeichen.

Verdachtsmomente

Zahnprobleme. Wissenschaftler haben inzwischen herausgefunden, dass über 85 % aller Hunde, die mehr als drei Jahre alt sind, von Zahnfleischentzündungen betroffen sind. Falls nichts dagegen unternommen wird, haben sie beim Fressen große Schmerzen und reagieren darauf mit Nahrungsverweigerung. Zahnfrakturen oder Abszesse können dies ebenfalls zur Folge haben.

GUTER RAT

Gewichtsverlust kann mit Dutzenden inneren Erkrankungen einhergehen – von Parasitenbefall bis Krebs. Suchen Sie daher mit Ihrem Hund einen Tierarzt auf, sobald Sie feststellen, dass er offenbar an Gewicht verloren hat. Vielleicht liegt gar kein ernsteres Problem vor; manche der infrage kommenden Grunderkrankungen können sich jedoch rasch verschlimmern, wenn sie nicht erkannt und behandelt werden.

Konkurrenz. Stets umgängliche Hunde können augenblicklich aggressiv werden, wenn es ums Fressen geht. In Haushalten mit mehreren Hunden kann es vorkommen, dass sich ein bestimmter Hund durchsetzt und sich aus fremden Näpfen bedient: Manche Hunde sind so furchtsam, dass sie einer Konfrontation mit einem bestimmten Tier lieber aus dem Weg gehen – und letztlich an Gewicht verlieren.

Schmerzen. Unwohlsein hat auch bei Hunden Appetitlosigkeit zur Folge. Dies ist vor allem bei älteren Hunden mit Arthritis und Hüftgelenkproblemen der Fall. Zudem können ihnen bereits das Aufstehen und der Gang zum Fressnapf schwer fallen.

Stress. Veränderungen in unserer schnelllebigen Zeit können für den Hund mit Stress verbunden sein. Manche Hunde, die etwa durch vermehrte Abwesenheit ihres Besitzers ängstlich und nervös werden, hören einfach auf zu fressen. Ein solcher Gewichtsverlust ist nicht folgenschwer, wenn sich die Lebensbedingungen des Hundes rasch wieder normalisieren.

Erhöhter Energieverbrauch. Modernes Hundefutter enthält reichlich Nährstoffe und bietet den meisten Hunden genügend Kalorien. Eine Ausnahme bilden Arbeitshunde und Hündinnen mit Welpen, für die in Absprache mit dem Tierarzt ein spezieller Ernährungsplan aufgestellt werden muss.

Diabetes. Das Hormon Insulin sorgt dafür, dass der im Futter enthaltene Zucker in die Körperzellen gelangt. Hunde mit Diabetes verfügen jedoch nicht über genügend Insulin, sodass sie die zugeführten Kalorien nicht richtig verwerten können, egal wie viel sie auch fressen mögen.

Was tun?

Zahnpflege. Zähne und Zahnfleisch werden am besten ein- bis zweimal wöchentlich gebürstet, entweder per Zahnbürste und Hundezahncreme oder durch Abreiben der Zahnflächen mit einem Stück Verbandmull.

Wenn Sie das Gebiss zuvor mit Hühneroder Rinderbrühe benetzen, hält der Hund besser still.

Trockenfutter bietet eine bequemere Alternative. Im Gegensatz zu Feuchtfutter, das an und zwischen den Zähnen haften bleibt, besitzt Trockenfutter eine leichte Schleifwirkung. Sie können es durch ein mit Noppen oder Zacken versehenes Hundespielzeug ergänzen, das speziell für die Zahnpflege konzipiert ist.

Hunde getrennt füttern. Bei manchen Hunden ist der Instinkt, Futter zu stibitzen, weit stärker ausgeprägt als das Verlangen, sich an die erlernten Regeln zu halten. Die Konkurrenz an den Fressnäpfen können Sie allein dadurch reduzieren, dass Sie Ihre Hunde getrennt füttern. Kann der Hund wieder ungestört fressen, tritt meist innerhalb weniger Wochen eine Gewichtszunahme ein.

Blutzucker kontrollieren. Wissenschaftler haben herausgefunden, dass diabetische Hunde mit mehreren kleinen anstatt einer großen Mahlzeit in der Regel besser bedient sind. Ihr Tierarzt wird außerdem ein besonders ballaststoffreiches Futter empfehlen, das die Zuckeraufnahme reguliert und das Risiko einer plötzlichen Unterzuckerung stark verringert.

Ältere Hunde, die unter Arthritis leiden, stehen auch dann widerwillig auf, wenn es gilt, den Fressnapf anzusteuern. Platzieren Sie den Napf in ihrer Nähe.

Futter bringen. Es gibt kaum einen traurigeren Anblick als den eines Hundes, der erfolglos versucht, auf die Beine zu kommen, um seinen Fressnapf anzusteuern. Gegen Krankheiten wie Arthritis ist zwar kein Kraut gewachsen, doch können Sie Ihrem Liebling das Leben erleichtern, indem Sie den Fressnapf neben sein Schlaflager stellen.

Empfehlenswert ist auch ein erhöhter Napf, der dem Hund eine weniger belastende Kopfhaltung ermöglicht.

Bildnachweis und Danksagung

(o = oben, u = unten, l = links, r = rechts, M = Mitte, U. v. = Umschlag vorn, U. h. = Umschlag hinten)
Sämtliche Fotos unterliegen dem Urheberrecht der nachstehend aufgeführten Quellen.

FOTOS

Ad-Libitum: Stuart Bowey vi. u., vii. o., vii. u., 14 u., 18 u., 18 o., 21 u., 22 u., 24 u., 26 u., 28 u., 30 u., 34 u., 36 u., 37 u., 38 u., 39 u., 44 u., 47 o., 48 u., 52 u., 53 u., 54 u., 57 o., 58 u., 60 u., 61 u., 62 u., 65 u., 67 u., 68 u., 69 u., 71 u., 72 u., 73 u., 75 M., 76 u., 77 o., 78 o., 80 o., 82 o., 85 u., 87 u., 88 u., 89 u., 91 u., 92 u., 98 u., 99 o., 101 o., 104 o., 107 u., 111 u., 112 o., 113 u., 115 u., 116 u., 117 o., 119 o., 122 u., 123 u., 126 u., 128 M., 134 u., 137 u., 138 u., 138 o., 139 u., 140 u., 141 u., 141 o., 143 o., 144 u., 146 u., 146 o., 152 o., 153 u., 156 o., 158 u., 158 o., 159 u., U. h. M. l. (Englische Originalausgabe), U. h. l. u. (Englische Originalausgabe).

Animal Photography: Sally Anne Thompson 43 u.

Auscape International: Gissey-COGIS 56 u.; Hemmeline/Cogis 161 o.; Jean-Michel Labat 130 u.; Lanceau/Cogis 114 o.; Yves Lanceau 54 o., 109 o., 121 o.

Bill Bachman and Associates: Bill Bachman 13 o., 79 o.

Norvia Behling: viii. u., 3 u., 29 o., 41 o., 55 o., 84 o., 145 u., 149 u.

Bruce Coleman Limited: Adriano Bacchella 118 u., Uhro; Jane Burton 46 u., 93 u., 143 u., 154 u., U. h. M. r.; Hans Reinhard 20 o.

Renee Lynn, Davis Lynn Images: U. v. (Englische Originalausgabe).

Matt Gavin-Wear: 125 u.

Ron Kimball Photography: Ron Kimball x.

NHPA: Henry Ausloos 153 o.; Yves Lanceau 74 u.

Rodale Images: 95 u.; John P. Hamel 16 M.

Dale C. Spartas: 5 M., 9 u.

Judith E. Strom: 8 u., 91 o., 97 u., 103 o., U. h. l. o. (Englische Originalausgabe).

ILLUSTRATIONEN

Viriginia Gray 110 u. r.; **Chris Wilson/Merilake** 25 u., 32 u. M., 32 l. u., 33 o., 45 u., 59 u., 72 o., 84 u., 129 o., 133 u.

Der Verlag dankt folgenden Personen und Einrichtungen für ihre Mithilfe:

Maxine Fernandez; Tracey Jackson; Dr. Kenneth Lyon; Dr. Paul McGreevy; Dr. Bill Martin; Pets International; Denise Rainey; The Royal Society for the Prevention of Cruelty to Animals, Yagoona, N. S. W., Australien.

Unser besonderer Dank gilt folgenden Personen, die ihre Hunde freundlicherweise für die Fotoaufnahmen zur Verfügung gestellt haben:

Len Antcliff mit »Bozie«, Leigh Audette mit »Boss«, Felicity Bateman mit »Bonnie«, Esther Blank mit »Max«, Sally Blaxland mit »Poppy«, Don Craig mit »Sandy«, Julia Edworthy mit »Bingo« und »Lucy«, Chloe Flutter mit »Bob«, Matt Gavin-Wear mit »Amber«, Kathy Gorman mit »Carlo«, Robyn Hayes mit »Patsy«, Dinah Holden mit »Molly«, Anne Holmes mit »Marli«, Suzie Kennedy mit »Eddie«, Natalie Kidd mit »Cisco«, Michael Lenton mit »Jasper«, Bernadette McCaig mit »Samson«, Paul McGreevy mit »Wally«, Hilary Mulquin mit »Cleo«, Dan Penny mit »Jaffa« und »Molly«, Angela Price mit »Bramble«, Moyna Smeaton mit »Tilly« und Andrea Webster mit »Max«.

Register

Unterstreichung verweist auf Textkästen, *Kursivdruck* auf Bildlegenden.